Tijn Touber

Spoedcursus Verlichting

Lev.

Auteursfoto
Pablo Delfos
Omslag
Erik Wiebes, Lemonpress *concept en ontwerp*

ISBN 978 90 229 9763 5
NUR 728

Voor Arda, die altijd een zon in mijn leven is.

Inhoud

DEEL VIER – DRAGERS VAN HET LICHT

DEEL VIJF – DE NIEUWE VERLICHTING

Het geheim van verlichting

Lang geleden leefde er eens een wijze koning die het geheim van verlichting kende.

Op een dag verscheen er een vermoeide reiziger aan het hof. De man was uit een ver land gekomen waar mensen niet meer wisten wat verlichting was en op voet van oorlog met elkaar leefden.

'O wijze koning,' sprak de reiziger toen hij voor de koning verscheen, 'vertel me alstublieft uw geheim, opdat ik mijn volk kan helpen om weer in vrede te leven.'

De koning glimlachte en zei: 'Ik zal je mijn geheim onthullen, maar rust eerst uit van je lange reis. Wandel door de paleistuinen, eet en drink zoveel je wilt en vraag wat je nodig hebt. Vanavond zien we elkaar bij het diner en dan zal ik je het geheim vertellen.'

De reiziger boog en liep de troonzaal uit. Bij de deur werd hij opgewacht door een lakei die een kaars vasthield. 'Meneer,' sprak de lakei, 'zou u zo vriendelijk willen zijn deze kaars met u mee te nemen en brandend te houden totdat u de koning vanavond weer ontmoet?'

De reiziger nam de kaars aan en dwaalde uren door prachtige tuinen en rijkversierde zalen.

Toen de avond viel, werd hij voor het diner ontboden.

'En,' vroeg de koning toen zij tegenover elkaar zaten, 'heb je een mooie dag gehad?'

'Zeker,' antwoordde de man, 'ik zag witte pauwen en zwarte zwanen en heb genoten van beelden, fonteinen en wandschilderingen. Maar ik was me ondertussen ook steeds bewust van de vlam die ik brandend moest houden.'

'Aha,' zei de koning, 'dan heb je mijn geheim ontdekt!'

Inleiding

'Soms valt het een generatie toe om groots te zijn.
Jullie kunnen die generatie zijn.'

Nelson Mandela, ex-president van Zuid-Afrika

Tegen het einde van de film *Star Wars, A New Hope* verkeert Luke Skywalker in grote nood. Van alle kanten wordt hij aangevallen en zijn boardcomputer is niet meer in staat om adequaat te sturen en te vuren. De situatie lijkt hopeloos. Maar dan ineens herinnert hij zich de woorden van zijn leraar Obi Wan Kenobi: '*Use the Force, Luke.*' Op slag is Skywalker een ander mens. Hij zet de boardcomputer uit en baant zich eigenhandig een weg door de duistere krachten – terug naar het licht.

Dit thema – uit de duisternis ontsnappen en terugkeren naar het licht – is een oerthema dat in vrijwel alle epische heldenverhalen en succesvolle Hollywoodfilms voorkomt. Juist als de nood het hoogst is, breekt het licht door. De held herontdekt zijn of haar kracht en het mooiste in de mens komt weer naar boven. Deze archetypische wending in een avontuur wordt de 'Dood en Wederopstanding'-fase genoemd en komt niet alleen in avonturenfilms en thrillers voor, maar in vrijwel alle aangrijpende verhalen, zelfs in romantische komedies.

In *Notting Hill* zien we bijvoorbeeld hoe William Thacker (Hugh Grant) gedeprimeerd voor zich uit staart, omdat zijn kans op een huwelijk met Anna Scott (Julia Roberts) definitief is verkeken. Ook zijn vrienden geloven er niet meer in en helpen hem met hun doempraatjes verder de put in. Maar dan verschijnt Spike ten tonele, Thackers maffe huisgenoot, die hem een *daft prick* noemt en hem aanmoedigt om een laatste poging te wagen. Thacker wordt wakker, schudt de zwaarmoedigheid van zich af en gaat recht op zijn doel af.

Spoedcursus Verlichting is geschreven voor alle Luke Skywalkers en Willam Thackers die nu wakker worden, de zwaarte van zich afschudden en opnieuw in hun eigen kracht en dromen gaan geloven. Dit boek verschijnt op een moment dat niet alleen veel mensen, maar ook de mensheid als geheel, lijken te zijn aangeland in de fase van 'Dood en Wederopstanding'. Systemen die we hebben bedacht om met elkaar te leven (economie, politiek, religie, onderwijs, enzovoorts) zijn disfunctioneel geworden en werken in veel gevallen niet meer voor, maar tegen ons. En de tijd dringt. Net als Thacker en Skywalker worden we gedwongen keuzes te maken: gaan we op de oude voet verder of durven we de automatische piloot uit te zetten en nieuwe wegen in te slaan?

Onderzoek in Europa en Noord-Amerika laat zien dat ongeveer een derde van de bevolking geen vertrouwen meer heeft in *business as usual* en inmiddels nieuwe wegen inslaat. Deze groep, die de *Cultural Creatives* wordt genoemd, gelooft niet dat de huidige crisis kan worden opgelost met dezelfde denk- en handelwijzen die haar hebben veroorzaakt. Zij wachten niet meer totdat politici, economen, geestelijken of wetenschappers hen gaan redden, maar nemen het heft in handen.

Deze *Cultural Creatives* verkiezen kwaliteit boven kwantiteit, groen boven grijs, liefde boven angst en inspiratie boven regels en dogma. Zij kiezen ervoor om zelfstandig te denken en hun macht niet meer uit handen te geven. In deze ontwikkeling speelt Nederland een sleutelrol. Bijna iedereen die ik de afgelopen vijftien jaar interviewde, heeft hoge verwachtingen van ons land, omdat er vrijwel geen plek ter wereld is waar zoveel ruimte voor ontwikkeling en groei is. Nederland kan opnieuw een gidsland zijn.

Maar ook Nederland is aangekomen in een beslissende fase. Velen van ons hebben zich de afgelopen decennia kunnen laven aan cursussen en boeken over bewustzijnsontwikkeling. Er zijn in Nederland inmiddels net zoveel coaches als er cliënten zijn, en Boeddha is de nieuwe tuinkabouter geworden. De vraag is alleen: wat *doen* we met die verworven wijsheid? Hoe integreren we deze in ons dagelijks leven en zetten we hem om in praktische actie? Oftewel, hoe ziet de beloofde verlichting er in de dagelijkse praktijk uit – in spijkerbroek, in de file, bij de kassa en in de kroeg?

In dit boek vind je de essentiële stappen, inzichten en oefeningen die nodig zijn om een oeroud en beladen begrip – verlichting – nieuw leven in te blazen en een eigentijdse vorm te geven. In plaats van bekende citaten van oude wijzen uit stoffige boeken is *Spoedcursus Verlichting* een boek van deze tijd voor mensen van deze tijd – mensen die laten zien dat spiritualiteit en een moderne levensstijl heel goed samengaan. Verlichting is niet moeilijk, exotisch of onhaalbaar, maar het meest natuurlijke bewustzijn van waaruit een mens kan leven. Het is zelfs een stuk moeilijker om *niet* verlicht te zijn, dan om het *wel* te zijn.

De weg naar een verlicht leven blijkt bovendien geen langdurige zoektocht, waarbij je al je wereldse verlangens moet opgeven. Verlichting is niet 'straks' in de hemel als je 'nu' goed je best doet. Het is niet voorbehouden aan asceten in lange gewaden in grotten en op bergtoppen. Verlichting is voor iedereen haalbaar en mogelijk, hier en nu. Het is makkelijk, natuurlijk en de logische volgende stap in onze evolutionaire ontwikkeling. Uiteindelijk is verlichting zelfs onvermijdelijk.

De inzichten, stappen en wijsheden die je in dit boek vindt, zijn niet alleen van mij, maar ook van de mensen die ik de afgelopen vijftien jaar over het onderwerp interviewde. Ik ben hen dankbaar voor hun tijd en bereidwilligheid om zichzelf te delen.
De Spoedcursus bestaat uit vijf delen.

Deel een gaat over het herstellen van het contact met je oorsprong en thuiskomen bij jezelf. Deel twee gaat over contact met het grotere geheel (*The Force*, Het Veld, De Bron), zodat je jezelf kunt opladen met levenskracht en weer gaat leven vanuit wijsheid en inspiratie. Deel drie gaat over het integreren van deze krachten in de praktijk van het dagelijks leven en over het loslaten van gedragspatronen en beperkingen, zoals de pijn van onverwerkte emoties. Deel vier vertelt de verhalen van geïnspireerde mensen die verlichting tot een praktische levensstijl hebben gemaakt en deel vijf breekt een lans voor een nieuwe verlichtingsbeweging en geeft je inzicht in het grote plaatje.

Oké, daar gaan we dan. Zet je denkraam open, schakel de automatische piloot uit en ontdek hoe magisch en moeiteloos het leven kan zijn. *May the Force be with you*!

DEEL EEN

DE REIS NAAR BINNEN

Waarin je thuiskomt bij jezelf, je spirit leert kennen, het innerlijke vuur weer aansteekt en stopt met zoeken, zwoegen en ploeteren; waarin je je grootste angst overwint, weer gaat stralen, bruisen en knallen en je charisma zo groot maakt dat je de hele ruimte kunt vullen; waarin je gaat dansen met draken, leven in het oog van de orkaan, de weg leert naar Lalaland, een supergeleider wordt en gaat resoneren met je eigen volmaaktheid, zodat je eeuwig jong en stralend blijft.

1

Instantverlichting

'Arme man, hij had maar één mening
en daar heeft hij zijn hele leven mee gedaan.'

Loesje, Nederlands postermeisje

Op een dag besloot ik verlicht te zijn. Het was vier uur in de ochtend en mijn wekker was net gegaan. Normaal gesproken zou ik nu uit bed zijn gesprongen voor een lange meditatie. Maar die ochtend bleef ik liggen. Ik staarde naar het plafond en dacht: als ik nu nog niet verlicht ben, dan word ik het nooit meer. Hoeveel meer kan ik nog doen?

Ik had er de afgelopen veertien jaar vrijwel alles aan gedaan om verlicht te worden. Duizenden uren had ik gemediteerd, ik had honderden boeken gelezen en mensen geïnterviewd, was zeventien keer naar Azië gereisd en had alles wat mij van verlichting kon afhouden, afgezworen. Ik rookte niet meer, dronk geen alcohol, at geen dieren, las geen romans, keek geen tv, ging niet uit, kocht geen hippe kleren, had geen vriendinnetjes en deed zelfs niet meer aan seks. Ik had mijn band (Loïs Lane) en partner (Monique Klemann) vaarwel gezegd, had mijn gouden platen, leren jasjes en puntschoenen in dozen op zolder gezet en was de snelweg naar verlichting ingeslagen.

Maar op die vroege ochtend was ik op een kruispunt aanbeland. Vóór mij strekte zich de schier eindeloze weg uit, achter mij de vele kilometers die ik had afgelegd. 'Hoeveel verder zou het nog zijn?' vroeg ik me af, terwijl ik naar het plafond staarde. 'Hoeveel uur zou ik nog moeten mediteren, hoeveel boeken moet ik nog lezen en hoeveel workshops moet ik nog volgen voordat ik verlicht ben?'

Hoe meer ik erover nadacht, hoe meer het tot me doordrong dat elk boek en elke workshop mij juist verder van mijn doel af brachten. Ik gebruikte ze om het onvermijdelijke nog even uit te stellen: verlicht *zijn*, in plaats van verlicht *worden*. Als er één les is die spirituele leraren mij de afgelopen jaren hadden ingepeperd, dan was het wel dat de mens van oorsprong verlicht *is*. We *zijn* al compleet, vrij, gelukkig, goddelijk en verlicht. We vergeten het alleen steeds.

Die ochtend viel het kwartje. Ik realiseerde me dat al dat streven, oefenen en zoeken weliswaar van grote waarde was geweest, maar dat het tijd werd voor een nieuwe fase. Het was tijd om het *streven* naar verlichting op te geven en te verruilen voor het *leven* van verlichting. En dus bleef ik die ochtend in bed liggen – niet om te slapen, maar om wakker te blijven. Ik gaf alle disciplines op en ging weer dansen, zingen, vrijen, drinken, feesten en... verlicht zijn.

Om mijn beslissing te onderstrepen, schreef ik een column in *Ode* waarin ik vertelde dat verlichting geen weg is, maar een knop, een beslissing. Ik gaf het voorbeeld van Jacques Lusseyran, een van Frankrijks grootste verzetshelden. Lusseyran overleefde het concentratiekamp Buchenwald door op een dag simpelweg te beslissen dat hij zou blijven leven. Hij lag op dat moment – meer dood dan levend – op een stretcher in het kamphospitaal. Naast hem lag een andere gevangene te creperen. De man had zich naar Lusseyran omgedraaid en geroepen: 'Je hebt geen schijn van kans, je gaat sterven!' Lusseyran keek hem aan en... lachte. Het was een bevrijdende lach geweest. Hij voelde zich opgetild, euforisch, verlicht en wist zeker dat hij zou blijven leven.

'En daarom,' zo schreef ik in mijn column, 'heb ik besloten om verlicht te zijn. Ik vond het na veertien jaar oefenen hoog tijd worden, en zó moeilijk is het nou ook weer niet. Het is vooral een kwestie van wakker zijn en je realiseren dat je alles al hebt en alles al kan. Het is bovendien heel vermakelijk om mensen te vertellen dat je verlicht bent. Vooral op feestjes. Gewoon op iemand af stappen en vragen: "Zeg, ben jij al verlicht?"

Dat is meteen een goede oefening. Als je op het moment dat je de vraag stelt verlicht bent, reageren mensen geïnteresseerd. Ze willen weten hoe je verlicht bent geworden, het liefst in de vorm van een stappenplan. Als je daarentegen een minder verlichte dag hebt, lachen ze beleefd, gaan alarmnummers bellen of negeren je. Volmaakte spiegels! Bijkomend voordeel van mensen vertellen dat je verlicht bent, is dat ze je eraan gaan houden. Je moet ernaar leven.'

Na het verschijnen van deze column stapten er regelmatig mensen op mij af die wilden weten hoe het was om verlicht te zijn: was ik nu altijd gelukkig, werd ik nog weleens boos, deed ik nog boodschappen, had ik nog verlangens? Als mensen mij met oprechte interesse benaderden, kwamen er de meest verlichte antwoorden uit mijn mond. Sommige van die antwoorden waren zelfs zo mooi, dat ik ze na afloop opschreef. Als mensen mij daarentegen cynisch of sceptisch benaderden, dan kwamen er geen verlichte antwoorden uit mijn mond.

Ik vond dat opmerkelijk, totdat ik de Amerikaanse zenmeester Genpo Roshi ontmoette. Hij had er een simpele verklaring voor: 'Je hebt toestemming nodig om verlicht te zijn. In mijn workshops nodig ik mensen uit om vanuit hun verlichte zelf te spreken, en je ziet ze dan voor je ogen veranderen. Iedereen draagt die verlichte kant in zich. Iedereen *is* in feite al verlicht, alleen vrijwel niemand wordt uitgenodigd om vanuit die verlichting te leven.'

De befaamde Amerikaanse filosoof en evolutionair denker Ken Wilber is onder de indruk van Roshi's methode. In het voorwoord van Roshi's boek *Big Mind Big Heart* schrijft Wilber dat Roshi in staat is mensen binnen een uur in een verlichte staat te brengen. 'Ik heb met Ken gewed dat ik het ook in vijf minuten kan,' zegt Roshi, terwijl hij mij aankijkt over een pan paella in zijn favoriete restaurant op de Amsterdamse Wallen. 'Ik heb die weddenschap gewonnen.'

Voor Roshi – die 23 jaar ascetisch had geleefd toen hij inzag dat verlichting ook sneller, moeitelozer en gemakkelijker kan gebeuren – viel het kwartje tijdens een sessie met een volkomen onervaren zenstudent. Roshi had de jongeman gevraagd of hij met de stem van de ultieme wijsheid en verlichting mocht spreken. Voor zijn verbaasde ogen transformeerde de wat zenuwachtige leerling in een serene zenmeester die met het grootste gemak over diepe spirituele zaken sprak. Roshi: 'En het enige wat ervoor nodig was, was toestemming. Toestemming is de sleutel.'

Roshi ontdekte de *Voice Dialogue*-methode toen hij in contact kwam met de jungiaanse psychologen Hal en Sidra Stone, die de methode hadden uitgevonden. Hij had hun hulp ingeroepen omdat sommige mensen in zijn zencentrum in Los Angeles psychische problemen hadden. Voor hen waren de Spartaanse sessies (Roshi hield regelmatig driemaandelijkse retraites, waarbij negen tot elf uur per dag werd gemediteerd) blijkbaar iets te veel geworden. Van het echtpaar Stone leerde hij dat alle stemmen in ieder mens aanwezig zijn: de criticus, het gewonde kind, de perfectionist, enzovoorts. Zij brachten hem op het idee om ook de verlichte stemmen de ruimte te geven, met als wonderbaarlijk resultaat dat mensen van het ene op het andere moment veranderen in levende boeddha's.

Sommige mensen – met name andere spiritueel leraren – verwijten Roshi dat hij verlichting te makkelijk heeft gemaakt. Hij neemt een slok bier en haalt zijn schouders op: 'Waarom moeilijk doen als het ook makkelijk kan? Natuurlijk heb ik daar in het begin ook mee geworsteld en me een "afvallige" gevoeld, omdat ik de grenzen van mijn denken begon op te rekken. Maar ik kan er niet omheen dat deze methode heel effectief is om tot dezelfde eenheidservaring te komen die al duizenden jaren het doel is van vrijwel elke spirituele traditie, inclusief het zenboeddhisme. Deze planeet kan wel wat wakkere mensen gebruiken, dus wil ik zo veel mogelijk mensen de gelegenheid geven makkelijk en snel te ontwaken.'

Een van de belangrijkste lessen die Roshi de afgelopen jaren leerde, is dat de manier waarop mensen naar verlichting streven, hen niet dichter bij hun doel brengt, maar er juist verder vanaf: 'Het grote probleem met *streven* naar verlichting is dat die manier van denken je gevangen houdt in het idee dat je *nu* moet lijden om *straks* verlicht te zijn. Door altijd maar op weg te zijn naar een ervaring *ben* je er nooit. Als je het leven van Boeddha bestudeert, dan moet je constateren dat ook hij hopeloos faalde in zijn streven. Pas toen hij alles had gedaan – mediteren, studeren, ascetisch leven, enzovoorts – en het zoeken opgaf, ontwaakte hij. Door altijd maar op weg te zijn, zien we het meest voor de hand liggende over het hoofd: we *zijn* al verlicht, er *is* al vrede. Eigenlijk is de kunst van verlichting heel simpel: je hoeft alleen maar te stoppen met zoeken.'

Het idee dat je straks verlicht gaat worden en daar nu voor moet lijden, werkt dus niet, maar ligt wel diep verankerd in ons collectieve onderbewustzijn. De meeste mensen associëren verlichting met lijden, afzien, afzondering, eenzaamheid, onthechting en zelfs met de dood. Dat is niet toevallig en heeft alles te maken met hoe we zijn geconditioneerd. Is het niet opvallend dat uitgerekend *de* twee figuren die door de meeste mensen worden gezien als verlicht, vaak worden beschreven en afgebeeld als lijdend (Christus) en zoekend (Boeddha)?

Wat zou er gebeuren als we stoppen met lijden en zoeken en inzien dat we allang zijn wat we al zo lang zoeken? We *zijn* al compleet, gelukkig, geliefd en vrij. We hoeven er niets voor te doen om dat te bereiken. Sterker nog: alles wat we doen om het te bereiken, bevestigt ons in het idee dat we het niet zijn. Wie verlicht wil zijn, hoeft niets te leren en niets te doen, behalve de oude conditioneringen los te laten dat verlichting daar en straks is in plaats van hier en nu. Zo simpel – en zo moeilijk – is het.

CHECK

In hoeverre leef je vanuit de overtuiging dat je *nu* moet afzien, lijden en zwoegen om *straks* gelukkig, rijk, vrij of verlicht te zijn?

Heb je toestemming om verlicht te zijn? Van wie wel? Van wie niet?

Nodig je anderen uit om verlicht te zijn, of hou je ze in het duister door hen op die kant van hun persoonlijkheid aan te spreken?

AHA

Verlichting is makkelijk en natuurlijk.
Het is je oorsprong en (geboorte)recht.

Je hoeft niets te doen om verlicht te zijn. Je bent het al.

Verlichting is een keuze.

Verlichting is een uitnodiging.

Voor verlichting is toestemming nodig.

Verlichting is niet daar of straks, maar hier en nu.

Verlichting is stoppen met lijden en zoeken.

ACTIE

Vraag een vriend of vriendin of je met de verlichte stem in hen mag spreken en stel hen vervolgens vragen over alles wat je altijd hebt willen weten.

MEDITATIE

Visualiseer elke dag, voordat je aan je dag begint, een innerlijk vuur. Visualiseer dit vuur op drie plekken: in je voorhoofd, in je hart en vlak onder je navel. Neem gedurende de dag af en toe een time-out om het vuur brandend te houden.

NU, HIER EN ALLES

'Ik zoek niet, ik vind.'

Pablo Picasso, Spaans kunstenaar

'Morgen gratis bier!'

Gezien in een Amsterdamse kroeg

'Probeer niets. Doe iets, of doe het niet. Proberen bestaat niet.'

Yoda, Star Wars

'Verander je leven vandaag. Speculeer niet op de toekomst, doe het nu, zonder uitstel.'

Simone de Beauvoir, Frans filosofe

'Vaak is er meer moed voor nodig om je mening te veranderen dan om erbij te blijven.'

Willy Brandt, Duits bondskanselier

'Je moet het leven in zijn totaliteit begrijpen, niet slechts een klein gedeelte ervan. Daarom moet je lezen, daarom moet je naar de lucht kijken, daarom moet je zingen en dansen, en gedichten schrijven en lijden en begrijpen, want dat alles is het leven.'

Jiddu Krishnamurti, Indiaas filosoof

2

Kiezen voor verlichting

Journalist: 'Mr. Gandhi, hebt u een boodschap?'
Gandhi: 'Mijn leven is mijn boodschap.'

Ik ren door de straten van New York. Ergens op 7th Avenue moet het zijn, net voorbij Broadway: de befaamde Carnegie Hall waar Benjamin Zander vanavond zal optreden met zijn Boston Philharmonic Orchestra. Het vliegtuig had vertraging en het is nog maar de vraag of ik op tijd ben voor dit nu al legendarische optreden voor vrienden en familieleden van de slachtoffers van 9/11. Ik ben te lang niet meer in deze stad geweest, bedenk ik, terwijl me opvalt dat de meeste mensen zich niet eens zoveel langzamer voortbewegen dan ik. Iedereen lijkt permanent haast te hebben in de stad die nooit slaapt.

Iedereen, behalve Benjamin Zander. Als ik – net op tijd – de trappen van Carnegie Hall op storm, staat hij doodgemoedereerd in zijn alledaagse kloffie boven aan de trap. Zou hij niet weten dat hij over vijf minuten in rokkostuum voor zijn orkest moet staan? Als hij mij tussen de menigte ontwaart, zwaait hij enthousiast. 'Wat geweldig dat je bent gekomen!' roept hij. Veel tijd om te praten hebben we niet, want een zenuwachtige assistent maant hem om zich nu *echt* te gaan verkleden. Zander grijpt mijn hand en trekt me mee naar binnen. Halverwege de zaal worden we tegengehouden door een suppoost in een rood jasje.

'Toegangsbewijzen graag.'

Zander lacht: 'Maar ik ben de dirigent!'

'De dirigent?' De man weet duidelijk niet hoe hij het heeft. 'Maar wat doet u hier dan?'

'De gasten ontvangen natuurlijk!'

Als je hem zo ziet, moet je wel van steen zijn om niet gecharmeerd te raken van deze lange, stralende man. Zijn ogen drukken voortdurend uit dat het leven het waard is om elk moment ervan intens te beleven.

Als er iemand is die laat zien dat geïnspireerd en verlicht leven vooral een keuze is, dan is het Zander wel. Hij noemt het *The Art of Possibility*: het vermogen om onder alle omstandigheden mogelijkheden en kansen te zien.

Zander ontdekte deze kunst jaren geleden, toen hij erachter kwam dat zijn hele leven – carrière, relaties, omstandigheden, alles – in feite het product was van zijn eigen denken. 'Als het dan toch allemaal bedacht is,' zegt hij wanneer ik hem de volgende dag opzoek in zijn hotel met uitzicht over Central Park, 'dan kan ik het net zo goed zó bedenken zoals ik het zelf hebben wil. Je kunt uit al die beperkende gedragspatronen stappen en verhuizen naar een gebied van oneindig veel mogelijkheden. Er zijn zo veel manieren om tegen de werkelijkheid aan te kijken, zelfs onder barre omstandigheden.'

Hij vertelt – zichtbaar aangedaan – het verhaal van twee Joodse meisjes: 'In Boston staat een monument ter nagedachtenis aan de Holocaust. Op een van de zuilen staat het verhaal van Ilse en Guerda, die waren opgesloten in Auschwitz. Op een ochtend vindt de zesjarige Ilse in het kamp één enkele braam. Ze draagt de vrucht de hele dag bij zich. Die avond – haar ogen stralen van geluk – geeft ze de braam op een blaadje aan haar vriendin. Ilse overleeft het kamp niet, maar Guerda wel, en zij heeft de volgende tekst op het monument geschreven: "Stel je een wereld voor waarin het enige wat je bezit één enkele braam is, en die geef je aan een vriend."'

Volgens Zander gaat *The Art of Possibility* verder dan 'gewoon' positief denken en net doen alsof alles oké is: 'Wanneer je vanuit mogelijkheden denkt, zie je dat goed en kwaad slechts producten zijn van je eigen geest. Je kunt op elk moment uit een neerwaartse spiraal stappen door jezelf te vragen: hoe kan ik over de situatie denken, zodat ik er een ander beeld van krijg? Zodra je er een ander beeld van hebt, kun je er anders mee omgaan. De belangrijkste vraag die je jezelf kunt stellen, is niet zozeer wie *ben* ik, maar wie *wil* ik zijn.'

Als we later op de dag samen de stad in gaan, begin ik pas goed te zien wat hij bedoelt met 'mogelijkheden' zien. In elke situatie ziet Zander iets moois, iets geks of iets wat hem inspireert. Waar we ook komen, steeds is hij het stralende middelpunt, degene die iedereen aansteekt met zijn enorme enthousiasme. Typerend is zijn opmerking tegen de ober in een chic restaurant: 'Ober, ik heb een perfect leven, ik heb alleen geen vork.'

Zander heeft een heel eenvoudige definitie van succes die niets te maken heeft met geld, spullen of status: 'Ik definieer succes en geluk aan de hand van wat ik in elke situatie kan bijdragen. Veel mensen denken dat je gelukkig wordt door veel te krijgen, maar volgens mij is het precies andersom. Ik word gelukkig als ik veel kan geven. Leven *is* geven.'

Dit inzicht ontstond zo rond zijn vijfenveertigste, toen hij zich ineens realiseerde dat de dirigent de enige musicus in het orkest is die geen enkel geluid maakt. Zander: 'De kracht van de dirigent ligt dus vooral in ánderen krachtig maken. Dat inzicht heeft alles veranderd. Mijn aandacht ging vanaf dat moment niet meer zozeer uit naar mijzelf en naar mijn succes, maar naar hoe ik anderen kon laten stralen. Je kunt altijd zien of je succesvol bent door naar de ogen van de mensen om je heen te kijken. Als die stralen, ben je geslaagd. Hoe meer ogen je ziet stralen, hoe succesvoller je bent.'

Zander is niet meer bezig met carrière maken of in de schijnwerpers staan. Recensies van optredens leest hij niet of nauwelijks. 'Ik heb geen carrière meer,' zegt hij, 'maar een leven. Ik heb ook geen doel, maar vooral een visie. Een visie is niet zozeer een strak plan of een strategie, maar een manier van in het leven staan. Ik denk er bijvoorbeeld niet over na dat ik op de trappen ga staan om de concertgangers te verwelkomen. Ineens sta ik daar gewoon.'

Terug naar het concert in Carnegie Hall. Deze avond is een van de meest memorabele van mijn leven. De atmosfeer is geladen, niet alleen door de intensiteit van Zander, maar ook omdat het nog maar een halfjaar geleden is dat de Twin Towers instortten. Op het programma staan Beethoven, Tsjaikovski, Mahler, Mozart en Elgar. Het programmaboekje vermeldt verder dat er een koor van ten minste tweeduizend mensen zal zingen. Ik kijk om me heen. Tweeduizend mensen, waar gaan ze díé laten?!

De opening van de avond, die bestaat uit dankbetuigingen van de burgemeesters van New York en Boston, staat stil bij de tragedie. De hoop wordt uitgesproken dat de muziek een helend effect zal hebben. Als Zander opkomt, staat ook hij stil bij de gebeurtenissen. Geheel in stijl begeeft hij zich op een uiterst gevoelig vlak, wanneer hij zegt dat een ramp ook voordelen kan hebben. Hij vertelt het verhaal over een oud-leerling wiens hart brak toen zijn vriendin hem verliet. Voor Zander was het reden tot optimisme: 'Toen pas kon hij Schuberts liederen zingen. Zo is het met pijn, verdriet, tragedie. Het loutert en kan het mooiste in de mens omhooghalen, zoals wij in New York met grote eerbied hebben gezien.' Om mij heen wordt flink gesnotterd.

Dan heft hij zijn dirigeerstok en de zaal wordt stil. Maar nog voordat het orkest nog maar één noot heeft gespeeld, draait Zander zich plotseling om. 'Kan een orkest niet zonder dirigent spelen?' vraagt hij zijn perplexe toehoorders. Hij wrijft over zijn kin, kijkt bedenkelijk en wandelt het podium weer af met de mededeling dat de eerste violist maar moet aftellen. Het orkest zet enigszins aarzelend Beethovens *Coriolan Overture* in. Het klinkt aardig, zeker voor ongeoefende oren.

Na twee minuten stapt Zander het podium weer op, stopt de muziek en zegt met een grimas: '*Bad news for conductors*'. Dan heft hij opnieuw zijn dirigeerstok en telt af. Weer klinkt Beethoven, maar het verschil is verbluffend! De precisie, de timing, de intentie, de intonatie, de passie... álles is anders.

Het wordt een magische avond. Na afloop vertelt een jongeman dat hij zijn beste vriend is kwijtgeraakt en zich sindsdien totaal miserabel voelt. Maar deze avond is een ommekeer. De muziek heeft hem geraakt. Zijn verlangen naar leven is weer ontwaakt. Het innerlijke licht is aangestoken en gaat voorzichtig weer branden.

Het klapstuk van de avond is Beethovens *Ode to Joy*. Achter op het programmaboekje staat de tekst – of we die even willen meezingen. Na enige aarzeling gaat de hele zaal staan, en dan zingen tweeduizend New Yorkers en één Amsterdammer uit volle borst dat alle mensen broeders gaan worden. Ineens begrijp ik dat immense koor uit het programmaboekje.

CHECK

Hoeveel paar stralende ogen heb je om je heen?

Zie je vooral mogelijkheden of beperkingen?

Heb je een carrière of een leven?

ACTIE

Train jezelf om steeds op een andere manier over situaties te denken, zodat je er anders mee om kunt gaan.

AHA

De belangrijkste vraag is niet: 'Wie ben ik?', maar: 'Wie wil ik zijn?'

Als het dan toch allemaal bedacht is, dan kun je het net zo goed zo bedenken zoals je het zelf hebben wilt.

VRIJHEID EN KEUZES

'Vrijheid is wat je doet met wat jou is aangedaan.'

Jean-Paul Sartre, Frans filosoof

'Ieder mens bouwt zijn wereld in zijn eigen verbeelding. Hij bezit de macht om te kiezen, maar niet de macht om aan de noodzakelijkheid van het kiezen te ontsnappen.'

Ayn Rand, Amerikaans filosoof

'Alles kan een mens worden afgenomen, behalve de laatste van de menselijke vrijheden – onder alle omstandigheden te kiezen hoe je ergens tegenover staat, je eigen weg te kiezen.'

Victor Frankl, Oostenrijks psychiater en overlever van de Holocaust

'Om de wereld interessant te laten zijn moet je hem voortdurend manipuleren.'

Brian Eno, Brits muzikant

'Het is immers allemaal maar fantasie?'

Marilyn Monroe, Amerikaans actrice

3

De F-side en de ziel

'We overtuigen door onze persoonlijkheid.
Laat je ziel koel en beheerst tegenover duizend
zonnen staan.'

Walt Whitman, Amerikaans schrijver

Ik zit in een sneltrein en kijk uit het raam. 'Ah, heerlijk,' zucht ik, terwijl ik het Hollandse landschap aan me voorbij zie flitsen, 'even tijd om uit te blazen.' Ik ben 28 en heb het maar druk met mijn leven. Loïs Lane, de band die ik een paar jaar geleden met Monique Klemann heb opgericht, is net doorgebroken. Onze eerste single *Break it Up* was al een bescheiden hit, maar met de titelsong voor de film van Dick Maas, *Amsterdamned,* en de single *My Best Friend* is het hek van de dam. Onze eerste mini-lp wordt meteen goud (meer dan 50.000 verkochte exemplaren) en later zelfs platina (meer dan 100.000). Om tegenwicht te bieden aan de hectiek ben ik gaan mediteren en er is geen betere plek om dat te doen dan een bijna lege trein met een lange rit voor de boeg.

Ik richt mijn aandacht op de 'ster' in het midden van mijn voorhoofd, zoals mijn meditatielerares me heeft geleerd. In India noemen ze dit het 'derde oog'. Het zou de plek zijn waar de ziel zich bevindt, de ware ik, die uit puur bewustzijn bestaat. Ik mediteer nog maar een paar weken, maar ervaar nu al hoe heerlijk het is om mijn aandacht op dit punt te richten. Het geeft me het gevoel contact te maken met mijn oorsprong en innerlijke krachtbron. Ik zucht nogmaals diep en ga er lekker voor zitten. Maar niet voor lang.

Bij het volgende station stampt zo ongeveer de hele F-side van Ajax de trein in. Binnen de kortste keren verandert mijn serene coupé in een kroeg vol schreeuwende, drinkende en rokende mannen. Tegenover mij draaien twee skinheads een grote joint, terwijl ze mij vanachter hun voetbalsjaals argwanend gadeslaan. Ik knik ze vriendelijk toe.

Na enkele minuten kunnen de mannen mijn onverstoorbare houding niet meer aanzien. Een van hen buigt zich naar voren en lispelt met een bierkegel: 'Hé, ben jij een gozer of een wijf?'

'Geen van beiden,' zeg ik spontaan, 'ik ben een ziel.'

De supporter is geheel van slag en is even zijn tekst kwijt. Hij kijkt met grote ogen naar zijn maten, maar nog voordat deze kunnen reageren, vraag ik hen of zij weten wat een ziel is. Meer vragende blikken en zonder op antwoord te wachten, steek ik van wal. 'De ziel is wie je werkelijk bent,' zeg ik, 'maar de meeste mensen zijn dit vergeten. Zij denken dat ze iets anders zijn en identificeren zich met hun beroep, uiterlijk of voetbalclub. Door meditatie kun je weer in contact komen met je eigen ziel, met je eigen innerlijke power.'

In plaats van agressief te reageren, reageren ze nu voorzichtig geïnteresseerd. Ik krijg de joint aangeboden en er ontstaat zowaar een geanimeerd gesprek over de ziel. Als zij twee haltes later uitstappen, hebben we het er net over of ze – nu ze weten dat ze een ziel zijn – ook nog Ajax-fan kunnen zijn. Hilarisch!

Mijn avontuur met de mannen van de F-side laat zien dat je, als je maar dicht genoeg bij jezelf blijft, onder alle omstandigheden je eigen atmosfeer en werkelijkheid kunt creëren. Het woord 'atmosfeer' betekent letterlijk 'sfeer van de ziel'. *Atma* is het Sanskritische woord voor ziel. De reden dat ik de Ajax-fans meekreeg in mijn sfeer, was omdat mijn uitstraling op dat moment krachtiger was dan die van hen. Ik maakte als het ware meer 'lawaai', waardoor ik niet door hen werd beïnvloed, maar zij door mij. Een krachtige uitstraling, zo leerde ik die dag, is de beste bescherming tegen ongewenste invloeden uit je omgeving.

Nu denk je misschien dat het veel kracht kost om voortdurend uit te stralen en dat je daar op den duur heel moe van wordt, maar het tegenovergestelde blijkt het geval. Hoe meer je uitstraalt, hoe meer je wordt opgeladen. Ik kan dat uit ervaring zeggen, want na een paar weken oefenen met het vergroten van mijn uitstraling had ik zoveel energie dat ik niet meer dan vijf uur slaap nodig had. Het leek wel alsof ik permanent was aangesloten op een eindeloze krachtbron.

Ook anderen begonnen deze uitstraling te voelen. Een van hen zal ik nooit vergeten: Wally Langdon, onze bassist, die jarenlang bij Herman Brood had gespeeld. Op weg naar optredens ging Wally vaak naast me zitten en strekte zijn handen dan naar me uit zoals iemand doet die voor de open haard zit. 'Even opladen,' zei hij dan. Maar hoe meer Wally 'nam', hoe voller ik werd. De energie stroomde niet alleen naar Wally toe, maar vooral ook door mij heen, zodat we allebei werden opgeladen.

Hoeveel effect de uitstraling (charisma, aura) van een ziel kan hebben, heb ik meerdere malen in India gezien wanneer ik oude yogi's tegenkwam. Hun invloed was vaak zo enorm, dat ze de hele ruimte leken te vullen. Vaak was het haast onmogelijk om in hun gezelschap zelf nog te denken. Ik kan me nog goed herinneren dat ik eens een interview deed met Dadi Janki, hoofd van de Brahma Kumaris World Spiritual University. Zodra ik tegenover haar zat en zij me aankeek, was het net alsof mijn geest vacuüm werd gezogen. Al mijn gedachten stopten en het werd helemaal stil. Ik kon geen vraag meer bedenken en zat haar maar een beetje schaapachtig aan te staren. Lastig als je een interview moet doen.

Hetzelfde is mij een keer overkomen met Eckhart Tolle. Toen ik hem de eerste keer interviewde, had ik geen vragenlijst bij me. Ik vertrouwde erop dat er vanzelf een mooi gesprek zou ontstaan. Toen ik tegenover hem zat, werd ik echter onmiddellijk in zijn stille *atma*-sfeer gezogen – de sfeer waarover John Lennon ooit zong dat daar geen problemen bestaan, alleen maar oplossingen. Wat viel er nog te vragen? Het bleef dus lang stil, terwijl ik maar anderhalf uur de tijd had voor het interview. Uiteindelijk moesten we allebei lachen en werd het een van de fijnste ontmoetingen van mijn leven. Toen ik anderhalf uur later weer op straat stond, kon ik alleen nog maar giechelen. Toch had ik, toen ik Eckhart Tolle twee jaar later weer interviewde, voor de zekerheid een vragenlijst bij me.

De Amerikaanse spirituele leraar Isaac Shapiro vertelde eens dat mensen die in contact kwamen met zijn leraar (Ramana Maharshi) ook het gevoel hadden dat hun geest niet meer werkte. Shapiro: 'Alle problemen – en dan heb ik het over grote problemen, zoals de pijn van het verliezen van een kind, scheidingen en alle mogelijke nare dingen die een mens kunnen overkomen – verdwenen als sneeuw voor de zon. Mensen konden zich niet meer herinneren waarvoor ze waren gekomen.'

Het is dus mogelijk om jezelf groot(s) te maken door je uitstraling te vergroten. Als je je eigen innerlijke vuur weer aansteekt en opstookt, steek je automatisch ook anderen aan. Benjamin Zander ziet het om zich heen in twinkelende ogen en heeft gedurende zijn carrière als dirigent en docent aan het conservatorium verschillende methoden ontwikkeld om anderen te laten stralen. Een van zijn meest geniale technieken is dat hij iedere leerling aan het begin van het academisch jaar alvast een tien geeft.

Zander: 'Ik doe dat omdat ik zie dat veel jonge musici verkrampen als ze eraan denken dat ik ze ga beoordelen. Dat is het slechtste wat je als muzikant kunt doen, want goede muziek kan onmogelijk voortkomen uit kramp en angst. Muziek gaat juist over risico's durven nemen.'

En dus geeft Zander zijn leerlingen bij voorbaat een tien, op voorwaarde dat zij hem aan het begin van het schooljaar een brief schrijven waarin ze uitleggen waarom ze dit hoge cijfer verdienen. In de brief die zij schrijven, die zogenaamd is gedateerd op de laatste dag van het schooljaar, blikken zij terug op het jaar. Zander raadt hen aan om bij het schrijven van de brief hevig verliefd te worden op de persoon die zij tegen die tijd zijn geworden.

Dit is een brief van Esther Lee, een jonge Koreaanse fluitiste:

Beste meneer Zander, mijn leraar,
Ik heb een tien gekregen omdat ik hard heb gewerkt en diep heb nagedacht over mijzelf als leerling van uw klas – en het resultaat was werkelijk schitterend. Ik ben een heel nieuw mens geworden. Ik was vroeger zo negatief over bijna alles, vóór het zelfs maar te proberen. Nu vind ik mijzelf veel gelukkiger dan vroeger. Ik kon ongeveer een jaar geleden mijn fouten niet accepteren. Na elke fout was ik kwaad op mijzelf. Nu vind ik fouten maken leuk en leer ervan.
In mijn spel zit meer diepte dan vroeger. Eerst speelde ik alleen maar de nootjes, maar nu heb ik iets ontdekt over de ware betekenis van de stukken die ik speel. Ik speel nu met meer fantasie. Ook heb ik mijn eigen waarde leren kennen. Ik heb ontdekt dat ik een bijzonder mens ben, omdat ik heb ingezien dat ik alles kan doen wanneer ik in mijzelf geloof. Dank u wel voor al uw lessen en colleges, omdat ik daardoor heb ingezien hoe belangrijk ik ben en wat de zuivere reden is waarom ik muziek maak.
Dank u wel.

Hartelijke groeten,
Esther Lee

Enkele maanden na de ontmoeting met mijn vrienden van de F-side zat ik weer in een trein te mediteren. Deze keer kwam er geen horde supporters binnen, maar een opgewekte jongeman, die tegenover mij ging zitten. Ik knikte naar hem en ging door met mijn meditatie (ik had inmiddels geleerd om dat met open ogen te doen). Na een paar minuten merkte ik dat hij me indringend zat aan te kijken en zijn best deed om mijn aandacht te trekken. Toen ik hem aankeek, zei hij: 'Ik ben een zonnestraaltje.'

'Dat is ook toevallig,' zei ik, 'ik ben een sterretje.'

We raakten aan de praat, maar het 'zonnestraaltje' moest er bij de volgende halte al uit, omdat hij zich moest melden bij een open daginrichting waar hij werd behandeld voor waanbeelden. Ik keek hem enigszins bedremmeld na, en toen hij omkeek zwaaiden we.

Wow, dacht ik, word je in Nederland behandeld voor waandenkbeelden als je denkt dat je een zonnestraaltje bent? Dan mag ik wel oppassen!

Toch vreemd dat je om die reden wordt opgepakt, terwijl er hordes mensen vrij rondlopen die in de veronderstelling leven dat zij hun land, geloof, voetbalclub, bankrekening of Armani-jasje zijn.

CHECK

Hoe zie je jezelf? Wie denk je dat je bent?

Kun je het innerlijke vuur van de ziel onder alle omstandigheden brandend houden?

Beïnvloed jij je omgeving, of word je door je omgeving beïnvloed?

Hoe groot durf je te zijn?

AHA

Hoe meer je geeft en uitstraalt, hoe meer je ontvangt.

MEDITATIE

Visualiseer de ziel in het midden van je voorhoofd als een ster van licht en kracht. Verspreid deze energie naar elke cel van je lichaam en maak dit energieveld vervolgens groter dan de grenzen van je lichaam. Straal uit naar je omgeving. Maak jezelf zo groot als je kunt.

ACTIE

Zie anderen zoals ze werkelijk zijn, los van hun vorm, kleur, baan, voetbalclub, haarstijl, enzovoorts. Zie ze als puur bewustzijn.

POWER

'Mijn moeder zei tegen me: "Als je soldaat bent, word je generaal. Als je monnik bent, word je de paus." Maar ik was schilder en werd Picasso.'

Pablo Picasso, Spaans kunstenaar

'Het is moeilijk bescheiden te zijn als je zo groot bent als ik.'

Muhammad Ali, Amerikaans bokser

'Toen ik zes was wilde ik kok worden, toen ik zeven was Napoleon. Daarna werd ik Dalí, een belangrijke promotie.'

Salvador Dalí, Spaans kunstenaar

'Ik heb altijd geweten dat ik voorbestemd was voor iets groots.'

Oprah Winfrey, Amerikaans televisiepresentatrice

4
Heimwee naar verlichting

'Als je een echte out-of-body-ervaring wilt meemaken moet je een congres van wetenschappers bijwonen en op de laatste avond de nachtclub in lopen. Daar zul je het zien: volwassen mannen en vrouwen die zich onbeheerst en uit de maat in bochten wringen, wachtend tot het afgelopen is en ze naar huis kunnen gaan om er een verhandeling over te schrijven.'

Ken Robinson, Brits creativiteits- en innovatiespecialist

Bij de hoofdingang van de Bijlmerbajes meld ik me bij de bewakers. Ze kennen me wel, maar toch moet ik elke keer mijn pasje laten zien en wachten tot de eerste deur dicht is voordat de volgende open mag. Dan volgen er nog twee posten en vervolgens maak ik de tocht door de lange gang die de verschillende torens met elkaar verbindt. Mijn bestemming is de een na laatste toren, waar de drugsdelinquenten zitten. Ik kom er nu al een paar jaar om meditatieles te geven en ben elke keer weer verwonderd dat het mogelijk is om onder alle omstandigheden, dus ook in de Bijlmerbajes, het innerlijke vuur weer aan te steken en een nieuw mens te worden.

Die middag hebben we het over de mentale gevangenis waarin mensen zichzelf opsluiten: de identificaties, stickers, labels en etiketten die we onszelf opplakken. 'In feite,' zeg ik, 'geef je jezelf levenslang als je jezelf opsluit in een gevangenis van concepten en overtuigingen. De enige die je daaruit kan bevrijden, ben jij zelf. En het enige wat daarvoor nodig is, is jezelf op een andere manier te zien. Als je anders over jezelf gaat denken, word je vanzelf een ander mens.'

We doen een meditatie-oefening waarbij we ons richten op de ziel. Ineens begint Clarence, een boomlange man die voor de derde keer vastzit voor drugsbezit en gewapende overvallen, te huilen. Door zijn tranen heen vertelt hij dat hij op zestienjarige leeftijd zijn vader voor zijn ogen heeft zien verdrinken. Omdat hij geen mond-op-mondbeademing kende, had hij niets kunnen doen. Vanaf dat moment had hij zichzelf levenslang gegeven en was het slechts een kwestie van tijd voordat hij in een echte gevangenis was beland.

Na zijn aangrijpende verhaal kijkt hij met natte wangen en grote, hulpeloze ogen om zich heen. Het is doodstil in het kleine zaaltje. Niemand durft iets te zeggen, ook de bewaker die erbij zit niet. Na een heel lange minuut staat een van de mannen op en slaat een arm om Clarence' schouder. 'Je vader heeft je allang vergeven,' zegt hij wat onhandig, terwijl hij naar de grond kijkt. Hij is even stil, zoekt naar woorden, slikt hard en zegt dan: 'Nu jij nog.' Opnieuw barst Clarence in tranen uit, maar hij moet tegelijkertijd lachen. Het is prachtig om te zien. Clarence lijkt wel een regenboog.

Als ik hem de week daarop weer zie, staat er een andere man voor me. Clarence straalt en is duidelijk klaar voor een nieuwe start. 'Ik heb het mooie mannetje vanbinnen weer gevonden,' zegt hij. 'Ik laat hem nu niet meer los!'

Wat Clarence het 'mooie mannetje' noemt, heeft door de eeuwen heen allerlei namen gekregen: spirit, ziel, hogere zelf, eeuwig bewustzijn, enzovoorts. Voor de Nederlandse cardioloog Pim van Lommel is het een uitgemaakte zaak dat deze ziel – los van het lichaam – werkelijk bestaat. Uit zijn onderzoek naar het fenomeen bijna-doodervaringen blijkt dat dit eeuwige bewustzijn blijft bestaan als het lichaam is overleden. Van Lommels onderzoek, dat werd gepubliceerd door het toonaangevende wetenschappelijke blad *The Lancet*, deed veel stof opwaaien, omdat hij tot de conclusie komt dat de ziel, wanneer die loskomt van de begrenzingen van het stoffelijke lichaam, zelfs volledig tot bloei komt.

'Het merkwaardige van bijna-doodervaringen,' zegt Van Lommel op een zonnige lentedag in zijn achtertuin in de buurt van Arnhem, 'is dat mensen, *juist* op het moment dat hun hersenen niet meer werken en zij klinisch dood zijn, de mooiste ervaringen hebben. Zij ervaren een sterk verruimd bewustzijn, kunnen ineens zeer helder denken, hebben herinneringen tot aan hun vroegste jeugd en ervaren een grote mate van verbondenheid met alles en iedereen.' Ik luister gefascineerd en moet innerlijk grinniken, omdat de ervaringen van zijn patiënten als twee druppels water lijken op wat ik tijdens meditatie ervaar – en dat zonder bijna dood te gaan!

De ervaringen zijn volgens Van Lommel zelfs zo mooi, dat de meeste mensen helemaal niet terug willen in hun lichaam: 'Er waren mensen bij die boos werden op de arts die hen met veel pijn en moeite had weten te reanimeren. In plaats van weer terug te moeten keren naar wat zij als "de gevangenis van het lichaam" omschreven, waren zij liever in het licht gebleven, dat zo warm en vertrouwd voelde.'

Wie de ziel eenmaal heeft ervaren, is voor altijd veranderd. Van Lommel: 'Voor vrijwel alle mensen die ik onderzocht, geldt dat hun kijk op het leven niet meer hetzelfde is. Zij ervaren dat het niet gaat om macht, uiterlijk, mooie auto's, kleren, een jong lijf. Het gaat om heel andere dingen: liefde voor jezelf, de natuur, je medemens. De boodschap is zo oud als de wereld, maar door hun bijna-doodervaring hebben ze het zelf ervaren. En nu moeten ze ernaar leven in een wereld die hen niet begrijpt en die vooral gericht is op een materiële benadering van de werkelijkheid.'

Een van de belangrijkste inzichten die deze mensen hebben, is dat de dood niet bestaat. Van Lommel: 'Ze ervaren dat hun bewustzijn doorgaat, dat er continuïteit is. Hun leven en identiteit eindigen niet wanneer het lichaam sterft. Ze hebben het gevoel alsof ze een jas uittrekken – meer niet. Ze ervaren dat de dood een andere vorm van leven is. Dat is misschien nog wel het belangrijkste dat ze eraan overhouden: ze zijn niet meer bang voor de dood.'

Enkele maanden na het interview geeft Van Lommel een lezing voor de lezers van *Ode*. Na afloop zit ik met hem en een aantal mensen die een bijna-doodervaring hebben gehad, na te praten. Het is fascinerend om hun ervaringen te horen: 'Ik keek van bovenaf naar mijn eigen lichaam en zag dokters en verplegers vechten voor mijn leven. Ik hoorde wat ze zeiden. Toen kreeg ik een warm gevoel en ik kwam in een tunnel terecht. Aan het einde van die tunnel was een fel, warm, wit, vibrerend licht. Het was prachtig. Het gaf me een rustig en zelfverzekerd gevoel. Ik zweefde ernaartoe. Het warme gevoel werd steeds sterker. Ik voelde me thuis, geliefd, haast extatisch.'

Voor de meeste van deze mensen blijkt het een enorme opluchting te zijn om gelijkgestemden te ontmoeten. Hun vrienden en familieleden die een dergelijke ervaring niet hebben gehad, kunnen zich met de beste wil van de wereld toch niet goed voorstellen hoe het voelt om los van alle wereldse gedragspatronen, concepten en beperkingen te zijn. Je moet het hebben ervaren om het te weten. Die paar seconden dat ze zichzelf als puur licht hadden ervaren, waren de mooiste uit hun leven geweest. Ze spreken er met ontzag en melancholie over. Ze hebben heimwee naar verlichting.

Ik kan me goed voorstellen dat het verwarrend is om, nadat je jezelf als puur bewustzijn hebt ervaren, weer deel te moeten nemen aan het stoffelijke, aardse bestaan. En toch is dat – naar mijn mening – *de* opdracht van deze tijd. Te lang zijn spiritualiteit en stoffelijkheid zogenaamde tegenstellingen geweest – alsof een mens zich kan opsplitsen in een stoffelijk en een spiritueel deel. Dat kan niet, behalve in ons denken.

Wanneer spirit en materie weer naast elkaar mogen bestaan, wordt de mens weer heel en zullen veel van de problemen waar we nu mee worstelen vanzelf verdwijnen. Want als je naar alle nijpende wereldproblemen kijkt, moet je constateren dat ze voortkomen uit een verkeerd identiteitsbesef en de daaruit voortvloeiende verkeerde keuzes, verlangens en verwachtingen. Wie zichzelf uitsluitend als stoffelijk wezen ziet, heeft er geen vertrouwen in dat de ziel verder gaat en zal alles *nu* willen hebben, voordat het te laat is: *get it while you can*!

Bovendien zullen verlangens die voortkomen uit een stoffelijk bewustzijn altijd stoffelijk zijn, hetgeen verklaart waarom zoveel mensen in de ban zijn van iPods, zonnebrillen, kleren, auto's, televisies en geld om nog meer spullen te kopen. Het is de hoogste tijd om spirit en materie, ziel en lichaam, hemel en aarde weer met elkaar te verbinden, zodat we gezondere keuzes maken. In de woorden van John Lennon: '*If everyone demanded peace instead of another television set, then there'd be peace.*'

CHECK

Hoe is jouw relatie met je ziel?

Hoe zie jij jezelf?

Wat zijn je diepste verlangens?

Ben je vrij of heb je jezelf opgesloten in beperkende ideeën en concepten over jezelf?

AHA

Je bent spirit *en* materie, niet spirit *of* materie.

Dood is een andere vorm van leven. Er is niets om bang voor te zijn, want je kunt niet sterven.

MEDITATIE

Er is iets in jou wat door de tijd heen onaangetast is gebleven, een pure kern van spirituele energie. Richt je in gedachten op deze essentie van eeuwig en onvergankelijk bewustzijn, dat deel van jou dat nooit sterft en altijd vrij, krachtig, compleet en zuiver is gebleven.

DOOD, EEUWIGHEID EN SPIRIT

'Ik ben niet bang om dood te gaan. Ik wil er alleen niet bij zijn als het gebeurt.'

Woody Allen, Amerikaans acteur en filmmaker

'Uiteindelijk bepaalt wat we ons over de dood voorstellen de antwoorden op alle vragen waarmee het leven ons confronteert.'

Dag Hammarskjöld, Zweeds secretaris-generaal van de Verenigde Naties

'Onderzoek naar bewustzijn dat buiten het lichaam kan treden is van het grootste belang voor de kwestie hoe te overleven, omdat dit het deel van de menselijke persoonlijkheid is dat waarschijnlijk nooit zal sterven.'

Stanislav Grof, Amerikaans transpersoonlijkheidspsycholoog

'Ik kan me niet voorstellen wat oneindig is, en toch kan ik niet accepteren dat iets eindig is.'

Simone de Beauvoir, Frans filosofe

'Beschouw jezelf als een ziel met een lichaam, in plaats van een lichaam met een ziel.'

Wayne Dyer, Amerikaans schrijver

'Als je de doelstellingen van je leven wilt verwezenlijken, moet je met de geest beginnen.'

Oprah Winfrey, Amerikaans televisiepresentatrice

'Het allerbelangrijkste wat je moet doen is, je ziel actief houden.'

Erica Jong, Amerikaans schrijfster

'Yeah, we all shine on, like the moon, and the stars, and the sun.'

John Lennon, Brits popster

5

Leven in Lalaland

'Als er momenten waren dat mijn druif tot een
krent verdroogde en mijn kerkklok zijn blijde
klank verloor, vergeef het me dan.
Geef de schuld aan mijn hoofd, niet aan mijn hart.'

Jesse Jackson, Amerikaans dominee en politicus

Het was zeven uur in de ochtend toen de wekker ging. Zoals zo vaak drukte Jill Taylor op de snoozeknop, maar toen zij zes minuten later weer wakker werd, had ze het gevoel dat er iets niet klopte. Naast het feit dat ze een scherpe pijn achter haar linkeroog voelde, leek het wel alsof ze losstond van de werkelijkheid. Ze trachtte het vreemde gevoel te negeren en stapte monter op haar hometrainer. Maar het leek wel alsof haar lichaam een geheel eigen leven was gaan leiden. Haar spieren gehoorzaamden niet meer en ze had een stekende hoofdpijn.

Plotseling realiseerde Taylor – die neuroloog is – zich wat er aan de hand was: haar linkerhersenhelft was bezig uit te vallen. 'Mijn god, ik heb een hersenbloeding,' besefte ze tijdens een van de spaarzame momenten waarop haar linkerhersenhelft nog enigszins functioneerde. 'Ik moet als de donder hulp zien te krijgen!' Maar het volgende moment was ze al vergeten wat er aan de hand was en zakte ze weer verder weg in een eindeloze ruimte zonder begin en eind.

Binnen het tijdbestek van enkele uren raakte haar linkerhersenhelft volledig uitgeschakeld. Taylor kon niet meer logisch denken, praten, lezen en schrijven. Maar behalve dat dit natuurlijk een beangstigende belevenis was, was het vreemd genoeg ook een euforische ervaring. Haar kritische, alles en iedereen in hokjes en vakjes indelende en oordelende linkerhersenhelft hield voor het eerst zijn mond, en de stilte die daarvan het gevolg was, was ronduit schitterend. Jill ervoer zichzelf als puur bewustzijn, als een energie die niet gescheiden was van haar omgeving.

Taylor: 'Ik weet nog dat ik dacht: *Mijn god, ik heb een hersenbloeding*, om het volgende moment te denken: *Maar wat is dit cool*! Het leek wel alsof ik voor het eerst van mijn leven zag hoe de werkelijkheid in elkaar stak. Alles was met alles verbonden in een prachtige en harmonieuze dans. Het was niet meer duidelijk waar mijn eigen lichaam ophield en de rest van de wereld begon. Het was net alsof ik vloeibaar was geworden. Het was een haast religieuze ervaring, glorieus! Ik ervoer een wereld – die ik sindsdien *Lalaland* ben gaan noemen – waarin alle grenzen en scheidingen waren weggevallen en mijn bewustzijn zich naar alles en iedereen uitstrekte. Voor het eerst van mijn leven voelde ik een diepe innerlijke rust. Het enige wat ik kon waarnemen, was het hier en nu. Ik zag mijzelf als compleet, volmaakt, schitterend. Het was prachtig!'

Het moet een merkwaardige gewaarwording zijn om als neuroloog een hersenbloeding te hebben. Enerzijds onderging Taylor het proces zoals iedere patiënt het ondergaat, anderzijds – op de momenten dat haar linkerhersenhelft wel enigszins functioneerde – observeerde zij zichzelf als een klinische waarnemer: 'Het analytische deel van mijn hersenen viel steeds meer uit, en daarmee mijn identiteitsbesef. De linkerhelft is namelijk het deel van de hersenen dat ons voortdurend informeert over wie we zijn, hoe we heten en wat onze meningen, standpunten, voorkeuren, geloofsovertuigingen en gewoontepatronen zijn. Ik noem dat hersenpraat.'

In de linkerhersenhelft bevinden zich de taalcentra die de wereld vertalen in vakjes, hokjes, woorden en concepten. Het vlecht de informatie die via de zintuigen binnenkomt voortdurend samen tot een interpretatie, een verhaal over onszelf en de werkelijkheid. Taylor: 'Nu dat deel was uitgevallen, was ik het besef van mijn "kleine zelf" kwijt. Dat was enerzijds beangstigend, maar anderzijds ook een bevrijding, omdat ik daardoor mijn "grote zelf" terugvond.'

Links ligt ook ons kritische vermogen: de automatische reacties op situaties of mensen die we als 'leuk' of 'niet leuk', 'aardig' of 'niet aardig' bestempelen. Nu die kant van Taylors hersenen niet meer functioneerde, werd niets meer hiërarchisch gerangschikt en gecategoriseerd. Er waren geen regeltjes meer van hoe de dingen 'hoorden' te zijn. Ook het besef van tijd en ruimte was weggevallen, waardoor Taylor zich in één groot nu bevond.

'Het gevoel verbonden te zijn met iets wat groter is dan jijzelf, gebeurt in het hier en nu,' zegt ze. 'Wanneer er geen besef van tijd is, ervaar je alles als compleet. Het hoeft niet *straks* beter te worden. Alles is al goed zoals het is. In het nu zie je wat wij mensen allemaal gemeen hebben met elkaar, in plaats van de onderlinge verschillen. Je overziet het grote geheel, in plaats van gefixeerd te raken op de details.'

Jill Taylor werd die ochtend in 1995 heen en weer geslingerd tussen de eenheidservaring van *Lalaland* en de overlevingsreacties van een stervende linkerhersenhelft, die vocht voor het behoud van de afgescheiden persoonlijkheid die Jill Taylor heette. Uiteindelijk was er nog net genoeg van haar linkerhersenhelft over om met heel veel moeite de buitenwereld te informeren over haar toestand. Door de 'kriebels' op het visitekaartje van haar arts te vergelijken met de 'kriebels' op de telefoon wist ze na drie kwartier iemand aan de lijn te krijgen.

De beschrijving van het gesprek dat ze vervolgens had, is zowel hilarisch als beangstigend. Toen de arts de telefoon opnam, hoorde ze hem spreken, maar was ze niet in staat zijn woorden te ontcijferen. Taylor: 'Ik dacht: mijn hemel, hij lijkt wel een golden retriever!' Maar ze was zo opgelucht dat ze door de telefoon riep: 'Dit is Jill. Ik heb hulp nodig!' Tenminste, dat is wat ze probeerde te roepen. Wat er in feite uit haar mond kwam, leek meer op het gegrom van een andere golden retriever.

Taylor schrok van haar eigen stemgeluid en realiseerde zich op dat moment dat de schade veel groter was dan ze had gedacht. Weer vochten paniek en overgave met elkaar, maar omdat ze langzamerhand zo moe was van de bovenmenselijke inspanning, liet ze zich langzaam wegzakken in de wetenschap dat ze er alles aan had gedaan om haar redding te organiseren. De laatste woorden die ze bewust tegen zichzelf zei, waren: 'Denk er alsjeblieft aan dat je alles onthoudt van wat je meemaakt! Laat mij dit inzicht geven in wat er gebeurt als je congnitieve vermogens wegvallen.'

Uiteindelijk zou het Taylor acht jaar kosten om volledig te herstellen. Hoewel ze in eerste instantie een diep verdriet voelde over de 'dood' van het bewustzijn van haar linkerhersenhelft en de vrouw die zij ooit geweest was, voelde ze zich tegelijkertijd ook opgelucht omdat ze niet meer werd gedomineerd door haar oude emotionele programma's. 'Zonder de neurale en emotionele netwerken en voorkeuren die Jill Taylor ooit had, dacht ik niet meer zoals zij en voelde ik me niet meer verplicht om zoals haar te zijn,' zegt ze. 'In feite was dokter Jill Taylor op de ochtend van de hersenbloeding overleden. Ze bestond niet meer.

Ik had geen weet meer van haar leven, haar relaties, haar successen en haar fouten en was niet langer gebonden aan haar beslissingen of aan de beperkingen die zij zichzelf had opgelegd.'

Wat dat betreft was de hersenbloeding een zegen. Taylor: 'Vóór mijn beroerte dacht ik dat ik nauwelijks iets te zeggen had over wat ik voelde en dacht. Sindsdien weet ik dat ik een keuze heb in wat er tussen mijn oren gebeurt. Ik zie nu in dat ik vooral een hersenspinsel was van mijn eigen brein.'

Een van de problemen waar Taylor tegenaan liep bij haar genezingsproces, was dat zij zich niet kon voorstellen hoe de enorme omvang van haar bewustzijn kon worden teruggeperst in dat kleine omhulsel van haar stoffelijke lichaam. 'Stel je voor wat ik heb meegemaakt,' zegt ze. 'Stel je voor hoe heerlijk het voelt om je niet meer bewust te zijn van je fysieke grenzen en jezelf zo groot te voelen als het hele universum. Alles, ook de levenskracht die je zelf bent, straalt pure energie uit, en je vindt steeds weer nieuwe, creatieve manieren om te zwemmen in die zee van euforie. Kun je je voorstellen dat ik niet erg gemotiveerd was om weer terug te keren naar de overgestructureerde sleur van het gewone leven? Elke poging om mijn analytische helft in werking te stellen was uiterst pijnlijk.'

Toch kreeg Taylor het voor elkaar om 'links' weer aan de gang te krijgen, maar dan wel op haar voorwaarden: met behoud van haar nieuwe ervaringen en inzichten. Met behulp van haar moeder leerde Taylor stapje voor stapje weer spreken, rekenen, lopen, benoemen, categoriseren, structureren, beoordelen... Ze leerde, kortom, weer 'Jill Taylor' te zijn, maar kon nu bewust kiezen welke delen zij *wel* en welke zij *niet* wilde activeren.

Taylor: 'De vraag die ik mijzelf voortdurend stelde, was: wil ik een bepaalde vaardigheid herwinnen als die gepaard gaat met negatieve denkpatronen? Bijvoorbeeld: wil ik mijn positie in de academische wereld opnieuw herwinnen met de wetenschap dat ik dan ook weer moet meedoen aan het spel van macht, angst en hiërarchie? De vraag was steeds: kan ik mijn nieuw ontdekte gevoel van verbondenheid met alles wat er is behouden, terwijl ik de individualiteit van mijn linkerhelft ontwikkel?'

Als geen ander beseft Taylor nu de beperkingen van het eenzijdige linkerhersenhelftperspectief van waaruit de meeste mensen zichzelf en de wereld bekijken. En hoewel Taylor sinds haar hersenbloeding nooit meer zo'n intense eenheidservaring heeft gehad, is ze nu wel in staat om bewust terug te keren naar de diepe innerlijke vrede van 'rechts'.

Haar ervaring laat zien dat een mens een keuze heeft in hoe hij of zij naar de wereld kijkt, en dat dit perspectief sterk bepalend is voor hoe wij ons voelen en gedragen. Door middel van simpele (meditatieve) oefeningen is iedereen in staat om afstand te nemen van de 'hersenpraat van links' en zich er niet meer door te laten vastleggen en opjagen. 'Het is belangrijk om jezelf zo nu en dan los te maken van de kritische, dominante stem van de linkerhersenhelft en jezelf te ervaren als een volmaakt, compleet en schitterend wezen dat al helemaal goed is en niets meer hoeft te worden,' zegt Taylor.

Na afloop van ons interview was ik nog blijer dat ik had leren mediteren. Om eenheid en innerlijke vrede te ervaren, hoefde ik niet eerst een hersenbloeding te krijgen, bijna dood te gaan of in de gevangenis te belanden. Taylor is er ook van overtuigd dat iedereen in staat is deze staat van zielsbewustzijn te ervaren: 'Het Nirwana, zoals de boeddhisten het noemen, zetelt in het bewustzijn van onze rechterhersenhelft, en we kunnen op elk moment aansluiting krijgen op dat deel. Vrede is maar één gedachte van ons verwijderd, als we in staat zijn de dominante stem van de linkerhersenhelft het zwijgen op te leggen. Hoe? Door het te zien voor wat het is: concepten en ideeën over de werkelijkheid – niet de werkelijkheid zelf.'

Ze weet uit ervaring hoe lastig het is om vanuit dit bewustzijn te leven in een wereld die daar (nog) niet op is ingesteld: 'Jammer genoeg is het uiting geven aan rechterhersenhelftgevoelens als dankbaarheid, empathie en liefdevolle aandacht een zeldzaamheid in onze maatschappij. Veel mensen besteden eindeloos veel tijd en energie aan het bekritiseren, neerhalen en beledigen van zichzelf en anderen. Maar we moeten ons realiseren dat we als biologische wezens buitengewoon machtig zijn. Hoe meer bewuste aandacht we aan een bepaald neurologisch netwerk geven, hoe meer zo'n netwerk de neiging heeft om al bij het minste of geringste in actie te komen.'

Er is een wetenschappelijk feit dat Taylor tijdens haar genezing heeft geholpen om negatieve patronen (neurale paden) niet nodeloos te creëren of in stand te houden: 'Ons emotionele brein bevat programma's die automatisch "aan" gaan – schrik, angst en woede bijvoorbeeld. Maar zo'n automatisme duurt minder dan negentig seconden. Daarna zijn alle chemische componenten van de reactie – zoals adrenaline – uit het bloed verdwenen. Als ik dus na een woedeaanval of schrikreactie boos of angstig blijf, dan is dat geen automatisme, maar een keuze. Je kunt op elk moment kiezen wie je wilt zijn. Je kunt jezelf steeds opnieuw uitvinden.'

CHECK

Kun je verder kijken dan je 'hersenpraat' en je realiseren dat de werkelijkheid voortkomt uit wat je jezelf wijsmaakt?

Kun je ervaren dat alles nu al goed is?

Kun je jezelf zien als een schitterend wezen dat al compleet is en niets meer hoeft te worden?

Kun je het grotere geheel zien, in plaats van gefixeerd te raken op details?

Kom je weleens in Lalaland?

AHA

Je bent een hersenspinsel van je eigen brein.

Je kunt jezelf steeds opnieuw uitvinden.

Als je na negentig seconden nog steeds in een emotie blijft hangen, dan is dat geen biologisch verschijnsel, maar een keuze.

ACTIE

Wanneer je met andere mensen omgaat, zie dan de gemeenschappelijkheden, in plaats van de verschillen. Betrap jezelf op kritiek en laat het los. Het is een verspilling van tijd en energie en creëert ongezonde neurale paden.

MEDITATIE

Maak jezelf los van de kritische, dominante stem van de linkerhersenhelft en ervaar jezelf als een volmaakt, compleet en schitterend wezen dat al helemaal goed is en niets meer hoeft te worden.

Ervaar jezelf als een met je omgeving. Laat de grenzen tussen jou en de buitenwereld langzaam vervagen.

NIEUW DENKEN

'Liefde is de essentie van al wat leeft. Alles is verbonden door liefde, absoluut alles.'

Julia Cameron, Amerikaans schrijfster

'Dit is mijn simpele geloof. We hebben geen tempels nodig, en geen ingewikkelde filosofie. Onze eigen hersenen, ons eigen hart, vormen onze tempel; de filosofie is goedheid.'

Dalai Lama, Tibetaans monnik

'Een radicale innerlijke transformatie en het overgaan naar een nieuw bewustzijnsniveau zouden weleens onze enige echte hoop kunnen zijn voor de oplossing van de huidige wereldcrisis, die is teweeggebracht door de dominantie van het westerse mechanistische paradigma.'

Stanislav Grof, Amerikaans psycholoog

'Persoonlijkheid is bewustzijn dat beperkt is geraakt. Oorspronkelijk ben je onbeperkt en volmaakt. Later krijg je beperkingen en word je een persoonlijkheid.'

Ramana Maharshi, Indiaas wijsgeer

'Het kostte me vier jaar om te schilderen als Raphael, maar een heel leven om te schilderen als een kind.'

Pablo Picasso, Spaans kunstenaar

6

De wet van resonantie

'God is een frequentie. Blijf afgestemd.'

Alan Cohen, Amerikaans schrijver

Op een avond zit Cleve Baxter – een van de meest vooraanstaande leugendetectorexperts in de Verenigde Staten – zich een beetje te vervelen en besluit de elektroden van zijn detector aan te sluiten op een kamerplant. Baxter is benieuwd of de plant – net als de mensen die hij dagelijks ondervraagt – ook zal reageren op fysieke bedreiging. Bij wijze van proef besluit hij om een van de bladeren in brand te steken. Tot zijn ontzetting ziet hij de pen van de grafiek met een zwieper omhoog bewegen. En dat terwijl hij nog niet eens was opgestaan om lucifers te halen! Had de plant zijn gedachten gelezen? Als Baxter terugkomt met de lucifers, ziet hij weer een scherpe uitschieter op het papier. Maar als hij later doet *alsof* hij de plant in brand wil steken, is er geen reactie.

Baxter kan zijn ogen niet geloven. Waren planten in staat om gedachten te lezen? En wisten ze zelfs of het menens was of niet? Het liefst was Baxter op dat moment de straat op gerend om willekeurige voorbijgangers van zijn ontdekking te vertellen. Maar hij besluit, zoals het een waar wetenschapper betaamt, eerst meer onderzoek te doen. Binnen de kortste keren is zijn kantoor veranderd in een botanische kas, en samen met enkele collega's onderzoekt hij meer dan 25 verschillende planten.

Tijdens een van de experimenten laat Baxter vijf studenten door een kamer langs twee planten lopen, waarbij een van de studenten de opdracht heeft een van de planten te slopen. Baxter weet niet welke van de vijf studenten het sloopwerk heeft verricht, maar kan – als de studenten daarna afzonderlijk de kamer betreden – aan de reactie van de nog in leven zijnde planten feilloos zien wie de boosdoener is. Afstand blijkt ook geen bezwaar te zijn. Met gesynchroniseerde klokken doet Baxter op duizenden kilometers afstand proeven met emotionele gedachten over zijn planten. Ze blijken direct te reageren. Blijkbaar hechten planten zich, net als huisdieren, aan hun 'baasje'.

Op een ochtend zet Baxter een ketel water op om koffie te zetten. Wanneer hij het restant kokend water in de gootsteen giet, ziet hij tot zijn verbazing dat de planten heftig reageren. Wat nu? Ineens krijgt hij een ingeving. Zijn gootsteen is niet bepaald schoon en hij neemt een paar monsters uit het putje om ze onder de microscoop te bekijken. Zijn vermoeden blijkt juist: hij ziet een grote hoeveelheid bacteriën. Hadden de bacteriën vlak voor hun dood een soort SOS-signalen uitgezonden die waren opgevangen door zijn planten?

Om te bepalen of planten inderdaad reageren op signalen van andere levende wezens in hun omgeving, besluit Baxter een levende garnaal in kokend water te gooien. Weer laat zijn polygraaf grote uitschieters zien. Baxter en zijn collega's gaan nu echt los en experimenteren met van alles en nog wat. Zo blijken bloed en sperma van een proefpersoon op afstand te reageren op de gemoedstoestand van hun donor. Baxter ontdekte dit toen een jonge laboratoriumassistent een kamertje verderop de *Playboy* opensloeg en werd geconfronteerd met een naakte Bo Derek.

Enkele jaren geleden had een bevriend arts in Nederland een soortgelijke ervaring. Hij deed bloedonderzoek en bekeek monsters onder een gigantische elektronenmicroscoop. Op een dag had hij een bloedmonster bekeken dat er prima uitzag. Daarom had hij niet begrepen waarom de patiënt van wie het monster afkomstig was, hem enkele uren later belde met de mededeling dat ze doodziek was geworden. Voor de zekerheid haalde hij het bloedmonster uit de koeling en bekeek het opnieuw. Deze keer zag het bloed er heel anders uit. Het wemelde van de witte bloedlichaampjes die bezig waren een vijandelijke indringer onschadelijk te maken – een indringer die meer dan een uur rijden in het lichaam van de vrouw zat.

Een van de mooiste experimenten met het vermogen van planten om intenties en resonanties op te vangen, wordt beschreven in *The Secret Life of Plants* van Peter Tompkins en Christopher Bird. Deze wetenschappers experimenteerden vooral met het effect van geluid en muziek op planten. In een van hun eerste proeven werden jonge plantjes blootgesteld aan tonen die om de seconde klonken. De eerste week groeiden ze beter dan plantjes die met rust werden gelaten. Maar na een week gingen de kopjes hangen en legden ze het loodje. Waren de plantjes in eerste instantie 'blij' geweest met de aandacht, om vervolgens te sterven van 'vermoeidheid' of 'verveling', zo vroegen Bird en Tompkins zich af.

In latere experimenten werden kasplanten blootgesteld aan verschillende muziekstijlen. Klimplanten die dagelijks werk van Haydn, Beethoven, Brahms en Schubert hoorden, groeiden naar de speakers toe. Een van de planten kronkelde zich zelfs liefdevol om de luidspreker heen. De planten die werden blootgesteld aan Led Zeppelin en Jimi Hendrix groeiden weg van de speakers. Een van de planten probeerde zelfs tegen de glibberige glazen wand van de kas op te groeien om zo aan zijn lot te ontsnappen.

Planten zijn niet de enige die op frequenties, trillingen en vibraties reageren. In feite is het hele universum één grote symfonie van trillingen en frequenties die voortdurend in beweging is. Plato wist dit al en noemde solide objecten, zoals stenen, om die reden 'bevroren muziek'. Wetenschappers hebben inmiddels bewezen dat alles bestaat uit trilling en energie en voortdurend op elkaar reageert en met elkaar resoneert. Het principe van resonantie werd trouwens ontdekt door de Nederlandse wetenschapper Christiaan Huygens, toen hij constateerde dat hangklokken in één ruimte op den duur gelijk gingen slaan.

Filosofen, kunstenaars en dichters hebben het universum vaak vergeleken met een muziekstuk of een partituur. Wie de kosmos bestudeert, komt inderdaad tot de conclusie dat overal muziek klinkt. Alles, van de kleinste atomen tot de grootste sterren, voldoet aan de elementaire wetten van harmonie. Steeds weer kom je dezelfde 'muzikale' reeksen en frequenties tegen. De afstanden die sterren, planeten en manen tot elkaar hebben, blijkt overeen te komen met die van de afstand tussen de noten in onze toonladders.

Grote kunstenaars, bouwmeesters en architecten uit de geschiedenis hebben altijd rekening gehouden met de muzikale verhoudingen van het universum. De kunstwerken van Michelangelo, Da Vinci, Mozart en Bach weerspiegelen deze harmonie en worden om die reden door zovelen herkend en mooi gevonden. Hun kunstwerken brengen ons als het ware weer in harmonie of resonantie met de kosmos. Wie goed naar de anatomie van de mens kijkt, zoals Leonardo da Vinci dat deed, komt tot de conclusie dat ook ons lichaam is opgebouwd uit dezelfde muzikale verhoudingen en afstanden.

De muziek van Mozart schijnt trouwens een klasse apart te zijn wanneer het gaat om helende frequenties. Er wordt zelfs gesproken van het 'Mozarteffect' omdat het IQ van luisteraars omhooggaat en de hersenhelften worden gesynchroniseerd. Er zijn zelfs artsen die 'Mozart' voorschrijven – driemaal daags – om met succes alle mogelijke kwalen te genezen. Wellicht is de verklaring hiervoor dat Mozart niet zozeer componeerde als wel notuleerde. Van hem wordt gezegd dat hij zijn symfonieën gedicteerd kreeg door de kosmos. Mozart zelf bevestigt dit in een brief aan zijn vader: 'Alle muziek is er al, het moet alleen nog worden opgeschreven.'

Dus: elke gedachte, elk gevoel en elke intentie die je hebt, creëert een trilling die effect heeft op je omgeving. Onze gedachten zijn niet vrijblijvend, maar resoneren met alles en iedereen om ons heen. Ook ons lichaam reageert op en resoneert met andere lichamen. Onderzoek naar de hartritmefrequenties van mensen die met elkaar in gesprek zijn, laat bijvoorbeeld zien dat deze frequenties zich na verloop van tijd op elkaar afstemmen. Tijdens een goed gesprek 'worden' we in feite een beetje de ander.

Als je het principe van resonantie eenmaal doorhebt, word je er vanzelf kieskeuriger in waarmee je je wél en waarmee je je níét verbindt. Gedachten en gevoelens zijn als tentakels die zich vastzuigen in de persoon of de situatie waaraan je denkt. Zodra dit contact is gelegd, vindt er een energie- en informatie-uitwisseling plaats en word je door de ander beïnvloed.

Je wordt dus nooit 'zomaar' ineens moe of 'toevallig' onrustig. Wanneer je wordt overvallen door een bepaalde stemming of emotie, vraag jezelf dan: waar gingen mijn gedachten zojuist naar uit? Waarmee was ik verbonden dat ik mij nu zo voel? Zodra je je bewuster wordt van de wet van resonantie, ga je merken dat bepaalde mensen en situaties je energie geven, terwijl anderen juist energie onttrekken. Sommige mensen zijn als zonnetjes die je toestralen, anderen zijn als zwarte gaten die al het licht uit je zuigen.

Omdat de mens, net als alles in de natuur, een muzikaal wezen is, zijn harmonieuze frequenties (frequenties die voldoen aan de wetten van harmonie) over het algemeen versterkend, en niet-harmonieuze (valse, dissonante, niet-ritmische) frequenties over het algemeen verzwakkend.

Toen ik jaren geleden inzag hoe de wet van resonantie werkt, begon ik dagelijkse experimenten te doen, waarbij ik mijn gedachten bewust afstemde op mijn meest harmonieuze, gezonde, krachtige, gelukkige en verlichte zelf. Ik visualiseerde de Tijn die nog volledig intact was en resoneerde daar dagelijks mee. Het effect was enorm. In de veertien jaar dat ik dit deed, ben ik fysiek nauwelijks verouderd.

Ook Harvard-psychologe Ellen Langer heeft met dit principe van resonantie geëxperimenteerd. In een experiment bracht zij een groep mensen van boven de zeventig naar een afgelegen plek, waar een omgeving was geschapen die een replica was van het jaar 1959. De meubels waren erop afgestemd, het behang, de kranten en tijdschriften, het eten, de films, alles. Zoals Langer al vermoedde, gingen de ouderen zich na verloop van tijd jonger gedragen. De herinneringen aan hun eigen jeugd kwamen terug en beïnvloedden hun doen en laten.

Wat het team van artsen die het experiment begeleidde echter hogelijk verbaasde, was dat de deelnemers ook *letterlijk* jonger werden. Hun vingergewrichten werden beweeglijker en hun gezichtsvermogen nam toe. Omdat de deelnemers resoneerden met de informatie uit 1959, begonnen niet alleen hun gedachten, maar zelfs hun lichamen zich weer aan te passen aan de fysieke toestand van toen. Je hoeft dus niet naar een botoxkliniek om jonger te worden. Het enige wat je hoeft te doen, is af te stemmen op (of te resoneren met) je eigen jeugdigheid en vitaliteit.

Hoezeer onze gedachten in staat zijn om ons lichaam te beïnvloeden en zelfs te veranderen, blijkt ook uit onderzoek naar mensen met een meervoudige persoonlijkheidsstoornis. De Amerikaanse arts Bennet Braun zag dat deze mensen, wanneer zij van de ene naar de andere persoonlijkheid switchten, ook fysiek sterk konden veranderen. Zo kon de ene persoonlijkheid wratten of een huidallergie hebben, en de andere niet. De ene persoonlijkheid kon kleurenblind of epileptisch zijn, terwijl de andere nergens last van had.

Het effect van gedachten en intenties op het lichaam is inmiddels ook algemeen bekend in de wereld van de topsport. Er zijn experimenten gedaan met skiërs die alleen imaginair trainden. Wanneer de skiërs in gedachten de berg afdaalden, bleken de elektrische impulsen naar hun spieren dezelfde als wanneer zij werkelijk afdaalden. Onze gedachten veroorzaken dus dezelfde mentale instructies als fysieke handelingen.

Ook de trainingspsycholoog van de Amerikaanse Cleveland Clinic Foundation vergeleek proefpersonen die geregeld fitnesstrainingen deden met een groep die alleen in gedachten trainde. De groep die geregeld de fitnessruimte bezocht, vergrootte hun spierkracht met dertig procent. De deelnemers die vanuit hun leunstoel gewichtstrainingen hadden gedaan, waren erin geslaagd hun spierkracht met vijftien procent te vergroten.

Je hoeft dus niet meer naar de sportschool om fitter te worden, naar een botoxkliniek om jonger te lijken en zelfs niet meer naar de plastische chirurg. Vrouwen kunnen hun borsten zelf vergroten, zo bleek uit onderzoek onder vrouwen die onder hypnose werden gebracht en zich voorstelden dat ze op het strand lagen en dat de zon hun borsten verwarmde en vergrootte. It's *all* in the mind...

Om effectief te zijn in het uitzenden van intenties, is het van belang dat je gedachten helder en gefocust zijn. In minstens 25 verschillende wetenschappelijke experimenten is inmiddels aangetoond dat meditatie mensen in staat stelt om heldere en gefocuste intenties uit te zenden. Ook maakt meditatie mensen gevoeliger voor het ontvangen van informatie uit de omgeving, te vergelijken met een radio die zuiver wordt afgestemd en daardoor minder ruis ontvangt en een helderder signaal uitzendt.

Tot hoeveel een gefocuste en afgestemde geest in staat is, liet een groep Tibetaanse monniken in 1985 zien, toen die werden getest door cardioloog Herbert Benson van de Harvard Medical School. De monniken zaten in diepe meditatie in hun klooster in het Himalayagebergte, waar de temperatuur dicht tegen het vriespunt was. Een van de monniken liep de rijen langs en wikkelde de mannen in doeken die doordrenkt waren met koud water. Normaal gesproken overleeft iemand een dergelijke schok niet en verliest binnen enkele minuten het bewustzijn.

Maar in plaats van te rillen van de kou, begonnen de monniken juist te zweten. Binnen een uur waren de doeken droog. Deze oefening wordt in het Tibetaans *gTum-mo* genoemd, wat 'innerlijk vuur' betekent. De monniken beheersten de kunst om het innerlijke vuur op te stoken en onder alle omstandigheden brandend te houden.

CHECK

Waarmee resoneer je? Waarop sta je afgestemd?

Resoneer je met je volmaakte zelf of met je gekwetste zelf?

AHA

Geen enkele gedachte en geen enkel gevoel is vrijblijvend. Alles resoneert met alles en heeft effect op alles – op je geest, je lichaam en je omgeving.

ACTIE

Als je een fysieke of emotionele sensatie voelt, vraag jezelf dan: waar gingen mijn gedachten naar uit? Wees je zo veel mogelijk bewust – in de rij bij de kassa, op weg naar de koffieautomaat – waar je gedachten naar uitgaan, ofwel waardoor je wordt beïnvloed. Maak daar een tweede natuur van.

MEDITATIE

Maak je geest helder, geconcentreerd en gefocust. Stem af op je eigen volmaaktheid en resoneer daarmee. Doe dit elke dag gedurende 21 dagen.

RESONANTIE EN VITALITEIT

'Ik noem bouwkunst gestolde muziek.'

Johann Wolfgang Goethe, Duits filosoof

'Na de stilte komt muziek het dichtste bij het zeggen van het onzegbare.'

Aldous Huxley, Brits schrijver

'De sterren zijn louter de hele noten. De hemel de partituur. De mens het instrument.'

Christian Morgenstern, Duits dichter

'Als je elke dag opnieuw ontwaakt zul je nooit oud worden. Je blijft alleen maar groeien.'

Gail Sheehy, Amerikaans schrijfster

'De bron van de jeugd bestaat: je persoonlijkheid, je gaven, de creativiteit die je ontplooit in je eigen leven en in dat van degenen van wie je houdt. Wanneer je weet hoe je uit deze bron kunt putten zul je nooit oud worden.'

Sophia Loren, Italiaans actrice

'Zolang je geen deining maakt lijkt het leven gemakkelijk. Dat betekent wel dat je jezelf veroordeelt tot machteloosheid, je bent al gestorven voor je dood bent.'

Jeanne Moreau, Frans actrice

7

Dansen met draken

'Iedereen sjouwt zijn eigen monsters
met zich mee.'

Richard Pryor, Amerikaans komiek

Daar lag ik dan: in bed met volgens sommigen de mooiste vrouw van Nederland – net nu ik had besloten om geen seks meer te hebben. *Bad timing*. Ik was gestopt met seks, omdat ik was gaan mediteren en erachter was gekomen dat mijn gedachten alle kanten op vlogen, behalve de goede. Ik liep aan tegen het probleem waar veel westerlingen mee worstelen: een hoofd vol gedachten en nergens een aan-en-uitknop. In de Bijlmerbajes noemden de mannen deze toestand 'een kooi vol kwetterende parkieten die allemaal tegelijk te eten willen hebben'. Ook zij vroegen zich af hoe ze die parkieten stil konden krijgen. Het antwoord ligt natuurlijk voor de hand: je moet ze geen eten meer geven.

Hersenonderzoek heeft laten zien dat mensen die veel 'parkieten' hebben, geen verlichtingservaringen kunnen hebben. Wanneer de hersenen te veel gedachten produceren – de zogenaamde bètastaat – dan is er geen ruimte voor heldere inzichten, ahamomenten of spirituele ervaringen. Pas wanneer de hersenen tot rust komen en de hersenhelften meer synchroon met elkaar worden (theta en delta), dan komt er (vaak spontaan) ruimte voor dergelijke ervaringen.

Omdat mijn parkietenkooi nogal vol was geweest toen ik in 1987 begon met meditatie, besloot ik tot drastische maatregelen. Ik had geen zin om er jaren over te doen om een beetje verlicht te worden, en dus werden alle parkietjes die om eten schreeuwden (kicks, drugs, drank, sigaretten, seks, televisie, snoep, nieuwe schoenen, aandacht, enzovoorts) in één keer drooggelegd. Er waren wel meer verlangens natuurlijk, maar die waren minder dwangmatig en verstoorden mijn meditaties niet. Monique was zo lief om me te steunen in mijn experiment, dat voorlopig een maand zou duren. Ik zou een maand lang volkomen clean gaan leven: geen seks, genotsmiddelen, televisie, feestjes, vlees, vis, drank, sigaretten, jointjes, enzovoorts. Ook zou ik elke ochtend om vier uur opstaan voor meditatie en dagelijks meditatielessen nemen.

Het is wonderlijk wat er gebeurt als je niet meer toegeeft aan dwangmatige patronen. In eerste instantie worden ze alleen maar erger. Het leek wel oorlog: een kakofonie van stemmen die om het hardst roepen dat ze *nu* iets willen hebben. Maar als je dat kunt verdragen, door er vanuit het innerlijke stiltepunt dat ik in meditatie had gevonden naar te kijken, en de stemmen gewoon laat uitrazen, dan veranderen ze langzaam van toon.

Stemmen die in eerste instantie heel hard om sigaretten roepen, gaan je na verloop van tijd vertellen dat ze zich onzeker voelen en zichzelf geen houding weten te geven. Stemmen die seks en aandacht willen, blijken vooral op zoek naar eenheid, versmelting en ontlading. Stemmen die willen snoepen en nieuwe spullen willen kopen, blijken de leegte en de oppervlakkigheid van het bestaan niet aan te kunnen en zoeken wanhopig naar van alles en nog wat om het gat op te vullen.

De 'oorlog' duurde ongeveer een week, en toen werd het eindelijk stil. Ik kan me dat moment nog goed herinneren. Het is te vergelijken met in een vliegtuig zitten en ineens door het turbulente wolkendek heen breken. Ineens ben je overal bovenuit en bevind je je in een eindeloos heldere en uitgestrekte wereld waar de zon altijd lijkt te schijnen. Wow, wat had ik hier naar verlangd! Het voelde alsof ik na een eindeloze reis eindelijk weer was thuisgekomen.

Ik weet niet of Monique had ingestemd met mijn experiment als ze toen had geweten dat die maand uiteindelijk veertien jaar zou duren. We hielden veel van elkaar, waren al jaren samen, maar uiteindelijk wilde zij geen monnik naast zich, maar een man. Na een jaar geprobeerd te hebben een middenweg te vinden, gingen we uit elkaar. Ik bleef nog wel bij Loïs Lane spelen, maar stopte daar uiteindelijk ook mee, zodat ik me volledig kon wijden aan mijn nieuwe innerlijke avontuur.

Na veertien jaar als een soort monnik in Mokum te hebben geleefd (maar dan zonder exotische gewaden en uitheemse goeroes), brak er een nieuwe fase aan. Het begon met een interview dat ik deed met de Nederlandse natuurkundige en uitvinder van *De Creatiespiraal* Marinus Knoope. Knoope had een andere manier gevonden om met verstorende en negatieve emoties om te gaan. Volgens hem moest je niet zozeer van je emoties *af*, maar er juist *aan*.

Knoope: 'Emoties worden pas een probleem als ze er niet mogen zijn, als je ze niet mag hebben. Een kind dat in zijn jeugd niet is onderdrukt in zijn woede weet later – als het nodig is – even boos te worden. Hij wordt niet echt boos, maar zet zijn boosheid als het ware even aan. Dat is het verschil tussen de leraar die ontploft en afgaat, en de leraar die aan het begin van het jaar één keer boos wordt om zijn autoriteit te tonen. Er is niets verkeerds aan woede, behalve als je het onderdrukt, omdat het dan agressie wordt. Alle gevoelde woede is transformeerbaar in kracht. Die kracht straal je uit en dan zal niemand op het idee komen om jou te onderdrukken.'

Knoope liet me zien dat je niet boven verstorende emoties hoeft uit te stijgen, zoals ik vooral had gedaan, maar dat je er ook dwars doorheen kon gaan. 'Neem angst,' zegt hij. 'Er zijn mensen die tien euro betalen om in de achtbaan angst te beleven. Als je in de angst stapt en die beleeft, is het ontzettend spannend. Degene die als kind heeft geleerd om niet bang te zijn, is daarentegen voor de rest van zijn leven bang. Bang zijn is niet het probleem. Niet bang willen zijn, is het probleem. Bang zijn is een heerlijk gevoel, als je het maar toelaat. Of neem eenzaamheid: het toelaten van eenzaamheid maakt je sterk en zelfstandig. Een adelaar gooit zijn jongen uit het nest. Als ons dat overkomt, gaan we naar het Riagg. Je kunt pas zelfstandig zijn als je om kunt gaan met het gevoel in de steek gelaten te worden.'

Wanneer je emoties toestaat om te bestaan, dan word je ook handelingsbekwaam. Je schrikt er niet meer van en hoeft niet op de loop te gaan en jezelf te verliezen in allerlei compensatiemechanismen. Knoope geeft meer voorbeelden: 'Neem verveling. Wanneer je dit gevoel ontvangt en beleeft, dan kom je vanzelf tot stilte. Maar mensen willen zich niet vervelen en nemen dan een hobby. Daardoor vervelen ze zich niet meer, maar komen ook niet tot stilte. Of neem verdriet, ook al zo'n emotie waarvoor we massaal op de loop gaan. Verdriet is van levensbelang. Door te huilen, wek je vitaliteit op. Een baby die uit de baarmoeder komt, *moet* huilen. Het lichaam weet: als ik nu niet huil, dan ga ik dood. Verdriet is een geschenk van de natuur. Als je die gave onderdrukt, zit je voor de rest van je leven in de rouw.'

Het is even wennen om emoties toe te laten die vaak worden bestempeld als 'zwak', 'slecht', 'eng', 'zondig' of 'niet spiritueel', maar wie de raad van Knoope serieus neemt, merkt dat het beleven van emoties niet alleen de deur naar de onderwereld opent, maar ook de deur naar verlichting. Zelfs religieus geladen emoties zoals schuldgevoel worden dan getransformeerd tot spirituele krachten. Knoope: 'Wie schuldgevoel kan dragen, kan verantwoordelijk zijn. Wie niet "het is mijn schuld" kan zeggen, is ongeschikt om verantwoordelijkheid te dragen. Verantwoordelijke mensen moeten zich schuldig kunnen voelen, zonder "ik voel me zo schuldig" te jammeren.'

Volgens Knoope is de pijn die de meeste mensen rondom onverwerkte emoties ervaren, niet zozeer de pijn van de emotie, maar de pijn van het *verzet* tegen de emotie: 'Pijn is niets anders dan verzet tegen wat *is*. Wanneer je dit verzet opgeeft, komen er enorme krachten vrij en krijg je je oorspronkelijke energie weer terug. Je vitaliteit en levenskracht worden wakker, waardoor je weer gaat stromen, bruisen, knallen en stralen.'

Knoope heeft gelijk als hij zegt dat kinderen heel jong al wordt afgeleerd om emoties te beleven. Onze – vooral westerse – cultuur doet er alles aan om zwakke (lees: niet-productieve) emoties uit te bannen. Schuldgevoel, berouw, verdriet en schaamte zijn nu eenmaal geen efficiënte emoties om op de beursvloer te hebben. En dus worden ze uitgebannen – verdrongen naar de krochten van de ziel, waar ze als draken op ons loeren, wachtend op een moment om uit te breken en een allesverzengende vlam te spuwen.

Hoe wij met deze 'draken' omgaan, verschilt van cultuur tot cultuur. In het Westen doden we ze het liefst, dan zijn we er vanaf. De oud-christelijke mythe van Sint-Joris en de Draak is hier een goed voorbeeld van. We zien Joris meestal afgebeeld als de triomfator die met één voet op de draak staat die hij zojuist heeft gedood. Ook in oosterse mythologieën staan draken, slangen en andere wilde dieren symbool voor kwaad en verleiding. Het enige verschil is dat zij er over het algemeen anders mee omgaan. In India kom je bijvoorbeeld overal afbeeldingen tegen van Shankar die een slang om zijn nek heeft en van Durga die op een tijger of leeuw rijdt. Het grote verschil tussen Joris enerzijds en Shankar en Durga anderzijds, is dat de laatste twee de dieren niet doden. Zij leven ermee samen en weten de duistere krachten juist te integreren, zodat ze er alleen maar sterker van worden.

Echte vrijheid en ware verlichting, zo begon ik steeds meer te beseffen, is dus niet alleen het vermogen om boven verleidingen uit te stijgen, maar vooral ook het vermogen om ze te omarmen en te integreren. De strijd tegen de duisternis wordt uiteindelijk niet gewonnen op het slagveld, maar door de strijd te staken – door overgave. En dus besloot ik na mijn veertienjarige avontuur boven de wolken om – dwars door de turbulentie van het donkere wolkendek heen – weer af te dalen naar de aarde. Ik gaf mijn spirituele disciplines op en ging dansen met draken.

Natuurkundigen hebben ontdekt dat deze staat van overgave en geen weerstand ook in de natuur voorkomt. Wanneer in een stof geen enkele weerstand aanwezig is, wordt het een 'supergeleider' (ook wel Bose-Einstein-condensaat) genoemd. Een supergeleider laat alles vrijelijk door zich heen stromen. Het is haast alsof de stof er niet meer is en een is geworden met zijn omgeving. De ontdekking van supergeleiders was zo'n grote doorbraak, dat de Nobelprijs er in 2001 voor werd toegekend. Tot dan toe hielden wetenschappers het niet voor mogelijk dat een stof in een staat van geen weerstand kon verkeren.

Deze staat komt ook regelmatig voor bij bevlogen kunstenaars en sporters. De van oorsprong Hongaarse psycholoog Mihaly Csikszentmihalyi beschreef dit fenomeen voor het eerst in wetenschappelijke termen en noemde het *flow*. Mensen die in *flow* zijn, worden als het ware een met hun omgeving. Er is geen verschil meer tussen de schilder en zijn doek, tussen de speler en de bal, tussen de mens en zijn leven. Iemand die in *flow* is, staat 'aan' en open voor inspiratie, invallen en ingevingen. Ze hebben het gevoel boven hun beperkte 'ik' uit te stijgen en worden gedragen door iets wat groter is dan henzelf.

Geen weerstand bieden tegen wat is en dansen met draken is inmiddels mijn nieuwe levensstijl geworden. Zijn die veertien ascetische jaren dan voor niets geweest? Had ik mij net zo goed meteen kunnen overgeven aan mijn verlangens, verslavingen, draken en demonen? Nee. Als ik mijzelf niet eerst op een dieper niveau – op het niveau van de ziel – had leren kennen, dan was ik niet in staat geweest om met draken te dansen. De reden dat ik dat nu wél kan, is omdat ik heb geleerd om mij niet meer met hen te identificeren, waardoor ik hen met afstand kan bekijken en in liefde kan omarmen.

En daar lig ik dan – ruim twintig jaar nadat ik met de mooiste vrouw van Nederland in bed lag en geen seks meer wilde hebben. Deze keer met de andere mooiste vrouw van Nederland. Samen met Kris maak ik weer muziek, treed ik weer regelmatig op, koop ik weer hippe kleren en krijg ik weer eindeloos veel mensen over de vloer voor wekelijkse feestjes en inspirerende happenings. Eigenlijk is er niets veranderd. Gelukkig hoeft er nu ook niets meer te veranderen.

Een tijdje geleden hoorde ik trouwens een mooie grap over celibatair leven: komt een man bij een klooster en vraagt of hij er een paar weken mag verblijven om tot rust te komen. Na een paar dagen begint hij zich stierlijk te vervelen en vraagt de abt of hij niet iets kan doen. Dat kan, want deze orde is de hele dag bezig met het kopiëren en vermenigvuldigen van heilige geschriften.

Na een paar uur achter de kopieermachine te hebben gestaan, vraagt de man of het niet verstandig is om een origineel te gebruiken bij het kopiëren. Het is hem namelijk opgevallen dat elke nieuwe kopie steeds een beetje slechter wordt. De monniken vinden het een goed plan en de abt daalt af in de catacomben van het klooster om de originelen te gaan zoeken.

Na een uur is de abt nog niet terug. De bezoeker besluit poolshoogte te gaan nemen en dwaalt door de ondergrondse gangen op zoek naar de abt. Na enige tijd hoort hij een luid geween uit een van de ruimtes opstijgen. Hij opent de deur en vindt de abt, snikkend boven een groot boek.

De man: 'Wat is er aan de hand?'

De abt: 'Er staat *celebrate* in plaats van *celibate*.'

CHECK

Heb je gedachten, gevoelens en emoties of *ben* je ze?

Waar verzet je je nog tegen?

AHA

Wanneer de hersenen te veel gedachten produceren,
dan is er geen ruimte voor heldere inzichten, ahamomenten
of spirituele ervaringen.

Pijn is verzet tegen wat is.

ACTIE

Leer om te dansen met draken. Verzet je niet tegen wat er is, maar leer om in en uit emoties te stappen. Train jezelf om emoties naar believen 'aan' en 'uit' te zetten.

MEDITATIE

Train jezelf om als een onpersoonlijke toeschouwer, vanuit je innerlijke stiltepunt, naar je gedachten en emoties te kijken – zonder dat je erdoor wordt meegesleept. Ervaar jezelf als een supergeleider, waar alles moeiteloos en zonder weerstand doorheen stroomt.

DRAKEN EN HELDENMOED

'Het is onverstandig om geen rekening te houden met een levende draak, wanneer je in de buurt woont.'

J.R.R. Tolkien, Brits schrijver

'De ware betekenis van verlichting is met wijd open ogen kunnen kijken naar alles wat donker is.'

Nikos Kazantzakis, Grieks filosoof

'Als ik een korte definitie van verlichting zou moeten geven, zou ik zeggen dat het de kalme aanvaarding is van al wat is.'

Wayne Dyer, Amerikaans schrijver

'Ik heb nooit geprobeerd mijn herinneringen aan het verleden te blokkeren, hoewel sommige ervan pijnlijk zijn. Ik begrijp mensen die zich verstoppen voor hun verleden niet. Alles wat je meemaakt helpt om je tot de persoon te maken die je nu bent.'

Sophia Loren, Italiaans actrice

'Ik heb geleerd dat moed niet de afwezigheid van angst is, maar het overwinnen ervan. Een dapper man is niet hij die geen angst voelt, maar hij die zijn angst weet te overwinnen.'

Nelson Mandela, Zuid-Afrikaans president

'Er is moed voor nodig om op te staan en te spreken; er is ook moed voor nodig om te blijven zitten en te luisteren.'

Winston Churchill, Brits staatsman

'Moed is: doodsbang zijn... en toch je paard zadelen.'

John Wayne, Amerikaans acteur

8

Het oog van de storm

'De nieuwe mens zal een luisterende mens zijn,
of niet zijn.'

Joachim-Ernst Berendt, Duits muziekspecialist

Het is al laat als ik op het prachtige Italiaanse landgoed arriveer. De glooiende Toscaanse heuvels worden belicht door een volle maan die zo sterk is, dat de cipressen een schaduw werpen op de onverharde wegen die naar het landhuis voeren. In dit idyllische oord ga ik, samen met vijftien voor mij onbekende mensen, een week lang niets zeggen. Ik ben benieuwd hoe ik het eraf zal brengen. Ik mediteer nog niet zo lang en het is mijn eerste stilteretraite. Ik vind het behoorlijk spannend, omdat ik heb begrepen dat deelnemers aan stilteretraites vaak eerst een psychologische test moeten ondergaan voordat ze mogen meedoen. Blijkbaar kan niet iedereen de confrontatie met zichzelf aan.

Ik ben de laatste die arriveert en iedereen slaapt al. Op de keukentafel ligt een briefje van mijn vriend Pierro, die de retraite organiseert: 'Tijn, jouw kamer is twee trappen op en dan de eerste deur links. Je kamergenoot heet Peter. Morgenochtend praten we al niet meer. Veel plezier! Pierro.'

De volgende ochtend aan het ontbijt knik ik de andere gasten toe. Ik schenk een kop thee in en ga in gedachten raden waar ze vandaan komen. Alleen de nationaliteit van mijn kamergenoot wordt gaandeweg de retraite duidelijk. Het is voor Peter ook de eerste keer dat hij een stilteretraite doet en hij vergeet regelmatig dat er niet wordt gesproken. Als hij iets moois ziet, of ergens van schrikt, kan hij soms ineens '*Look at that*!', of '*Oh my God*!' roepen – om vervolgens de handen verschrikt voor de mond te slaan en zijn excuses te mompelen, waarvoor hij zich dan weer moet verontschuldigen, enzovoorts. Heerlijke man!

Terwijl ik mijn muesli eet, kijk ik naar de jonge vrouw die tegenover me zit. Mooi gezicht, grote ogen, sensuele mond. Hoe oud zou ze zijn en waar zou ze vandaan komen? Spanje? Griekenland? Nee, waarschijnlijk Portugal, want daar hebben vrouwen vaak een wat droevig gezicht. Of zou ze soms net gescheiden zijn en daarom zo ernstig kijken? Ze draagt geen ring, wel een ketting met een kruisje eraan. Misschien is ze nooit getrouwd geweest en woont ze nog thuis om haar zieke moeder te verzorgen, bedenk ik me terwijl ik om me heen kijk op zoek naar koffie. Wat, geen koffie? Dit is toch Italië? Het land van de espresso's, cappuccino's en macchiato's! Mooie boel!

Het duurt minstens tien minuten voordat ik in de gaten heb, dat mijn geest volledig op hol is geslagen. Waarvoor was ik hier ook alweer? O ja, voor mijzelf, en voor de stilte. Wat is dat toch, vraag ik me af, terwijl ik besluit niet meer naar de vrouw tegenover me te kijken, dat mij steeds weer wegvoert van de stilte? Waarom creëer ik toch zoveel lawaai in mijn hoofd? Ben ik soms bang voor de stilte?

Stilte kan confronterend zijn, zoveel is zeker. Daar kwam de Amerikaanse componist John Cage achter, toen hij zijn muziekstuk 4.33, dat uit vierenhalve minuut stilte bestaat, in 1952 voor het eerst uitvoerde. Cage kwam het podium op, sloeg de klep van de piano open en deed vervolgens vierenhalve minuut helemaal niets. In eerste instantie bleef het publiek geduldig wachten, maar toen zij zich realiseerden dat Cage helemaal niet van plan was om te gaan spelen, werden ze steeds onrustiger. Sommige mensen werden zelfs boos.

Ook ik voel die onrust. Hier op het rustige Italiaanse platteland is er niet veel om mij af te leiden van de stemmen in mijn hoofd, die normaal gesproken geen kans krijgen om zich kenbaar te maken. Nu ik tegen niemand meer kan aankletsen en niemand mij meer 'lastigvalt', er geen werk ligt te wachten en er geen televisies en radio's zijn om aan te zetten, krijgen deze onderdrukte stemmen ineens volop de ruimte. Confronterend. Peter heeft er zo te zien ook last van en we besluiten een wandeling te gaan maken.

Onderweg merken we beiden hoe moeilijk het is om stil te blijven. Steeds weer wil ik Peter deelgenoot maken van mijn belevingswereld. 'Mooi hè, die bloesem?' wil ik zeggen, of 'Lekker hè, die appeltaart vanmorgen?' Mijn gedachten niet delen, geeft me een unheimisch en onbestemd gevoel, alsof ik niet meer besta. Ik realiseer me nu ook beter waarom ik soms bang ben voor de stilte en in gesprekken vaak ook maar doorklets om stiltes op te vullen.

Maar na verloop van tijd begin ik het fijn te vinden dat ik niet alles hoef te benoemen. Natuurlijk is het landschap mooi en natuurlijk was de appeltaart lekker, maar in stilte geniet ik er bij nader inzien nog meer van. Bovendien blijven ervaringen, door er geen woorden en etiketten op te plakken, meer intact en lijkt de gevoelservaring toe te nemen. De bloesem blijft mooier en de appeltaart smaakt beter als ik ze niet probeer te vangen in een woord.

Gaandeweg de wandeling lijkt het wel of mijn zintuigen beter gaan werken, alsof ik steeds meer kan waarnemen. Ik word steeds meer wakker. Ik hoor nu niet alleen het ruisen van de bomen, maar ook de wind achter het ruisen. Ik zie niet alleen de wolken in de lucht, maar ook de lucht achter de wolken. Ik probeer een woord te vinden voor wat ik voel. Verlichting? Ik begin het ook steeds fijner te vinden dat ik weet dat Peter mij niet zal storen met zijn observaties en interpretaties van de dingen om ons heen. Ook daardoor blijven mijn ervaringen zuiverder en blijft de magie meer intact.

Als ik 's avonds in bed lig, merk ik dat er een weldadige rust over me is gekomen. Ik voel me gelukkig en vooral veilig, omdat ik weet dat ik toestemming heb om me helemaal terug te trekken in mijn innerlijke wereld. Het voelt alsof er een last van me af is gevallen, nu ik mijzelf permissie heb gegeven om anderen niet te hoeven entertainen. De ruimte die wij elkaar hiermee geven, voelt als een geschenk, en dankbaar val ik in slaap.

De volgende ochtend gaat die dankbaarheid over in een haast euforische stemming. Het lijkt wel of ik verliefd ben op alles en iedereen om me heen. Ik voel me op een dieper niveau dan ik tot nu toe heb gekend verbonden met de andere deelnemers. Het is een wonderlijke ervaring, die vaker schijnt voor te komen tijdens stilteretraites. Annemieke Rodenburg, die met haar Stichting Eigenwijze al jaren stilteretraites organiseert, ziet het keer op keer gebeuren: 'Na afloop vertellen deelnemers vrijwel altijd dat ze een dieper contact hebben gevoeld met de mensen om hen heen dan met vrienden en vriendinnen die ze al jaren kennen. Ze komen in contact met een laag van eenheid die iedereen met elkaar verbindt.'

Stilte verbindt. Dat is ook de ervaring van mensen die langere tijd stil zijn. In Amerika woont een man die zeventien jaar lang zijn mond hield, omdat hij erachter kwam 'dat hij eigenlijk nooit naar iemand had geluisterd en alleen maar bezig was geweest zijn eigen mening te ventileren'. In het boek *Planetwalker* beschrijft John Francis die stille jaren, waarin hij te voet het land doorkruist om met andere mensen stil te zijn. De stilte werkte als een magneet, niet alleen op wildvreemden, maar zelfs op de vriendinnetjes die hij zo nu en dan had. Volgens Francis 'vonden zij het wel fijn dat ik mijn mond hield'.

Wat Francis in die stille jaren ervoer, is dat hij voor het eerst van zijn leven werkelijk aanwezig kon zijn voor de ander. Zijn stilte nodigde anderen uit om ook stil te zijn en contact te maken met hun diepere zelf die achter de façade verborgen lag. Door volledig beschikbaar te zijn voor een ander, gaf Francis de mensen die hij ontmoette een geschenk dat de meeste mensen nog maar zelden ontvangen: de ruimte om zichzelf te zijn.

Hoe heilzaam het is wanneer iemand er werkelijk voor je is en open staat om naar je te luisteren, blijkt ook uit onderzoek van een groep Canadese huisartsen. De artsen wilden weten welke factoren het meest bepalend waren voor het feit dat een patiënt bij de tweede behandeling aangaf dat het met hem of haar beter ging. Tot hun ontzetting constateerden zij dat geen enkele medische behandeling bepalend was: röntgenfoto's, laboratoriumonderzoeken, bloedproeven, poeders of pillen, geen van deze middelen had veel uitgemaakt. In feite maakte niets van wat zij tijdens hun dure opleiding hadden geleerd iets uit.

De artsen vonden echter wel een andere factor die bepalend was voor het gevoel van de patiënt dat het met hem of haar nu beter ging. Die factor was of de patiënt het gevoel had gehad dat de arts tijdens het eerste consult werkelijk naar de beschrijving van zijn of haar conditie had geluisterd. Patiënten knapten op als zij zich gehoord hadden gevoeld.

Na drie dagen stilte stuit ik op een nieuwe laag in mijzelf. Tot dan toe hebben de verschillende stemmen in mijn hoofd de ruimte gekregen om zich kenbaar te maken, maar vandaag lijken ze niet meer zoveel praatjes te hebben. Ze zijn gehoord, omdat ik de afgelopen dagen beschikbaar was en eindelijk heb geluisterd. De stemmen kunnen rusten en het is net alsof ik afdaal in een diepere ruimte in mijzelf, een plek waar ik maar zelden kom en me helemaal thuis voel. Kun je nagaan, denk ik terwijl Peter en ik bramen staan te plukken, hoe weinig ik normaal gesproken thuis ben. Ik realiseer me dat ik het grootste deel van mijn leven op weg ben geweest naar... ja, naar wat eigenlijk? John Lennon zong het al: *Life is what happens to you while you're busy making other plans.*

De laatste twee dagen breng ik samen met Peter door in de natuur rondom het landgoed. Ook Peter is inmiddels gewend geraakt aan de stilte en ik zie dat het hem goed doet. De wat zenuwachtige man die ik de eerste ochtend aan het ontbijt begroette, is veranderd in een ontspannen figuur die niet meer schrikt van elk hert dat oversteekt. Er is een last van hem afgevallen, hij is licht en straalt. Ook Peter lijkt te zijn thuisgekomen.

En dan is het tijd om weer naar huis te gaan. Mijn deadlines roepen, en nog voordat de retraite formeel ten einde is, staat er al een taxi op mij te wachten die me naar het vliegveld zal brengen. Ik neem in stilte afscheid van iedere deelnemer en voel de liefde in de blikken die we uitwisselen. Nog steeds heb ik geen idee hoe ze heten en waar ze vandaan komen, maar het maakt niet meer uit.

Wanneer ik Peter een stevige *hug* geef, trekt hij mij mee naar de hoek van de kamer waar een blocnote ligt. '*Dear Tijn*,' schrijft hij, '*it was nice meeting you and great not talking to you.*' We kijken elkaar een laatste maal aan met een glimlach die langzaam overgaat in een oncontroleerbare hiklach. De andere deelnemers kijken verschrikt onze kant op. En terwijl ik naar de taxi loop, hoor ik Peter tussen de proestbuien door zijn verontschuldigingen aanbieden. Hilarisch!

AHA

Door geen woorden te gebruiken, blijven ervaringen intact.

Mensen helen als ze worden gehoord.

ACTIE

Luister volledig naar de mensen om je heen.

MEDITATIE

Het woord meditatie is afgeleid van de twee Latijnse woorden 'medio' (midden) en 'sto' (staan). Letterlijk betekent meditatie dus: in het midden staan. Train jezelf om in het midden van je gedachten te blijven staan, alsof je in het oog van de storm verblijft.

STILTE EN LUISTEREN

'Als je mijn stilte niet kunt horen, zul je mijn woorden nooit verstaan.'

Mike George, Brits meditatieleraar

'Stilte is de moeder der waarheid.'

Benjamin Disraeli, Brits staatsman

'Stilte is het ultieme wapen van macht.'

Charles de Gaulle, Frans staatsman

'Een van mijn theorieën is dat mannen liefhebben met hun ogen; vrouwen hebben lief met hun oren.'

Zsa Zsa Gabor, Hongaars-Amerikaans actrice

'Niets geeft autoriteit zo veel kracht als stilte.'

Charles de Gaulle, Frans president en verzetsstrijder

'Hoe eerlijker je luistert naar de stemmen in jezelf, des te beter hoor je de geluiden van buitenaf.'

Dag Hammarskjöld, Zweeds politicus

DEEL TWEE

DE REIS NAAR BOVEN

Waarin je een levenskunstenaar wordt die geniale invallen en geïnspireerde gedachten leert downloaden; waarin je jezelf en anderen gaat helen door af te stemmen op de God-frequentie; waarin je je eigen leven vorm gaat geven door het geheim van creatie toe te passen; waarin je oude programma's en conditioneringen leert uitwissen door op de kosmische deleteknop te drukken en weer in *flow* komt met je omgeving.

9
Leven vanuit inspiratie

'Naarmate ik ouder word, ga ik steeds meer
van het veld zien.'

Johan Cruijff, Nederlands voetballer

Op de weg terug van mijn huwelijksreis naar de Verenigde Staten leg ik tijdens een tussenlanding nog de laatste hand aan een interview waaraan ik – 's morgens vroeg als Kris nog lag te slapen – een paar weken had gewerkt. Ik doe nog even een *word count* en klap mijn nieuwe laptop (mijn eerste Apple) met een tevreden gevoel dicht. Lekker! Nu nog even een paar uur slapen en dan, zodra we zijn geland, snel het document naar de redactie van *Ode* sturen.

Een paar uur later word ik wakker met de onweerstaanbare behoefte om de intro nog wat aan te scherpen. Wat slaperig start ik de computer op, open het document en... niets! Leeg! Onmogelijk! Paniek! Argh! Een bezorgde stewardess vraagt of ik iets wil drinken. Ik kijk alleen maar verslagen voor me uit. Drie weken werk, zomaar weg! Hoe kan dat nou? Had ik per ongeluk na mijn word count op Backspace gedrukt en het hele document gewist voordat ik het opsloeg? Het zal toch niet?

Eenmaal op Nederlandse bodem bel ik meteen de Apple-helpdesk. Gelukkig krijg ik snel iemand aan de lijn. Ik leg uit wat er is gebeurd en bid ondertussen dat het document nog ergens, misschien in een diepere laag van de computer, ligt opgeslagen.

Na tien minuten ben ik uit de droom geholpen. De aardige vrouw van de helpdesk weet het zeker: het document is weg. 'Prettige dag nog.'

Thuisgekomen ga ik achter de computer zitten om te kijken of ik het document nog kan reproduceren. Ik heb weleens gelezen dat mensen dat kunnen, omdat de tekst nog ergens in het 'werkgeheugen' van hun hersenen zou zijn opgeslagen. Maar hoe langer ik achter de computer zit, hoe somberder ik word. Ik ben nog niet eens verder dan de intro, en die is lang niet zo mooi als de oorspronkelijke tekst. De moed zakt me in de schoenen en als een verdwaasde loop ik door het huis, niet in staat te beslissen of ik *Ode* zal bellen of niet.

Na een uur kan Kris het niet meer aanzien. 'Natuurlijk is dat document niet verdwenen,' zegt ze. 'Ik weet wel waar het is.'

'O ja,' zeg ik lusteloos, 'waar dan?'

'In het *Zero Point Field* natuurlijk,' roept ze enthousiast. 'Dat vertel jij je leerlingen toch altijd – dat alle informatie van alle tijden ligt opgeslagen in het kwantumveld en dat je daarop kunt afstemmen als je die informatie nodig hebt?'

Ze heeft gelijk, natuurlijk. Dat is precies wat ik altijd vertel. Ik experimenteer er al jaren mee. Een van de mensen die mij daartoe had geïnspireerd, was cabaretier, zanger en schrijver, Bram Vermeulen. 'Nadenken is twijfelen,' zei hij altijd. Liever dan nadenken, stemde hij af op de blauwdruk van de schepping, het kwantumveld, waaruit hij alle informatie die hij nodig had, kon downloaden. Het is ongetwijfeld een van de redenen waarom Bram zo onvoorstelbaar productief was.

Ik vermoed dat alle grote kunstenaars een 'lijntje naar boven' hebben. In de biografie van John Lennon, geschreven door zijn eerste vrouw Cynthia, beschrijft zij hoe John soms een uur op de bank kon liggen, en dan wezenloos naar het plafond staarde. Hij was dan volkomen onbereikbaar, alsof hij in andere sferen verkeerde. Ineens sprong hij dan op en rende naar de piano om een prachtig nieuw nummer te spelen.

Mensen als Lennon en Mozart waren natuurlijk uitzonderlijke genieën, maar ieder van ons heeft weleens zo'n briljante ingeving gehad – een oplossing, inzicht of antwoord dat je ineens toevalt, juist op die momenten dat je eigenlijk 'niets' aan het doen bent en openstaat om te ontvangen. Het is een bekend fenomeen waar zelfs het bedrijfsleven gebruik van maakt. De firma 3M (bekend van de gele Post-it-briefjes) heeft bijvoorbeeld verplichte 'lummeltijd' ingesteld, omdat ze erachter kwamen dat de meest ingenieuze invallen juist kwamen tijdens het 'niets' doen.

Terugkijkend op mijn carrière als songwriter waren de songs die ik het snelst schreef vaak het best. *Break it Up* (onze eerste single) schreef ik in twintig minuten. *Amsterdamned* ging nog sneller. Het basisidee was er zodra ik de gitaar pakte, en tien minuten later was de song af. De tekst schreef ik de volgende dag in een kwartier.

De kunst van het componeren van genialiteit (en dan heb ik het hier vooral over mensen als Lennon en Mozart) is geen proces van geploeter en gestuntel, *trial and error*, stress en slapeloze nachten, maar van het toelaten van het bevlogen moment en dit omzetten in concrete vormen. Kunstenaarschap (in welke vorm dan ook – het leven zelf is ook een kunst) bestaat uit het delicate evenwicht tussen 'luisteren naar boven' en 'registreren naar beneden'.

Er zijn verschillende vormen van kunst. Herman Brood heeft dat eens mooi uitgelegd. Hij maakte onderscheid tussen Kunst en een kunstje. Wat Brood – vooral op muzikaal gebied – deed, was meestal een kunstje: het herrangschikken van bestaande elementen tot een schijnbaar nieuw kunstwerk. Hij vond dat geen Kunst, maar een kunstje. Slechts een enkele keer kwam Brood dicht bij ware kunst: een oorspronkelijke en vernieuwende creatie die hem was toegevallen. Volgens auteur en verlicht denker Eckhart Tolle komt alle ware kunst uiteindelijk voort uit de stilte: 'Alleen vanuit die dimensie kan vernieuwing ontstaan. Al het andere is kopieergedrag.'

De dimensie waaruit inspiratie tot ons komt, heeft door de eeuwen heen vele namen gekregen: het Akashaveld, het web van Indra, de Noosfeer, de subtiele wereld, de astrale dimensie, Brahmand, het collectief onderbewustzijn, Zero Point Field, kwantumveld, God, Bron, Eenheid, het Al, de Liefde, de Universele Intelligentie...

De Britse bioloog Rupert Sheldrake spreekt van het 'morfogenetische veld'. Hij experimenteert al jaren met het vermogen van dieren om op dit veld af te stemmen. Veel van zijn experimenten zijn met huisdieren. Zo liet hij eens een video zien van het Engelse hondje Jaytee dat links in beeld ligt te slapen. Het beeld is doormidden gesneden, zodat we rechts Pam (het baasje) zien die op straat loopt. Ook is een tijdklok te zien, zodat we weten dat de beelden synchroon lopen. Wanneer Pam op een onverwacht moment van Sheldrake te horen krijgt dat ze naar huis moet gaan, wordt Jaytee wakker en spitst de oren. Vervolgens staat het hondje op, loopt naar de deur en gaat staan wachten. Van de honderd keer dat Sheldrake het experiment deed, reageerde Jaytee vijfentachtig keer op deze manier. De keren dat ze dit niet deed, waren verklaarbaar: ze werd afgeleid door iets anders.

Een avondje doorbrengen met Rupert Sheldrake is geen straf, omdat hij zulke prachtige verhalen kan vertellen over de speciale vermogens van dieren: 'Wanneer de Noorse vroedvrouw Kate Laufer onaangekondigd thuiskomt, staat er altijd een warme kop thee voor haar klaar. Manlief Walter hoeft alleen maar naar Tiki de terriër te kijken om te weten wanneer hij de ketel op het vuur moet zetten. Als Tiki naar het raam rent, is zijn vrouw op weg naar huis. Als de telefoon bij een professor aan de universiteit van Californië rinkelt, weet zijn vrouw altijd of haar man aan de lijn is. Poes Whiskins is dan namelijk als eerste bij de telefoon en krijgt het zelfs voor elkaar om de hoorn van de haak te gooien en in het apparaat te miauwen. Als er iemand anders belt, neemt Whiskins niet op.

Van dieren is ook bekend dat zij de toekomst kunnen lezen en natuurrampen voelen aankomen. Onlangs werd dat nog duidelijk bij de tsunami in Thailand, waarbij vrijwel geen dieren werden gedood. Ook Sheldrake heeft voorbeelden te over: 'Op 17 oktober 1989 zag Tirzah Meek uit Santa Cruz in Californië haar kat naar zolder rennen en zich verstoppen, iets wat ze nog nooit had gedaan. Ze was doodsbang en weigerde naar beneden te komen. Drie uur later sloeg de Loma Prieta-aardbeving toe. Het centrum van Santa Cruz werd in puin gelegd.'

Tegenwoordig worden honden ingezet om zieke mensen te begeleiden, omdat zij aanvoelen wanneer iemand op het punt staat ziek te worden of een aanval te krijgen. Sheldrake geeft een ontroerend voorbeeld van deze gaven: 'Toen de man van Christine Vickery op een avond thuiskwam, begroetten de honden hem niet zoals gebruikelijk. Ze bleven in hun mand liggen, zelfs toen hij ze riep. Om negen uur 's avonds kwamen ze naar de lounge en gingen voor hem zitten, terwijl ze naar hem opkeken. Vijf dagen lang hielden ze dit vreemde ritueel vol. Op de zesde avond knuffelde de oudste met zijn snuit de benen van meneer Vickery. De jongste gaf hem een pootje. Die nacht stierf hij in zijn slaap. Christine Vickery vertelde dat ze jaloers was op haar honden, die de dood hadden voelen aankomen en afscheid hadden kunnen nemen.'

Sheldrake wordt door het wetenschappelijk establishment nog steeds enigszins gewantrouwd, maar zo langzamerhand is zijn karrenvracht aan bewijsmateriaal voor de bijzondere vermogens van dieren zo groot, dat steeds meer wetenschappers ervan uitgaan dat er inderdaad een dimensie bestaat waarin 'alle informatie van alle tijden' zou liggen opgeslagen.

De Britse onderzoeksjournaliste Lynne McTaggart bracht in 2001 alle tot dan toe bekende informatie over deze dimensie bijeen in haar boek *The Field.* Ze schrijft: 'Onderzoekers ontdekken dat het Zero Point Field de blauwdruk bevat van ons bestaan. Alles en iedereen is met elkaar verbonden door middel van dit Veld, waarin alle informatie van alle tijden ligt opgeslagen. Uiteindelijk kun je alles – van mensen tot materie – terugvoeren op een verzameling van elektrische ladingen die voortdurend in contact staan met deze oneindige zee van energie. Onze interactie met het Veld bepaalt wie wij zijn, worden en waren. Het Veld is de alfa en omega van ons bestaan.'

Volgens Sheldrake en andere wetenschappers stemt elke soort op het Veld af om informatie te downloaden over hoe hij zich dient te gedragen of ontwikkelen. Zo 'weet' een foetus in de baarmoeder hoe het zich moet ontwikkelen en 'weten' individuele cellen dat (en hoe) zij een levercel of een hersencel moeten worden, door af te stemmen op de voor hen specifieke energetische blauwdruk.

Neuroanatoom Harold Burr van de universiteit van Yale was een van de eersten die deze informatievelden inzichtelijk wist te maken. Burr zag dat jonge salamanders een lichtveld om zich heen hebben, dat de vorm heeft van een volwassen exemplaar. Deze blauwdruk bleek zelfs rondom een onbevrucht ei al aanwezig te zijn. Ook bij zaadjes van planten zag Burr lichtvelden in de vorm van de volwassen plant.

Deze informatievelden kunnen verklaren waarom je bij bepaalde dieren een poot, een kaak of zelfs de lens van een oog kunt amputeren, waarna het lichaamsdeel vervolgens overeenkomstig de blauwdruk weer aangroeit. Ook mensen dragen deze lichtvelden om zich heen, al is het (nog) niet mogelijk om een lichaamsdeel weer aan te laten groeien. Deze energetische blauwdruk verklaart ook waarom sommige mensen, nadat een lichaamsdeel is geamputeerd, nog lange tijd fantoompijn kunnen hebben.

Wetenschappers concluderen nu dat gezondheid en vitaliteit weleens alles te maken kunnen hebben met ons vermogen om in contact te blijven met het informatieveld van onze eigen blauwdruk. Als we te veel worden verstoord (straling, stress, onrust, enzovoorts) dan verliezen we het contact met de oorsprong.

Volgens de Duitse arts Fritz-Albert Popp communiceert ons lichaam met deze blauwdruk door middel van lichtdeeltjes die fotonen worden genoemd. Popp was als eerste in staat om deze lichtdragers te meten en zelfs een voor een te tellen. Zieke mensen blijken te weinig of juist te veel licht uit te zenden. Hun licht gaat letterlijk uit of wordt uit hen gezogen. Het lichaam weet niet meer hoe het zichzelf moet herstellen, omdat de communicatie met de blauwdruk is verstoord.

Wanneer het gaat om het downloaden van heldere en helende informatie is het van belang dat we zuivere ontvangers worden. Een rustige geest is hiervoor van essentieel belang. Het is je lijntje naar de kosmos. Om mijn interview opnieuw te downloaden, was het dus van belang om mijn geest eerst tot rust te brengen en open te stellen voor de beschikbare informatie. Ik ben dus eerst een paar uur gaan slapen om tot rust te komen en ben toen om vier uur in de ochtend opgestaan om een halfuur te gaan mediteren. Daarna heb ik me opengesteld voor de informatie die ik nodig had en gebruikte ik mijn oude metier – 'luisteren naar boven, registreren naar beneden' – om het interview te downloaden. Toen de mannen van *Ode* die ochtend ten burele verschenen, lag het document op hen te wachten.

Achteraf ben ik blij dat ik de eerste tekst per ongeluk had gewist. Ik heb namelijk geleerd dat ik veel en veel sneller kan schrijven dan ik tot nu toe voor mogelijk had gehouden. Tegenwoordig doe ik hetzelfde werk dat ik vroeger deed in minder dan de helft van de tijd. In plaats van in een vernauwd en stressvol bewustzijn te schieten met een deadline in het vizier, stel ik me nu vooral open voor alle relevante informatie en laat ik een artikel (of dit boek) zichzelf schrijven.

Ik weet nu dat het leven een stuk meer magisch en moeiteloos kan zijn, als je jezelf niet in de weg zit en het leven zijn gang laat gaan. Het enige wat ervoor nodig is, is innerlijke stilte en een geest als een omgekeerde parachute.

In India sprak ik eens een stokoude yogi, die zijn spirituele oefeningen van de afgelopen zestig jaar in zes woorden kon vatten: *to get out of the way.*

Toen ik zeventien was, ontmoette ik Salvador Dalí. Twee dagen eerder was ik over de muur rondom zijn tuin geklommen en had uren door zijn magisch-surrealistische wereld gewandeld. Ik had geen idee waar ik was of wie Salvador Dalí was. Pas de volgende dag hoorde ik over de grootmeester en begreep dat ik geluk had gehad dat ik niet in de gevangenis was beland.

Die avond speelde ik samen met een Spaanse zangeres in l'Hostal, de beroemde kroeg op het centrale plein van het Noord-Spaanse stadje Cadaqués. Na afloop van het optreden kwam er een man naar ons toe, die ons vroeg of we de volgende avond voor Dalí wilden optreden. Achteraf kan ik me niet zoveel meer van dat optreden herinneren, omdat Dalí en zijn vrouw Gala pas verschenen toen wij – de gasten – al minstens drie glazen roze champagne hadden gedronken, maar Dalí zwaaide na afloop met zijn scepter, rolde met zijn ogen en speelde geamuseerd met zijn snor. Gala leek me van een andere planeet, maar goed, dat was ik op dat moment ook.

Maar wat ik over Salvador Dalí wilde vertellen, is dit: hij had een fantastische methode om toegang te krijgen tot het Veld van inspiratie. Met enige regelmaat ging hij in een luie stoel zitten, waarbij hij zijn armen langs de leuningen naar beneden liet vallen. Vervolgens viel hij in slaap. In een van zijn handen hield hij een sleutelbos die, zodra hij wegdommelde, op de grond viel, waardoor hij weer wakker werd. De surrealistische beelden en briljante inzichten bleken vooral tot hem te komen in het moment tussen waken en slapen, wanneer de controlerende stem van de rationele geest even stil was.

Een paar jaar geleden was ik met Kris op weg naar Wassenaar waar onze goede vrienden Karin en Aristides wonen. Ze waren net verhuisd, en onderweg bedacht ik dat ik geen adres had. Ik belde Ari en vroeg het adres, maar hij moest hartelijk lachen en zei: 'Tijn, dat moet voor jou toch een eitje zijn. Je stemt gewoon af op het Veld van alle informatie en downloadt de gegevens. Toch? Zie je zo!'

Dat was natuurlijk een mooie uitdaging. Kris en ik besloten puur op intuïtie, afstemming, gevoel en signalen te gaan rijden. Niet nadenken, alleen ontvangen. Een kwartier later stonden we voor de deur. Stomverbaasd kwamen Ari en Karin naar buiten rennen. 'Het is jullie gelukt!' riepen ze in koor. Maar zo gek was het niet, want Kris en ik hadden afgestemd op de goddelijke TomTom.

CHECK

Durf je te vertrouwen op je intuïtie?

Ben je een kunstenaar of een kunstjesmaker?

Hoe is je communicatie met het Veld?

AHA

Nadenken is twijfelen.

MEDITATIE

Train jezelf om stil te worden en een helder lijntje naar boven te hebben. Vertrouw op de inzichten, ingevingen, signalen en inspiraties die je krijgt.

ACTIE

Train jezelf om naar boven te luisteren en naar beneden te registreren.

INSPIRATIE

'Het veld is de enige realiteit.'

Albert Einstein, Duits natuurkundige

'Het lijkt onmogelijk, maar mijn ideeën komen naar me toe vanuit de ether.'

Thomas Edison, Amerikaans uitvinder

'Ik heb altijd de gave gehad dat ik muziek kan horen zoals ik die hoor. Ik weet niet waar het vandaan komt, het is er gewoon, en ik vraag er ook niet naar.'

Miles Davis, Amerikaans jazztrompettist

'Het is wanneer ik volledig mijzelf ben, alleen en vol vreugde, dat de inspiratie het beste en meest volledig stroomt. Vanwaar en wanneer de ideeën komen, weet ik niet. En ik kan ze ook niet dwingen.'

Wolfgang Amadeus Mozart, Oostenrijks componist

'Vanwaar komen mijn ideeën? Ik kan het niet met zekerheid zeggen. Ze komen als zij het willen, direct en indirect.'

Ludwig van Beethoven, Duits componist

'Ik denk dat bij mensen die creëren en schrijven iets eenvoudig in hun hoofd opkomt, het vloeit naar hun hand en ze schrijven het op. Zo simpel is het.'

Paul McCartney, Brits popster

'Zonder de Vader kan ik niets.'

Jezus Christus, Joods profeet

'Ontdekkingen hebben weinig met het intellect te maken. Er is altijd een bewustzijnssprong die je wat mij betreft intuïtie kunt noemen. De oplossing komt gewoon naar je toe en je weet niet hoe of waarom.'

Albert Einstein, Duits natuurkundige

'Kunst is óf plagiaat, óf revolutie.'

Paul Gauguin, Frans schilder

10

Het helende veld

'De enige schepselen die voldoende ontwikkeld zijn om pure liefde te uiten zijn honden en kleine kinderen.'

Johnny Depp, Amerikaans acteur

Op een ochtend gebeurde er iets vreemds in de praktijk van de Amerikaanse chiropractor Eric Pearl. Zoals elke maandag lag er weer een patiënt op de behandeltafel en Pearl wilde net beginnen met zijn normale werk – kraken, manipuleren en rechtzetten – toen zijn handen ineens een eigen wil leken te krijgen. Op ongeveer dertig centimeter boven het lichaam van de patiënt – die Gary heette – bleven ze zweven en er leek een soort energie uit te stromen. Zonder te weten waarom, bracht Pearl zijn handen omhoog naar de slapen van Gary, die spontaan, snel en krachtig met zijn ogen heen en weer begon te bewegen.

Het wonder dat zich weldra zou voltrekken, verraste niet alleen Gary, maar vooral ook Pearl. Gary's voeten, die hij niet los van elkaar kon bewegen als gevolg van een geboortedefect, kwamen onafhankelijk van elkaar – en van Gary, zo leek het – tot leven. De rechtervoet begon pompende bewegingen te maken, alsof hij een gaspedaal indrukte. Terwijl dit pompen doorging, kwam er een tweede beweging bij: een naar buiten draaiende, roterende beweging. Na enkele minuten stopten de bewegingen als vanzelf en opende Gary zijn ogen.

'Mijn voet bewoog,' was het eerste wat de beduusde man uitbracht. 'Ik had het gevoel dat onzichtbare handen aan mijn voeten trokken, en toch voelde het ook weer niet alsof het handen waren.' Pearl, die zijn best deed er niet net zo verbijsterd uit te zien als Gary, zei droogjes: 'Je kunt nu gaan staan.' En voor het eerst in 26 jaar stond Gary rechtop, alsof er nooit sprake was geweest van een geboorteafwijking. Zijn ruggengraat was recht en zijn heupen stonden op gelijke hoogte. Het leek erop dat Gary en Pearl spontaan toegang hadden gekregen tot de helende blauwdruk.

Een van de mensen die jarenlang onderzoek deden naar het genezende vermogen van het Veld is de Amerikaanse arts Richard Gerber. Hij onderzocht mensen die in staat zijn door middel van hun handen energie te genereren, en komt tot de conclusie dat zij in staat zijn om af te stemmen op dimensies buiten tijd en ruimte. Gerber: 'Binnen de dimensies van ons aardse bestaan – binnen tijd en ruimte dus – gelden bepaalde natuurwetten, waaronder de wet van entropie, die ook wel de wet van verval wordt genoemd. Deze wet stelt dat alle systemen vanzelf van orde naar chaos vervallen: lichamen worden ouder, beschavingen storten in, spullen gaan kapot, et cetera. Maar in andere dimensies, buiten de tijd en ruimte, werkt deze natuurwet precies omgekeerd. Chaos wordt hier hersteld tot orde, oud wordt weer jong, ziek wordt gezond.'

Toen ik Gerber sprak, was Eric Pearl nog een gewone chiropractor die zijn gaven nog niet had ontdekt. Inmiddels heeft Gerber hem onderzocht en is zeer onder de indruk. Het heeft echter een tijd geduurd voordat Pearl zelf kon omgaan met de vreemde verschijnselen in zijn praktijk. Pearl: 'Ik begreep vooral niet waarom uitgerekend ik deze gave had ontvangen. Ik had mijn leven bepaald niet in serene stilte op een berg in Tibet doorgebracht. Ik leidde juist een tamelijk materialistisch en luxueus leventje en was meer televisieverslaafd dan de gemiddelde puber. Als ik God was, dan zou ik niet door het wolkendek heen hebben gekeken en hebben geroepen: "Die daar, geef hem maar de gave van heling."'

Wat Pearl echter wel begon te ontdekken, was dat zijn weerstand tegen wat hem was toegevallen, niet hielp om de genezingen te bevorderen. Integendeel: 'Zodra ik ging twijfelen, of die energie probeerde te begrijpen of te sturen, dan was het gelijk afgelopen. Ik had dus niets in te brengen en moest leren om alle controle los te laten. Weet je hoe moeilijk dat is voor een arts? Zelfs een diagnose stellen blokkeerde de stroom al.'

Gelukkig ontmoette Pearl op een dag de Amerikaanse arts Deepak Chopra, die hem een simpel advies gaf: '*Stay as a child.*' Het bleek een schot in de roos. Pearl: 'Het geheim van het ontvangen van helende frequenties is zo open en verwonderd mogelijk te blijven, zoals een kind. Dat vraagt nederigheid en is een voortdurende oefening.'

Een van de grootste blokkades voor de helende stroom van boven is angst. Pearl ontdekte dit toen hij bij andere helers en therapeuten op bezoek ging voor advies over hoe hij met zijn gave kon omgaan. Pearl: 'De meesten van hen waren verbaasd over wat er in mijn praktijk gebeurde en – eerlijk gezegd – ook een beetje jaloers. Het was duidelijk dat ze dit nog niet hadden meegemaakt. Maar in plaats van dat eerlijk toe te geven en te vragen wat ik precies deed, begonnen ze mij alle mogelijke adviezen te geven en mij te waarschuwen.'

Ze vertelden hem dat hij zich moest beschermen tegen 'negatieve' en 'kwade' energieën en raadden hem aan hulp in te roepen van beschermengelen, heiligen en edelstenen. Pearl: 'Ook moest ik na elke behandeling mijn handen goed afslaan en ze wassen in een bakje met zout water. Dat bakje moest dan na drie behandelingen worden ververst, maar niet door mij, anders zou ik weer worden besmet. Ik moest edelstenen en kristallen neerleggen en een amulet om mijn hals dragen.'

Pearl deed braaf wat hem was opgedragen, maar zag tot zijn ontzetting de effectiviteit van de behandelingen steeds verder teruglopen: 'Hoe meer beschermengelen, meesters, heiligen, edelstenen en zoutwaterbakjes ik om me heen had verzameld, hoe minder genezingen er plaatsvonden. Ik kreeg ook steeds minder plezier in mijn werk. Het werd mechanisch, verkrampt en minder spontaan. Op een dag heb ik al die helpers, edelstenen en zoutwaterbakjes eruit gekieperd. Toen kwamen de genezingen weer op gang.'

Het was een belangrijke les: 'Ik realiseerde me dat ik, elke keer als ik de hulp inriep van iets of iemand om mijzelf te beschermen, mijzelf in feite bevestigde in het idee dat ik niet capabel was om dit werk te doen. Ik verkrampte, werd bang en stond niet meer open om te ontvangen. Ik leerde dat je niet vanuit liefde kunt handelen als je ondertussen je concepten van angst in stand blijft houden.'

Om die reden vraagt Pearl niet meer om hulp van boven: 'Als je God of een beschermengel oproept om je te beschermen, dan zeg je eigenlijk dat je niet gelooft dat God altijd bij je is – dat Hij en de engelen even koffie zijn gaan drinken en jou aan je lot overlaten, net nu jij een belangrijke behandeling moet doen. Die manier van denken blokkeert de stroom, omdat je niet meer vertrouwt op de krachten die er zijn. In plaats van om hulp te vragen, bied ik tegenwoordig juist iets aan: mijn dankbaarheid. Ik zeg elke ochtend, gewoon omdat ik dat zo voel, een gebed van dankbaarheid, en voel me dan de rest van de dag volkomen gegrond en gedragen.'

Volgens Pearl is het ook een misverstand dat je een soort heilige moet zijn om dit werk te doen: 'Je kunt best af en toe een glas wijn drinken of een sarcastische opmerking maken. Dan is je karma heus niet gelijk verpest. Je kunt in feite bijna alles doen, zolang je een ander maar geen schade berokkent. Je hoeft niet te bewijzen dat je goed genoeg bent. Je bent het allang waard.'

Kinderlijke openheid en de bereidheid om niet te weten en niet te sturen, zijn de toegangscodes tot hogere frequenties, zo lijkt het. Albert Einstein zei ooit: 'We raken niet in de problemen door wat we niet weten, maar door wat we zeker denken te weten.' Misschien was het wel een slimme zet van God om Pearl deze gave te schenken, *juist* omdat hij nooit op een berg in Tibet had gezeten en zijn gave niet direct in een bekend spiritueel hokje en dito jargon zou plaatsen, waarmee hij het zou hebben ingeperkt. Juist de bereidheid om als een kind te zijn dat niet precies begrijpt wat er gebeurt, maar geniet van het spel met energie, maakt Pearl uniek.

Het verschil tussen de aanpak van Pearl (of het gebrek aan aanpak, eigenlijk) en die van veel andere helers werd pijnlijk zichtbaar toen Pearl op een dag samen met een groep helers een patiënt wilde genezen. Na een kwartier waren de resultaten nog steeds nihil en vroeg Pearl of hij het even alleen mocht proberen. 'Toen kwamen de effecten vrijwel onmiddellijk op gang, maar direct daarna namen ze weer af,' zegt hij. 'Dat was heel ongebruikelijk en gebeurde in mijn praktijk eigenlijk nooit. Verbaasd wendde ik mij tot de andere helers en zag toen wat er aan de hand was. Enkele van hen waren mij gaan "helpen" door hun handen ook op de patiënt te richten. Dat was dus geen hulp.'

Pearl is, in tegenstelling tot veel andere helers, niet bezig energie te sturen of iemand beter te maken. 'Ik genees niemand,' zegt hij beslist, 'en jij ook niet. Genezing vindt plaats door een afspraak die een patiënt maakt met het universum. Ik kan daar hoogstens een katalysator in zijn. Ik gebruik mijn handen niet om te sturen, maar om te ontvangen. Ik luister met mijn handen.'

Iemand die mij sterk aan Eric Pearl doet denken, is Uri Geller. Ook Geller is in veel opzichten een kind gebleven. Toen ik hem eens opzocht in zijn imposante landhuis aan de Theems in Engeland, zei hij: 'Sommige mensen klagen dat ik nooit volwassen ben geworden. Nou en? Ik vind het helemaal niet zo'n voordeel om cynisch en kritisch te zijn. Ik blijf liever een kind met een *open mind.* Ik hou ervan om verbaasd en verwonderd te zijn en open te staan voor alle mogelijkheden.'

Ook Geller heeft eigenlijk geen idee hoe hij het voor elkaar krijgt om lepels te buigen, klokken aan de gang te krijgen, zaadjes te laten ontkiemen en gebeurtenissen te voorvoelen. Net als Pearl is het hem gewoon overkomen: 'Ik was op een dag als jongetje van vijf aan het spelen in onze tuin in Tel Aviv, toen er ineens een enorm pulserend licht verscheen. Ik schrok me rot en rende naar binnen, maar het licht kwam achter me aan en raakte me in mijn voorhoofd. Nog niet zo lang geleden kwam ik een man tegen die het allemaal heeft zien gebeuren. Daar was ik heel blij om, want ik zou haast aan mijzelf zijn gaan twijfelen.'

Vanaf die dag gebeurden er de raarste dingen in Gellers leven, te beginnen met een lepel die boog en brak toen hij zijn pap wilde eten. En al weet Geller nog steeds niet wat voor vreemde kracht die ochtend in Tel Aviv in hem voer, inmiddels weet hij wel dat hij die kracht alleen kan aanwenden als hij een *open mind* heeft, erin gelooft en erop vertrouwt. Daarom werkt hij ook zo graag met kinderen. Wanneer hij met een groep kinderen 'groei, groei, groei' tegen zaadjes roept, dan groeien ze in zijn hand. 'De mind kan alles creëren wat hij wil,' zegt hij. 'Toen ik jong was, heb ik alles gevisualiseerd wat ik nodig had: huizen, televisies, auto's. Het kwam allemaal vanzelf naar me toe, maar je hebt daar een open houding voor nodig en daar moet je voortdurend aan werken.'

Volgens Geller zijn niet de sterren de *last frontier* voor de mens, maar onze eigen geest: 'De geest is het meest krachtige instrument dat er bestaat en we zijn nog maar net begonnen haar te ontdekken. We hebben allemaal een onzichtbaar spiritueel lijntje waarmee we liefde, kracht en heling naar de planeet en naar elkaar kunnen sturen. Er is zoveel energie beschikbaar, we moeten alleen nog leren om erop af te stemmen en het te gebruiken.'

Er zijn genoeg redenen te bedenken om de vermogens van Geller en Pearl in twijfel te trekken of belachelijk te maken. Beiden zijn, naast vakmensen, ook showmensen die heel goed in staat zijn hun eigen pr te doen. Bij Geller is dat vermogen haast griezelig. In de tijdspanne van nog geen minuut weet hij ten minste vijf beroemde mensen te noemen aan wie hij is gerelateerd: Paus Johannes Paulus II, Michael Jackson, Elisabeth Taylor, Salvador Dalí, John Lennon, Muhammad Ali, enzovoorts.

Maar er is een interessantere vraag die jezelf kunt stellen dan de vraag of Geller en Pearl *for real* zijn. Die vraag is: ben je *bereid* te geloven dat ze dat zijn? Zolang je dit betwijfelt, is de kans klein dat je het zelf zult ervaren. Als Geller er niet in gelooft, groeit er geen zaadje. Als Pearl twijfelt, stopt elke genezing.

Een paar jaar geleden sprak ik met de antropoloog Alberto Villoldo, een kenner van het Zuid-Amerikaanse sjamanisme. Ik vroeg hem toen hoe het komt dat vrijwel iedereen daar in staat is om contact te maken met overleden voorouders en totemdieren, terwijl de meeste mensen die ik ken de grootste moeite hebben om contact te onderhouden met hun nog in leven zijnde ouders en huisdieren. Zijn antwoord was onthutsend simpel: 'Jullie leven vanuit het paradigma "eerst zien, dan geloven". Zij draaien het om: eerst geloven, dan zien.'

CHECK

Ben je bereid het niet te weten en toch te laten gebeuren?

Leef je vanuit het paradigma 'eerst zien, dan geloven',
of vanuit 'eerst geloven, dan zien'?

AHA

Je kunt niet vanuit liefde leven als je je concepten van angst in stand blijft houden.

We hebben allemaal een onzichtbaar spiritueel lijntje waarmee we liefde, kracht en heling naar de planeet en naar elkaar kunnen sturen.

MEDITATIE

Begin elke dag met een dankbaarheidsmeditatie en blijf gedurende de dag dankbaar voor alles en iedereen om je heen – ook als je in eerste instantie niet begrijpt wat er is om dankbaar voor te zijn.

ACTIE

Blijf bij alles wat je doet verwonderd als een kind.
Zie alles en iedereen alsof je ze voor het eerst ziet.

ANGST EN BIDDEN

'Maar lieveling luister, doe niet zo bang, ik blijf van je houden, een liefde lang.'

Wim de Bie, Nederlands cabaretier

'Angst is een zeer doeltreffend werktuig om de ziel van een individu te verwoesten – en de ziel van een volk.'

Anwar Sadat, Egyptisch staatsman

'Het leven begint pas echt als je vrij bent van angst.'

Napoleon Hill, Amerikaans journalist

'Angst is slechts een ander woord voor onwetendheid.'

Hunter S. Thompson, Amerikaans journalist

'Ik bid niet omdat ik God niet wil vervelen.'

Orson Welles, Amerikaans acteur en auteur

11

De kunst van visualisatie

'De geschiedenis zal mij welgezind zijn,
omdat ik van plan ben haar te schrijven.'

Winston Churchill, Brits staatsman

In de buurt waar ik woonde, werden kapotte ramen niet meer vervangen, maar dichtgespijkerd. De meeste huizen werden gesloopt en wanneer de bewoners vertrokken, bleven ze leeg – op ratten en zwerfkatten na. Het zag er allemaal behoorlijk troosteloos uit en ik wilde graag zo snel mogelijk weg, maar de woningnood was hoog en mijn budget beperkt. Bovendien had ik buitensporige wensen. Ik zocht namelijk een huis waar ik veel mensen kon ontvangen voor meditaties, verlichtingsfeestjes, concerten en andere happenings. Het moest dus groot worden, en bovendien had ik, na al die jaren in de binnenstad van Amsterdam te hebben gewoond, langzamerhand behoefte aan wat meer licht, lucht en ruimte: uitzicht over zee dus, met bossen naast de deur, maar wel een stad in de buurt. Ik was, kortom, op zoek naar een 'boerderijtje op het Leidseplein'.

The Secret, het populaire boek en dito film over de wet van aantrekking, moest in die dagen nog worden gemaakt, maar ik had al wel gehoord dat het mogelijk was om door middel van visualisatietechnieken en gerichte aandacht van alles te manifesteren: huizen, banen, geliefden, geld, gezondheid... De grote vraag was natuurlijk of ik dat ook kon. Ik besloot de proef op de som te nemen en mijn droomhuis te creëren. Elke ochtend deed ik een visualisatie, waarbij ik mijzelf door de ruime woonkamer zag banjeren en vanaf mijn balkon de zon in de zee zag zakken.

Drie weken nadat ik was begonnen met deze visualisaties, had ik een afspraak in Kijkduin. Ik kende de badplaats niet en was iets te vroeg, waardoor ik tijd had om rond te kijken. Ineens viel mijn oog op een aparte, nogal ouderwetse flat. Helemaal bovenin zag ik een poster voor de ramen. Te koop? Te huur? Het was te hoog om te lezen. Zelfs de naam van de makelaar was niet te onderscheiden. Het beeldmerk kwam me wel vaag bekend voor.

'Toevallig' zag ik de volgende dag een poster in de stad met hetzelfde beeldmerk. Ik schreef het telefoonnummer op, belde zodra ik thuis was en kon meteen naar de flat komen kijken. 'Toevallig' was de prijs net met een ton gezakt, omdat de eigenaar per direct geld nodig had. Ik hoefde alleen maar 'ja' te zeggen. Dat deed ik, en een maand later trok ik in het huis dat ik dus eigenlijk al kende. Het werd een soort clubhuis voor honderden mensen die elkaar regelmatig ontmoetten op de Wij-bij-Tijnavonden – zoals de bezoekers ze waren gaan noemen – om passies, dromen, uitdagingen en oplossingen te delen.

Gestimuleerd door mijn eerste succes met de kunst van visualisatie, begon ik me er verder in te verdiepen. Een van de eerste mensen die uitgebreid onderzoek hadden verricht naar de 'magnetische' kracht van gedachten, intenties en emoties, is de Amerikaanse onderzoeksjournalist Napoleon Hill. Zijn revolutionaire boek *Think and Grow Rich* verscheen al in 1937 en werd rond de eeuwwisseling uitgeroepen tot een van de vijf invloedrijkste businessboeken van de eeuw. Sinds die tijd zijn er bibliotheken vol geschreven over het 'geheim van succes' en 'krijgen wat je hebben wilt', maar alle zijn schatplichtig aan het werk van Hill.

In opdracht van de Amerikaanse industrieel Andrew Carnegie interviewde Hill de top-drie procent van de meest succesvolle Amerikaanse ondernemers. Over een periode van twintig jaar sprak hij met grootheden als Henry Ford, Thomas Edison, John D. Rockefeller, Alexander Graham Bell en Woodrow Wilson. De voornaamste kracht die Hill bij deze mensen aantrof, was dat zij hun dromen bloedserieus namen. Zij waren bovendien in staat deze dromen om te zetten in heldere visies en herhaalden die visies dagelijks voor zichzelf – net zolang tot hun onderbewustzijn erin ging geloven en zij hun visies begonnen uit te stralen. Hill zag dat, zodra iemand zijn of haar visie gaat uitstralen, het slechts een kwestie van tijd is eer die visie zich concreet manifesteert. Zo werkt creatie.

Hill kwam er ook achter dat het een achterhaald idee is dat je moet ploeteren, bikkelen en afzien om de top te bereiken. Niet zozeer de vele uren noeste arbeid bepaalden het succes van deze mensen, maar vooral de geestelijke houding die zij hadden. Hill: 'Rijkdom begint met een geesteshouding, met vastberaden doelgerichtheid. Het is niet of nauwelijks nodig om hard te werken.'

Zoals 'rijke' denkers vanzelf rijkdom aantrekken, zo kun je op dezelfde manier ook schaarste, mislukking of pech over jezelf afroepen. In feite, zo constateert Hill, is iedereen – in elk geval voor een groot deel – verantwoordelijk voor zijn of haar eigen lot. 'Het is bekend dat een mens uiteindelijk alles gelooft wat hij tegen zichzelf herhaalt,' schrijft hij, 'ongeacht of het waar is of niet. Het onderbewustzijn maakt geen onderscheid tussen constructieve of destructieve emoties. Het werkt met het materiaal dat wij aanleveren door de gedachten die we koesteren. Het zal een angstige gedachte evengoed in werkelijkheid omzetten als een gedachte vol moed of geloof. Het voert gewoon uit – manifesteert – wat wij er dag na dag in stoppen.'

Ons onderbewustzijn is dus te programmeren, en volgens Hill spelen met name emoties daarbij een cruciale rol. Gedachten die zijn doortrokken van sterke emoties kleuren het onderbewustzijn in hoge mate en creëren eenduidige beelden, waardoor het makkelijker wordt om in je droom te geloven. Emoties vullen gedachten met vitaliteit en (daad)kracht. Hill vergelijkt emoties met het gist in brood: ze maken passieve gedachten actief.

Ook natuurkundigen weten inmiddels dat onze gedachten effect hebben op de omgeving en in staat zijn die te beïnvloeden. Zij noemen dit het 'toeschouwerseffect'. Begin vorige eeuw, toen wetenschappers steeds meer doordrongen tot het hart van de materie, zagen zij dat degene die de proefopstelling waarnam, invloed had op de uitkomst van het experiment. Wanneer wetenschappers bijvoorbeeld op zoek waren naar een deeltje, dan vonden ze een deeltje. Wanneer ze op zoek waren naar golven, dan zagen ze golven. De verbijsterde wetenschappers kwamen tot de conclusie dat de elementaire bouwstenen van materie (atomen, elektronen, protonen, quarks, leptonen) pas een specifieke vorm leken aan te nemen wanneer ze werden 'bevroren door de gedachten van degene die observeert'.

Zonder te worden geobserveerd, bestaan die deeltjes dus wellicht niet eens in een bepaalde vorm, maar slechts als puur potentieel. De Duitse natuurkundige Albert Einstein vroeg zich om die reden hardop af of de maan eigenlijk wel bestaat als we er niet naar kijken. Misschien, zo speculeerden kwantumwetenschappers, komt de wereld steeds opnieuw tot leven door onze voortdurende perceptie ervan. Ieder van ons projecteert continu zijn of haar verwachtingen en die verwachtingen worden vervolgens gemanifesteerd. De realiteit waarin wij dus ogenschijnlijk leven, is de optelsom van onze gezamenlijke verwachtingen, overtuigingen en projecties.

Als dat inderdaad zo is, dan is het aannemelijk dat, wanneer wij in staat zijn onze verwachtingen en gedragspatronen te veranderen, 'de wereld' daarmee ook verandert. Klinkt dat te bizar voor woorden? Dat is het ook! Niet voor niets zei de Deense natuurkundige Niels Bohr, een van de pioniers van de kwantumfysica: 'Wie niet geschokt is door de ontdekkingen van de kwantumwetenschap, heeft haar niet begrepen.'

Dat intenties, verwachtingen en emotioneel geladen gedachten kunnen leiden tot concrete materiële manifestaties, werd honderd jaar geleden aangetoond door Albert Einstein met zijn machtige formule $E=mc^2$. Wat Einstein met zijn berekeningen feitelijk liet zien, is dat energie (E) en massa (m) uitwisselbare grootheden zijn, ofwel: energie en materie zijn verschillende manifestaties van precies hetzelfde. Het is dus logisch dat gerichte aandacht (E) leidt tot concrete materie (m).

Blijkbaar werkt onze gerichte aandacht als informatie voor het Veld (of het kwantumpotentieel, zoals wetenschappers het noemen), waardoor ongevormd potentieel een concrete vorm krijgt. Dat is trouwens ook de letterlijke betekenis van het woord informeren: in vorm gieten. Informatie organiseert materie. Wie dit geheim begrijpt, kan gerichte informatie uitzenden om zijn of haar eigen werkelijkheid vorm te gaan geven.

Een van de grootste intentiemeesters is ongetwijfeld de Amerikaanse bokslegende Muhammad Ali. Als geen ander was hij in staat om zijn innerlijke beelden om te zetten in heldere visies en concrete realiteit. Ali sprak zijn intenties niet alleen tegen zichzelf uit, maar tegen iedereen die het horen wilde, waardoor ze nog meer kracht kregen. De werkelijkheid die hij wilde creëren, werd op die manier niet alleen in zijn eigen onderbewustzijn verankerd, maar ook in die van zijn tegenstanders.

Een van de meest spectaculaire voorbeelden van hoe gerichte intentie de werkelijkheid creëert, is Ali's voorbereiding op zijn titanengevecht tegen George Foreman in de Congolese jungle. Vrijwel niemand geloofde in 1974 dat Ali een kans had om dit gevecht te winnen. George Foreman was acht jaar jonger en stond bovendien bekend als een van de gevaarlijkste boksers aller tijden. Twee maanden eerder had hij Ken Norton in twee ronden voor dood op het canvas achtergelaten. Maar Ali negeerde die informatie en herschreef het gevecht in zijn hoofd tot zijn eigen script.

'Hij kan hard stoten, maar raken kan hij niet,' riep hij tegen iedere journalist die wilde luisteren – en dat waren er veel. 'Foreman duwt zijn tegenstanders omver. Zijn stoten zijn veel te traag – het duurt een jaar voordat ze aankomen. Dacht je soms dat ik daar bang van werd? Let op: dit wordt de grootste ommekeer in de geschiedenis van het boksen!'

De uitkomst is bekend. Ali speelde vele ronden lang met Foreman en liet zich geregeld tegen de touwen drukken om een pak slaag te ondergaan. Foreman werd met de ronde meer moe en meer gefrustreerd dat hij Ali er niet onder kreeg en dat deze vrijwel niets deed, behalve hem sarren en vragen of hij niet harder kon slaan. En toen brak die beroemde achtste ronde aan, waarin Ali ineens wakker leek te worden. Een linkerhoek bracht Foremans hoofd in een positie waardoor Ali hem met een keiharde rechtse directe kon raken. Foreman wankelde, tolde door de ring en stortte ter aarde. Einde gevecht.

Er zijn een aantal principes achter de kunst van visualisatie die van belang zijn als je er zelf mee aan de slag gaat. Een van de belangrijkste is, dat je alleen moet visualiseren wat je wilt en niet wat je *niet* wilt. Als je bijvoorbeeld tegen jezelf zegt dat je niet wilt roken, dan denk je de hele tijd aan roken, en is dat ook de informatie die je onderbewustzijn in zich zal opnemen en zal uitstralen.

Nog een wet: wanneer je visualiseert, doe dat dan in de tegenwoordige tijd. Wanneer je iets wilt bereiken, voel dan hoe het is om het nu al te hebben bereikt. Als je gelukkig wilt worden, zeg dan: 'ik ben gelukkig', en niet 'ik wil gelukkig worden'. Als je dat laatste zegt, dan zeg je impliciet dat je nu niet gelukkig bent. Iets in de toekomst willen hebben, is dé manier om het nooit te krijgen. Toen president Obama laatst werd geïnaugureerd, liepen er een paar mensen met prachtige borden rond, waarop de volgende tekst stond: WE HAVE OVERCOME. Dat is een stuk krachtiger dan het toch al krachtige WE SHALL OVERCOME.

Nog een principe: ga voor goud! Wanneer je bijvoorbeeld een huis visualiseert, maak het dan zo mooi mogelijk. Doe geen concessies. Het universum is overvloedig en kent geen beperkingen. Hou je dus vooral niet in. Wees ook voorbereid op tegenslag en tegenwerking, het zal je alleen maar sterker maken. Succes – zeker in een land als Nederland – roept altijd weerstand op. Alle mensen die Napoleon Hill interviewde, moesten een hoop weerstand overwinnen. Henry Ford ging vijf keer failliet, Walt Disney werd door een dagbladuitgever ontslagen wegens 'gebrek aan creativiteit' en Fred Astaire werd bij zijn eerste screentest geweigerd met de mededeling dat hij 'niet kon dansen en niet kon acteren'.

Het laatste belangrijke ingrediënt dat een intentiemeester nodig heeft om te slagen, is discipline. Enkele jaren geleden sprak ik in India een man die als tiener door het land had gelift. Op een dag werd hij meegenomen door een regeringsauto. Toen hij naast de chauffeur instapte en zich omdraaide naar de tengere man achter in de auto, kwam deze hem wel erg bekend voor. '*Thank you sir, for giving me a ride,*' zei de jongeman, waarop de chauffeur antwoordde: '*Sir, Mister Gandhi is not speaking today. He has a silence day.*'

Gandhi, Jezus, Boeddha, Mandela, Moeder Teresa... allen kenden de kracht van intentie en hadden de innerlijke discipline en regelmaat die nodig was om in contact te blijven met hun diepste drijfveren. Allen kenden de kracht van de stilte en de afstemming die nodig is om het innerlijke vuur brandend te houden en hun passies steeds opnieuw leven in te blazen. Gandhi wist dat, wanneer hij het contact met zijn innerlijke geweldloosheid zou verliezen, het land reddeloos verloren zou zijn. Hij nam verantwoordelijkheid en was bereid daarvoor stil te zijn als dat nodig was, al klaagden Britse diplomaten steen en been over die excentrieke Indiër die de werkelijkheid elke keer naar zijn eigen hand wist te zetten.

Nog iets over meditatie en spirituele discipline: dit zijn geen doelen op zich, maar middelen tot. Gandhi mediteerde niet (alleen) omdat het zo lekker was, of omdat het hem even uit zijn dagelijkse sleur haalde. Hij mediteerde omdat het zijn leven diepte en authenticiteit gaf en hem in staat stelde zijn levensdoelen te bereiken. Tegenwoordig wordt meditatie te vaak gebruikt als vlucht uit de realiteit of als hip nieuw speeltje voor mensen die zich te pletter vervelen en van workshop naar workshop hoppen.

En nu we het er toch over hebben: een van de grote valkuilen van een film als *The Secret*, waarin wordt uitgelegd hoe je je droombaan, droompartner en veel geld kunt creëren, is dat het nog steeds vanuit het oude, materialistische paradigma redeneert, namelijk dat iets of iemand buiten jou (een baan, een partner, een workshop, geld) jou gelukkig gaat maken. En dat is een illusie. Als je innerlijk onvervuld bent (als je je eigen spirit niet kent en geen contact hebt met je innerlijke kwaliteiten) kun je nog zoveel rijkdom en partners hebben, zonder er ooit gelukkig van te worden. Als je daarentegen innerlijk vervuld bent, trek je alles wat je nodig hebt vanzelf en haast moeiteloos naar je toe – omdat je het feitelijk al bent. Dat is de heerlijke paradox van de wet van aantrekking!

CHECK

Wat voor intenties, verwachtingen, overtuigingen zend je uit?

Wat voor gedachten koester je? Wat veranker je in je onderbewustzijn?

Ben je over het algemeen bezig met wat je wél wilt hebben/zijn of met wat je niet wilt?

Verwacht je nog dat er iets of iemand buiten jou in staat is om jouw wensen te vervullen?

AHA

De voornaamste kracht van mensen die hun dromen waarmaken, is dat ze deze bloedserieus nemen, deze om kunnen zetten in heldere visies en deze dagelijks voor zichzelf herhalen – net zolang tot het onderbewustzijn erin gaat geloven en zij hun visies uitstralen.

Rijkdom begint met een geesteshouding, met vastberaden doelgerichtheid. Het is niet of nauwelijks nodig om hard te werken.

Meditatie is geen doel op zich, maar een middel tot.

MEDITATIE

Vraag jezelf wat je diepste zielsverlangens zijn. Wees stil en luister. Wanneer je het antwoord hebt, maak dit beeld dan zo helder mogelijk. Zie, hoor, ruik, proef, voel, ervaar de door jou gewenste realiteit. Zend deze visie gedurende 21 dagen uit, net zolang totdat je onderbewustzijn niet meer protesteert en je in overeenstemming bent met je droom.

ACTIE

Zorg ervoor dat je gedachten, woorden en daden in overeenstemming zijn: op één lijn. Werk jezelf niet tegen door het ene te denken, het volgende te zeggen en weer iets anders te doen.

Creëer een dagelijkse discipline in je leven, zodat je het innerlijke vuur brandend houdt en je kernwaarden en dromen dagelijks bekrachtigt.

VISIE

'Ik dacht dat ik, als ik het maar vaak genoeg zei, de wereld ervan kon overtuigen dat ik werkelijk de grootste was.'

Muhammad Ali, Amerikaans bokser

'Je moet dingen van jezelf verwachten voor je ze kunt doen.'

Michael Jordan, Amerikaans basketballer

'Ik geloof in het onmogelijke omdat niemand anders erin gelooft.'

Florence Griffith Joyner, Amerikaans atlete

'Wetenschappers hebben bewezen dat het onmogelijk is om bij vérspringen een grotere afstand te behalen dan tien meter, maar ik luister niet naar zulke praatjes. Dergelijke gedachten hebben de neiging om zich in je voeten te nestelen.'

Carl Lewis, Amerikaans atleet

'Blijven tennissen wanneer iemand op straat een revolver afschiet, dat is pas concentratie.'

Serena Williams, Amerikaans tennisster

'De grootste ontdekking aller tijden is dat iemand zijn toekomst kan veranderen door slechts zijn houding te veranderen.'

Oprah Winfrey, Amerikaans televisiepresentatrice

12

Oude programma's wissen

'Verzet is nutteloos.'

The Borg, Star Trek

De afdeling van het Hawaii State Hospital waar de zwaarste psychiatrische patiënten zaten opgesloten, was levensgevaarlijk. Zo gevaarlijk zelfs, dat artsen er met hun rug tegen de muur door de gangen liepen, uit angst om van achteren te worden aangevallen. Alle isoleercellen zaten permanent vol, verschillende patiënten waren aan enkels en polsen geketend en vrijwel niemand kreeg ooit bezoek, omdat familieleden niet durfden te komen. Onder het personeel was het ziekteverzuim hoog. Sommige artsen gaven er na een maand op de afdeling al de brui aan. De situatie was tamelijk hopeloos. Totdat Ihaleakala Hew Len ten tonele verscheen.

Len betrok een kamertje naast de psychiatrische afdeling en kreeg toegang tot alle dossiers van de patiënten. Elke dag zat hij met die dossiers op schoot, las ze, leefde zich in en 'wiste de storende herinneringen uit'. Het klinkt ongelooflijk, maar toen Len na drie jaar klaar was met zijn 'behandelingen', werd de psychiatrische afdeling gesloten, omdat de hoeveelheid personeel niet meer in verhouding stond tot het aantal patiënten. De isoleercellen waren niet meer in gebruik, niemand zat nog geketend en familieleden kwamen regelmatig op bezoek. Geen arts werd meer aangevallen, het ziekteverzuim was opgelost en de meeste patiënten participeerden actief in hun eigen zorg- en re-integratieprogramma.

Een wonder? Volgens Len niet. Het enige wat hij had gedaan, was een oeroude Hawaïaanse geneesmethode toepassen die *Hooponopono* wordt genoemd. Letterlijk betekent *Hooponopono* 'rechtzetten' of 'een fout corrigeren'. Volgens de oude Hawaïanen ontstaan ziekten, kwalen en problemen wanneer mensen vast komen te zitten in storende 'herinneringen'. Deze herinneringen zijn een soort informatiegroeven die we steeds opnieuw activeren door erin te geloven. Zodra we in zo'n groef terechtkomen, krijgen we alle negatieve emoties die bij dat specifieke informatieveld horen er gratis bij.

Wanneer die herinnering – die informatie – wordt opgespoord en bewust wordt toegelaten, kan de negatieve energie die eromheen hangt zich ontladen. Zodra de lading eraf is, kan de patiënt uit de groef stappen en de herinnering loslaten. De kwaal geneest dan vanzelf. Het lijkt onwaarschijnlijk, maar Len vertelt erover alsof het de normaalste zaak van de wereld is. 'Genezing,' zegt hij terwijl hij zijn honkbalpetje rechtzet, 'is niets anders dan het wissen van storende herinneringen. En omdat ik weet hoe je deze patronen kunt wissen, heb ik mij ten doel gesteld om dat overal en altijd te doen. Daarvoor hoef ik geen patiënt te zien. Door me open te stellen voor de informatie en die af te voeren, lossen problemen vanzelf op.'

Volgens Len is het enige wat nodig is om storende informatie uit te wissen, een mens die honderd procent beschikbaar is om die informatie volledig te ontvangen. 'Omdat vrijwel niemand hiervoor verantwoordelijkheid neemt,' zegt hij, 'houden we deze herinneringen in stand. Sterker nog: ze worden alleen maar heftiger. Hoe meer we iets wegdrukken of ontkennen, hoe meer de lading rondom dat bepaalde patroon zich opbouwt.'

Om ladingen rondom oude patronen te wissen, heeft Len een eenvoudig ritueel: 'Ik begin met me open te stellen voor de lading die er om iemand heen hangt. Ik zeg dan in gedachten: "Ik hou van je", waardoor ik me helemaal met die persoon en de lading verbind. Vervolgens zeg ik: "Vergeef me alsjeblieft voor deze informatie, voor deze herinnering. Het spijt me zeer." Ik doe dat omdat ik het daarmee tot mijn probleem maak. *Hooponopono* gaat er namelijk van uit dat alles en iedereen met elkaar is verbonden en dat iedereen daarom verantwoordelijk is voor het welzijn van alle andere levende wezens. Ik zie problemen dan ook niet als persoonlijk. Jouw probleem is mijn probleem.'

De volgende stap is dat Len die herinnering dan binnen zichzelf oplost door hem weg te geven aan de Bron: 'Wanneer informatie wordt teruggegeven aan de Bron, wordt die vanzelf geneutraliseerd, gewist. God werkt als een deleteknop. Het is de resetknop van het universum, waardoor alles weer wordt teruggebracht in de fabrieksstand, de oertoestand.'

Dit klinkt misschien wel erg zweverig, maar plotseling bedenk ik dat – als het waar is wat Len zegt – dit weleens de verklaring zou kunnen zijn voor de wonderen die mensen als Jezus zouden hebben verricht, zoals miraculeuze genezingen en het herrijzen uit de dood. Ook Jezus nam de 'zonden van de mensheid' liefdevol in zich op, nam er volledig verantwoordelijkheid voor door 'mens onder de mensen' te zijn en er zelfs voor te sterven, en ook Jezus gaf die zonden vervolgens terug door de Vader om vergeving te vragen. Had Jezus tweeduizend jaar geleden de deleteknop al gevonden?

Terwijl ik hierover nadenk, merk ik dat Len mij van onder zijn honkbalpetje indringend aankijkt. 'Heb jij soms geldzorgen?' vraagt hij dan. Dat is inderdaad zo. 'Kijk,' zegt hij streng, 'dat hangt nu om je heen. En omdat jij geen verantwoordelijkheid neemt om dat op te lossen, moet ik het doen. Snap je?'

Eigenlijk is Len een soort vuilnisman die voortdurend de energetische rotzooi van anderen loopt op te ruimen. Volgens hem hebben de meeste mensen geen idee hoezeer ze verstrikt zitten in eeuwenoude groeven en gedragspatronen. 'De meeste mensen leven als robots,' zegt hij. 'Ze leven niet, maar *worden* geleefd door programmeringen die ze voortdurend aan elkaar doorgeven.'

Volgens hem heeft het geen enkele zin om deze groeven en patronen te benoemen of te analyseren, zoals in veel westerse therapievormen gebeurt: 'Je kunt eindeloos graven in iemands verleden, maar in feite maakt het helemaal niets uit waar een probleem vandaan komt. Het enige wat van belang is, is dat de informatie wordt omarmd en wordt teruggegeven aan de Bron.'

Gelukkig kan iedereen deze techniek leren, aldus Len: 'Het is niet moeilijk. Het belangrijkste is om stil te zijn en te luisteren. Hoe stiller je bent, hoe meer je kunt waarnemen. Hoe meer herinneringen en frequenties je kunt waarnemen, hoe meer verantwoordelijkheid je kunt nemen en hoe meer negatieve informatie je kunt wissen door deze terug te geven aan de Bron.'

Het blijft mysterieus, maar als ik er in de dagen na Lens bezoek mee ga experimenteren, merk ik dat het werkt. Vraag me niet hoe, maar als ik een probleem volledig omarm en in alle nederigheid loslaat ('Ik kan het niet oplossen, doe jij het maar'), is het inderdaad verdwenen. Het lijkt magie, maar gelukkig ken ik een nuchtere Nederlander die iets dergelijks doet en er zelfs zijn beroep van heeft gemaakt.

Juno Burger ruimt niet alleen de persoonlijke lading op die om mensen heen hangt, maar ook de energetische lading die in ruimtes hangt. Hij noemt het *clearing* en leerde de kunst van de Australiër Eric Dowsett. Omdat Kris en ik vrijwel elke week zo'n dertig mensen over de vloer hebben, blijft er nog weleens wat 'informatie' hangen, en dan hoeven we alleen maar Juno op de thee te vragen.

Zodra Juno het huis binnenwandelt, begint het *clearen* meestal al vanzelf. Juno: 'Het is een levensinstelling geworden om me open te stellen en beschikbaar te zijn voor de energetische informatie in een ruimte. Ik kan die informatie toelaten en door me heen laten stromen, omdat ik het niet persoonlijk neem. Als ik angst voel, dan denk ik niet: ik ben bang, maar: er is angst. Door er geen verhaal van te maken, kan ik het toelaten, waardoor de spanning zich kan ontladen.'

Volgens Juno hebben de spanning en de lading die ergens omheen hangen niet zozeer met de betreffende emotie of met een bepaalde gebeurtenis te maken, maar alles met de weerstand ertegen: 'Lading ontstaat door ons – vaak onbewuste – verzet tegen wat er is. Hoe harder iets wordt ontkend, weggedrukt of genegeerd, hoe groter de lading wordt. Als de spanning wordt gezien en wordt ontladen, kan de natuurlijke levensenergie – in het Oosten vaak *chi* of *prana* genoemd – weer vrijelijk stromen. Voor de bewoners van een ruimte betekent dit een enorme opluchting. Omdat zij zich niet meer hoeven te verzetten, herstellen vitaliteit en levenskracht zich en komen zij weer in *flow* met zichzelf en hun omgeving.'

Ook Juno constateert dat de meeste mensen geen idee hebben hoe vast ze zitten in beperkende groeven en gedragspatronen. Hij noemt het verhalen: 'De meeste mensen kunnen het leven niet nemen zoals het is, maar plakken zichzelf op elke gebeurtenis. Ze maken er meteen een persoonlijk verhaal van. Ze eigenen zich elke gebeurtenis toe, en dat is het begin van alle problemen. Zo'n verhaal krijgt namelijk steeds meer lading, totdat ze er zowat onder bezwijken.'

Vaak zijn twee kopjes thee al genoeg voor een schoon huis. Wanneer Juno een uurtje later het pand verlaat, is het net alsof het huis opnieuw is geschilderd. Ook lijkt het wel alsof lampen harder branden en er meer licht door de ramen valt, of alsof er een mist is opgetrokken. Juno ziet dit vaker in huizen. Hij komt weleens bij mensen waar een dichte mist van zware energie hangt: 'Geen wonder dat mensen moe zijn. Het is een hele strijd om je daar voortdurend toe te moeten verhouden.'

Zo langzamerhand is Juno zo bedreven geworden in het *clearen*, dat hij niet meer door de ruimte hoeft te lopen om te diagnosticeren wat er precies aan de hand is. Hij gaat gewoon zitten en laat het allemaal op zich afkomen. 'Vroeger,' zegt hij, '*clearde* ik een enkel huis, nu komt het hele dorp vaak mee. Het is alsof mijn bandbreedte met de jaren groter is geworden en ik steeds meer aankan. Voor mij is dat compassie. Dat is een sleutelbegrip in mijn werk. In compassie valt elk oordeel over wat "goed" of "slecht" is weg, waardoor de dingen kunnen worden ervaren zoals ze zijn – onpersoonlijk, maar zeer intens. Door geen verhalen meer op de werkelijkheid te plakken, beleef ik het leven nu veel rauwer dan vroeger. Mijn filters zijn weg. Het is *full on*, maar ik laat het ook meteen weer los. Althans meestal,' grijnst hij.

Net als Len heeft ook Juno de deleteknop gevonden. Hij noemt het *Oneness*: 'Alles is uiteindelijk een manifestatie van de achterliggende eenheid. Wanneer je dat inziet, begrijp je dat ook jij deel uitmaakt van die eenheid, dat je die eenheid in feite *bent*. Als je dat gaat ervaren, dan ben je volledig beschikbaar voor alles wat er is en word je het leven zelf.'

Een paar jaar geleden werd ik uitgenodigd om deel te nemen aan een symposium over het aloude man/vrouw-relatiethema. Een van de sprekers was de Belgische mannentherapeut Xsaf van der Putte, die had geconstateerd dat mannen vrijwel niet in staat zijn om 'gewoon aanwezig te zijn', zoals hij het noemde. Van der Putte: 'Mannen kunnen de emoties van vrouwen vaak nauwelijks aanhoren en komen meteen met allerlei praktische oplossingen. Maar dat is niet wat vrouwen willen. Die oplossingen kunnen ze zelf ook wel bedenken. Wat vrouwen willen, is dat ze worden gehoord, erkend en gezien. Dan lossen de problemen vanzelf op.'

Hoe makkelijk het is problemen op te lossen wanneer er iemand is die bereid is er werkelijk te zijn en ze werkelijk te zien, wordt meesterlijk beschreven in de laatste alinea van *De Avonden* uit 1947. Het leven van Frits van Egters dat Gerard Reve tot dan toe heeft geschetst, is een aaneenschakeling van minirampjes. Van Egters heeft angstdromen, verveelt zich te pletter, martelt zijn konijn, verdiept zich in mensen met geestelijke afwijkingen, ergert zich aan zijn burgerlijke, ruziënde ouders en zwalkt op oudejaarsavond moederziel alleen over straat omdat zijn vrienden niet voor hem opendoen.

In de laatste alinea draait alles echter om en wordt alle ellende uitgewist: 'Hij zoog de borst vol adem en stapte in bed. Het is gezien, mompelde hij, het is niet onopgemerkt gebleven. Hij strekte zich uit en viel in een diepe slaap.'

CHECK

Ben je volledig beschikbaar voor alle informatie die om jou en een ander hangt?

Plak je jezelf op elke gebeurtenis, of kun je het leven onpersoonlijk nemen en door je heen laten stromen?

Verzet je je tegen het leven, of heb je de strijd gestaakt en kun je alles en iedereen laten bestaan?

AHA

Problemen zijn informatiegroeven.

Genezing is het wissen van storende herinneringen.

Door nergens een verhaal van te maken en 'jezelf' niet op elke ervaring te plakken, kun je alles toelaten en spanning ontladen.

Verlichting is het verleden loslaten.

ACTIE

Zie de problemen van anderen als jouw problemen. Neem er honderd procent verantwoordelijkheid voor en laat ze los.

MEDITATIE

Doe dagelijks een compassiemeditatie waarin het enige wat je doet is glimlachen en alle concepten over 'goed' en 'slecht' loslaten.

HERINNERINGEN WISSEN

'Ik leef totaal niet in het verleden. Ik wil altijd iets nieuws doen. Ik zorg ervoor dat ik voortdurend probeer dingen te vergeten en uit mijn hoofd te zetten.'

Brian Eno, Brits muzikant

'Je hoeft niet te blijven stilstaan bij het verdriet, bij de herinnering eraan.'

Janet Jackson, Amerikaans zangeres

'Niets staat geluk meer in de weg dan de herinnering aan geluk.'

André Gide, Frans schrijver

'Je weet nooit wanneer je een herinnering maakt.'

Rickie Lee Jones, Amerikaans zangeres

'Wanneer ik een film af heb en die in de bioscopen te zien is, kijk ik er nooit meer naar. Ik hou niet van achteromkijken. Ik vind het zelfs niet prettig om over mijn films te praten.'

Jim Jarmusch, Amerikaans cineast

Neo: 'Ik dacht dat het niet echt was.'
Morpheus: 'Je gedachten maken het echt.'

The Matrix

13

God praat tegen iedereen

'Wilde God me nu maar eens een duidelijk teken geven, zoals een groot bedrag op mijn naam bij een Zwitserse bank.'

Woody Allen, Amerikaans acteur

In het vliegtuig op weg naar Nederland vraagt de partner van Neale Donald Walsch, de Amerikaanse auteur van *Gesprekken met God*, waar ze eigenlijk gaan logeren.

'Bij Kris en Tijn,' zegt Walsch.

'Wie zijn Kris en Tijn?'

'Geen idee.'

Het was inderdaad best vreemd toen Walsch' assistent mij een paar weken geleden belde en vroeg of Neale kon komen logeren: 'Ik vind het nogal gênant om het u te vragen,' zei ze. 'Normaal gesproken slaapt Neale in Hotel Krasnapolsky, maar dit keer wil hij per se bij u logeren.'

Ik vond het een goed plan, want toen Walsch en ik elkaar twee maanden eerder voor het eerst ontmoetten, hadden we maar anderhalf uur de tijd gehad om met elkaar te praten. Veel te kort voor alle onderwerpen die over tafel vlogen. Het bleek dat we een hoop gemeenschappelijk hadden en ik kon me voorstellen dat Walsch had gedacht: laat ik maar bij die mensen intrekken, dan hebben we in elk geval genoeg tijd.

Het werd een onvergetelijke week, waarin Walsch niet alleen langzaam uit de Neale Donald Walsch-rol kon stappen en voor het eerst sinds jaren weer ging koken, boodschappen ging doen en incognito over de grachten ging banjeren, maar ook een week waarin we elkaar op liefdevolle wijze het vuur na aan de schenen hebben gelegd. Want hoewel we veel gemeenschappelijk hebben, verschillen we ook op bepaalde punten van mening.

Het leuke van Walsch is dat hij het enthousiasme en de onderzoekende geest heeft van een kind, maar dit combineert met de wijsheid van een oude meester. Hij kan het ene moment een gloedvol betoog afsteken, waarbij hij heftig gesticulerend door de kamer ijsbeert, en het volgende moment deemoedig met een aantekenblok op schoot naar een ander zitten luisteren. Nooit zal ik vergeten hoe hij op een gegeven moment – midden in de nacht en gekleed in een lang wit hemd – naar beneden kwam om opnieuw aan te schuiven bij het gezelschap dat na zijn voordracht bij ons thuis was achtergebleven om door te praten over alles wat hij had losgemaakt.

Walsch had op een geheel eigen manier toegang gekregen tot het Veld. In tegenstelling tot de meeste mensen die ik interviewde, was Walsch niet bang om deze oneindige intelligentie 'God' te noemen. Dat was gewaagd, want er waren er niet veel die zich nog de vingers durfden te branden aan het G-woord. Liever gebruikten zij neutrale en wetenschappelijke termen als Zero Point Field, Universum of Universele Intelligentie. Door God weer ferm op de kaart te zetten – Walsch verkoopt wereldwijd miljoenen boeken – en zijn lezers een nieuw beeld van God voor te houden, heeft hij grote groepen mensen van alle mogelijke religieuze achtergronden de gelegenheid gegeven hun eigen God te 'updaten' en opnieuw liefdevol in de armen te sluiten.

In plaats van de verouderde beelden die de monotheïstische religies ons door de eeuwen heen hadden voorgehouden – vaak een strenge, afstandelijke, partijdige en wraakzuchtige God – schetst Walsch een heel ander beeld. Zijn God is een betrokken, humoristische en scherpzinnige vriend, die voortdurend tot ieders beschikking staat. Walsch is zich zeer bewust van het feit dat religieuze overtuigingen aan de basis staan van hoe wij mensen denken, voelen en leven en heeft zijn uiterste best gedaan daar een ander beeld tegenover te zetten.

'Enerzijds hebben religies ons veel moois gebracht door mensen te herinneren aan oorspronkelijke waarden zoals liefde, devotie, compassie en mededogen,' zegt hij. 'Anderzijds hebben zij onze geest vergiftigd met verhalen en concepten als de verbanning uit het paradijs, de scheiding van God, de scheiding van de Godin, de erfzonde, de schuldenlast en een alomtegenwoordige, toornige en wraakzuchtige God. Om nog maar te zwijgen over concepten die aanzetten tot een willoze overgave aan een hogere autoriteit, het verlies van soevereiniteit en eigenwaarde, het moeten kiezen tussen mens en God en het degraderen van gevoelens, emoties en verlangens.' Hij is nog niet klaar: 'En – *last but not least* – het nietig verklaren van de mens door hiërarchische structuren in te voeren, met God aan de top van de piramide.'

Volgens Walsch heeft dat allemaal bar weinig met God te maken, en alles met wat de mens van God heeft gemaakt: 'Ik kan me heel goed voorstellen dat mensen zich massaal van zo'n God hebben afgewend. Als je ziet hoe religieuze leiders zich als kleine kinderen gedragen en elkaar de hersenen inslaan om te bewijzen dat "hun vader lekker de sterkste is", dan is dat ronduit beschamend. Het gaat al eeuwen niet meer om de beleving van God, maar vooral om het in stand houden van instituten die beweren uit naam van God te opereren.'

De cijfers geven hem gelijk: in Nederland geeft meer dan de helft van de geestelijken – van katholieke, protestantse en gereformeerde achtergrond – openlijk toe te twijfelen aan het bestaan van God, omdat zij niet of nauwelijks een persoonlijke ervaring van Hem/Haar/Het hebben. Ze *weten* alles over God en kunnen gloedvol uit geschriften citeren, maar hebben zelden of nooit rechtstreekse ervaringen.

Een paar jaar geleden sprak ik de anglicaanse priester Lloyd Casson, op dat moment predikant van Trinity Church, de prestigieuze kerk op Wall Street in New York. De man was hard op weg naar de top van zijn kerk, toen hij werd teruggefloten. Hij had het gewaagd tijdens een dienst kritische woorden te uiten ten aanzien van de Amerikaanse oorlogsagressie. Hij werd – even voordat ik hem sprak – weggepromoveerd naar een kerkje in Wilmington, Massachusetts. Geschrokken, maar niet gebroken, zat Casson tegenover me.

Nooit zal ik zijn woorden vergeten, toen ik hem vroeg waarom religieuze en spirituele leiders vaak zo bekrompen en angstig denken en hun volgelingen schadelijke leefregels voorschrijven. Ik noemde de biecht en boetedoening, harde disciplines, het opgelegde celibaat, het verbod op voorbehoedsmiddelen en afstompende rituelen. Casson was even stil, wellicht overwegend of hij uit de school kon klappen. Toen rechtte hij de rug: 'De meeste religieuze leiders hebben nauwelijks tijd om zich met God te verbinden. Zij bedrijven geen religie, maar politiek. Het zijn topambtenaren die hun handen vol hebben aan het draaiend houden van het instituut. Hun voornaamste zorg is zieltjes winnen.' Hij kon het zeggen, hij had niets meer te verliezen.

Het woord 'religie' stamt trouwens af van het Latijnse woord *religare*, dat 'opnieuw verbinden' betekent, en *religare* zou weer afstammen van het Sanskritische woord *yogum*, dat 'eenwording' of 'eenheid' betekent. Is het dan niet wrang dat juist de top van de religieuze en spirituele wereld blijkbaar geen tijd heeft om zich met God te verbinden? En waarom niet? Omdat ze hun handen vol hebben aan het winnen van zieltjes. Met succes overigens: slechts veertien procent van de wereldbevolking is officieel niet-religieus. De rest valt onder het christendom (33 procent), de islam (22 procent), het hindoeïsme (15 procent), het boeddhisme (6 procent) en kleinere takken (10 procent), waaronder ook nieuwere religies en newagestromingen.

Maar georganiseerde religieuze bewegingen verbinden mensen niet per definitie met God. Ze verbinden mensen vooral met elkaar, waardoor groepen ontstaan die vanuit dezelfde 'waarheid' leven. Wanneer zo'n groep de waarheid van een andere groep niet meer respecteert, komen die twee tegenover elkaar te staan. Het uiteindelijke resultaat is dan niet verbinding, maar afscheiding en verdeeldheid.

Ook Neale Donald Walsch had zich in de winter van 1992 hopeloos afgescheiden en verdeeld gevoeld. Het was een dieptepunt in zijn leven. Hij was 49 jaar oud, werkloos, herstellende van een zwaar ongeluk, was dakloos geweest en nu had zijn vrouw hem tot overmaat van ramp ook nog verlaten. Kon het erger? In zijn wanhoop en woede over zoveel onrecht en leed besloot hij een brief aan God te schrijven. 'Wat bent U voor God,' vroeg hij zich op papier af, 'die toestaat dat er zoveel lijden is? Wat is toch de zin van dit alles en waarom mislukt alles in mijn leven?'

Toen hij de laatste verbitterde vragen opschreef en zijn pen wilde neerleggen, bleef zijn hand tot zijn verrassing boven het papier hangen. Plotseling begon de pen als vanzelf te schrijven en verscheen de zin: 'Wil je werkelijk een antwoord op al deze vragen of lucht je gewoon je hart?' Voor Walsch het doorhad, was hij een gesprek begonnen – een gesprek dat tot op de dag van vandaag voortduurt.

Na enige tijd werd het duidelijk dat de God met wie Walsch in gesprek was geraakt van plan was een boek te schrijven – drie zelfs – en dat Neale daartoe het instrument zou zijn. 'Mijn leven,' zegt Walsch, 'zou waarschijnlijk een stuk gemakkelijker zijn geweest als ik dit alles voor mijzelf had gehouden. Maar welk ongemak deze boeken mij ook hebben opgeleverd, zoals te worden uitgemaakt voor ketter, oplichter, hypocriet of – erger nog – heilige, er was niets wat ik kon doen om het proces te stoppen.'

Een van de voornaamste concepten waar Walsch in zijn boeken mee afrekent, is dat er slechts een handjevol uitverkorenen zou zijn tegen wie God spreekt: 'Er zijn geen exclusieve boodschappers. We zijn allemaal boodschappers van God. Het enige probleem is dat ons is afgeleerd om naar God te luisteren. De grote religies zeggen: God sprak een paar duizend jaar geleden tegen Jezus, Mohammed of Mozes en heeft er sindsdien het zwijgen toe gedaan. De essentie van mijn boeken is dat wij allemaal voortdurend gesprekken met God hebben, alleen beseffen we het niet altijd.'

De vraag tegen wie God spreekt, is volgens Walsch niet eens relevant: 'Het gaat er niet om tegen wie God praat, maar wie er bereid is te luisteren.' Ook hij heeft dat moeten leren. Zeker in de begindagen, toen God zich voor het eerst aan hem openbaarde, was dat een hele klus. Walsch: 'Soms gingen er maanden voorbij voordat er twee alinea's op papier stonden. Pas later begreep ik dat dat niet aan God lag, maar aan mij.'

Natuurlijk kun je Walsch blasfemie verwijten: wie is hij dat hij namens God mag spreken? De meeste mensen die hem dat verwijten, verwijzen naar oude geschriften en beginnen hun zinnen met: 'Er staat geschreven...' Maar hoe steekhoudend is dat? De Nederlandse cabaretier Hans Teeuwen heeft daar eens een mooi antwoord op bedacht. Om zich te wapenen tegen dit soort non-argumenten heeft hij altijd een boekje in zijn achterzak, waarin geschreven staat dat God niet bestaat. 'Hé, dat is ook gek,' roept hij dan, 'want hier staat iets heel anders geschreven.'

Gelukkig zijn er binnen de bestaande religies nog genoeg mensen te vinden die authentieke ervaring belangrijker vinden dan het geschreven woord. Een van hen is de Duitse benedictijner monnik Anselm Grün. Toen ik hem opzocht in het imposante Münsterschwarzachklooster in Beieren, vertelde hij dat religie wat hem betreft vooral gaat over contact met het bovenwereldse, dat hij het 'transcendente' noemt. Grün: 'Wie zich hiernaartoe uitstrekt, maakt contact met een kracht die alles fundamenteel verandert. Je relatie met het transcendente is allesbepalend, want het is deze liefde die je leven krachtig, waardig en waardevol maakt.'

Bovendien kan je relatie met het transcendente je helpen om jezelf met andere ogen te bezien: 'Je moet met enige afstand naar jezelf leren kijken, zoals God ook naar jou kijkt: mild en zonder oordeel en met een gevoel dat je goed bent zoals je bent. Voor mij is dat ook de essentie van het christelijk geloof: "God zag dat alles goed was". Daarom hoef je voor God ook niet bang te zijn. God weet best dat je nu niet volmaakt bent, maar ten diepste ben je dat wel. Ten diepste ben je goed en is alles goed.'

Volgens Grün kan bidden helpen om contact te maken met het hogere, maar dan is het wel van belang dat je dat op een volwassen manier doet: 'Ik ken veel mensen die bang zijn en tot God bidden om die angst weg te nemen. Dat is infantiel. God neemt die angst niet weg. Wanneer je vanuit angst bidt, maak je jezelf klein. Dat is wat anders dan nederigheid.'

Toch heeft zijn eigen kerk er sterk toe bijgedragen dat mensen zich klein voelen, door hen voor te houden dat ze zondig zijn, slecht, schuldig en geneigd tot alle kwaad. Grün: 'Dat is waar. Daarmee heeft de kerk veel schade aangericht. Maar het heeft niet zoveel zin de kerk hiervan te blijven beschuldigen. We moeten deze thema's op een volwassen manier onder ogen komen. Wie niet in alle eerlijkheid naar zijn schuldgevoelens en gebrek aan eigenwaarde kijkt, komt vroeg of laat bij een therapeut terecht.'

Voor Grün betekent bidden dat je 'onvoorbereid voor God treedt', zonder te oefenen: 'Bidden is niet methodisch. Bidden is met God spreken en stil worden voor Hem. De stem die je dan hoort, is de stem van het diepste zelf, die identiek – maar niet hetzelfde – is aan de stem van God. Mijn wil is dan Gods wil geworden. Dat is heelheid. Als ik één ben met mezelf, dan is God ook nabij.'

Rond zijn dertigste besefte Grün dat een spiritualiteit die losstaat van de aarde in feite ongezond en schadelijk is: 'De meeste instituten wijzen naar boven wanneer ze over God en verlichting spreken. Dat doe ik ook, maar ik kijk ook naar beneden, naar de realiteit waarin ik nu leef. Als je dat niet doet, word je een extremist of een fundamentalist. Wanneer je je identificeert met een ideaal waarvoor je je menselijkheid laat varen, dan ben je geen realist meer. Op den duur word je agressief. Dan ga je anderen proberen te overtuigen dat jouw geloofsrichting de beste is. Voor mij duidt dat op angst en twijfel aan het eigen geloof. Fundamentalisten onderdrukken hun eigen angst en twijfel door heel hard anderen te overtuigen.'

En dat is precies waar de discussie met Neale Donald Walsch die nacht over ging, toen hij om halftwee in zijn nachthemd de trap af kwam: moeten we een nieuwe beweging in het leven roepen om die grote groep mensen die een nieuwe spiritualiteit hebben gevonden, te verenigen? Neale vond van wel, en had daar een goede reden voor:

‘Het probleem is dit,’ hield hij ons voor: ‘*The organized are not civil and the civil are not organized.* Zonder een vorm van organisatie kunnen we nooit een machtsblok vormen om tegenwicht te bieden aan de vernietigende krachten die nu de dienst uitmaken.’

Walsch had daarom een organisatie in het leven geroepen: Humanity’s Team. En op deze avond in Amsterdam had hij daar steun voor gevraagd. Hij vroeg om tijd, energie en geld. En hoewel de meesten van mijn vrienden zijn zorg heel goed begrepen en ook delen, was niet iedereen blij met zijn initiatief. ‘Hou je met het oprichten van een nieuw machtsblok het oude paradigma van “wij” tegen “zij” niet in stand?’ zo vroegen zij zich af. ‘Wordt het niet juist tijd voor een radicaal andere benadering, door uit het polariserende denken te stappen, zodat de mensheid werkelijk één kan worden? Zonder semitisme geen antisemitisme, toch?’ Het werd een fascinerende discussie tot in de vroege uurtjes.

Een van de argumenten die die avond naar voren werden gebracht, is dat mensen en organisaties die uit alle macht iets willen bewerkstelligen, vaak precies het tegenovergestelde bereiken. De Amerikaanse schrijfster Barbara Tuchman heeft daar ooit een historische verhandeling over geschreven. Haar boek, *The March of Folly*, laat verschillende voorbeelden zien van het aloude principe dat hetgeen je bestrijdt alleen maar groter wordt.

Maar hoe dan verder? Dan maar geen structuur en organisatie als tegenwicht voor de duistere krachten en maar hopen dat de heersende macht zichzelf eerder opblaast dan de planeet? In de volgende hoofdstukken komen mensen aan het woord die creatieve manieren hebben gevonden om spiritualiteit en verlichting om te zetten in concrete werkelijkheid en harde actie.

CHECK

Hoe is jouw relatie met God?

AHA

De vraag is niet tegen wie God spreekt, maar wie er luistert.

MEDITATIE

Zie jezelf met de ogen van God: je bent allang goed. Kom 'onvoorbereid' voor God en stel jezelf open voor een persoonlijke relatie met je allerbeste vriend, vader, moeder of geliefde, die eindeloos veel van je houdt en je beter kent dan wie dan ook. Stel alle vragen die je wilt, heb een hart-tot-hart-gesprek en stel jezelf open voor de antwoorden en inzichten die je ontvangt.

ACTIE

Ga gedurende de dag bij jezelf na in hoeverre je nog bezig bent anderen van jouw gelijk te overtuigen en te 'bekeren'.

GOD EN RELIGIE

'Ik weet niet of God bestaat, maar voor Zijn reputatie zou het beter zijn als het niet zo was.'

Jules Renard, Frans schrijver

'God heeft geen religie.'

Mahatma Gandhi, Indiaas staatsman

'En op de achtste dag schiep de mens God.'

Loesje, Nederlands postermeisje

'Als u met God praat, heet het bidden, praat God met u, dan heet u schizofreen.'

Kees van Kooten en Wim de Bie, Nederlandse cabaretiers

'Ik geloof dat wat Jezus en Mohammed en Boeddha en al die anderen gezegd hebben, juist was.
Het is alleen verkeerd vertaald.'

John Lennon, Brits popster

‘Ik hou van jullie Christus. Ik hou niet van christenen.
Ze lijken totaal niet op jullie Christus.’

Mahatma Gandhi, Indiaas staatsman

‘Elke dag zijn er mensen die afdwalen van de kerk en
terugkeren naar God.’

Lenny Bruce, Amerikaans stand-upcomedian

‘Niet alleen is er geen God, probeer maar eens een loodgieter
te krijgen tijdens het weekend.’

Woody Allen, Amerikaans acteur

‘Iedereen die een ruzie wil beslechten door zich te beroepen op
zijn autoriteit, gebruikt niet zijn intelligentie,
maar zijn geheugen.’

Leonardo da Vinci, Italiaans kunstenaar

DEEL DRIE

TERUG OP AARDE

Waarin je thuiskomt in de wereld door je plek in te nemen en iedereen in je hart sluit door een rebel te zijn; waarin je high wordt van helpen, gaat lachen om jezelf en om anderen en van je leven een groot feest maakt; waarin je Rule Number Six leert kennen en meer gaat vertrouwen op je hart dan op je hoofd; waarin je de blues leert spelen, zodat je weer love songs kunt zingen en gaat leven in plaats van te worden geleefd.

14
Thuiskomen in de wereld

'De meeste mensen zijn anderen.'
Oscar Wilde, Brits auteur

Spirituele groei en bewustwording zijn de afgelopen decennia vooral een persoonlijke en individuele aangelegenheid geweest. Vrijwel elke spirituele cursus ging over *zelf*ontplooiing en *zelf*ontwikkeling. Niet de groep, maar het individu stond centraal in de vele cursussen en boeken die de wereld overspoelden. Dat is mooi en waardevol, maar er komt een moment waarop je het geleerde in de praktijk van het dagelijks leven moet brengen en je je opnieuw, vanuit vernieuwde inzichten, tot je omgeving moet gaan verhouden. Spiritualiteit is vooral waardevol als het ook een stoffelijke vorm krijgt.

Hoe ziet een verlicht leven eruit? Hoe ga je als (meer) verlicht mens om met anderen, de natuur en de wereld om je heen? Er is één spiritueel denker die hier diep over heeft nagedacht en een methode vond om ieder individu zijn of haar rechtmatige plek in het geheel terug te geven. Dat is buitengewoon waardevol, omdat je dan niet alleen kunt thuiskomen bij jezelf, maar ook in de wereld. 'Iemand is pas gelukkig,' zegt de Duitse ex-priester en psychotherapeut Bert Hellinger, 'als hij in vrede en liefde met zijn naasten leeft.' Voor Hellinger is verlichting niet zozeer een individuele aangelegenheid, maar vooral een familieaangelegenheid.

De reis naar zijn huis in de glooiende Duitse wouden tegen de Oostenrijkse grens heeft iets van een bedevaart: je moet er heel wat voor overhebben. De regen slaat onophoudelijk op het dak van de gehuurde Smart en de airco wil maar niet werken, waardoor de ruiten permanent zijn beslagen. Bovendien hadden vertegenwoordigers van Hellinger in Nederland mij verzekerd dat hij niet beschikbaar zou zijn voor een interview: te druk, te oud. Des te groter is de voldoening, als ik uiteindelijk beland in het piepkleine plaatsje Mitterfelden, waar Hellinger mij vriendelijk verwelkomt.

Waarschijnlijk weet niemand in Mitterfelden dat hier een man woont die eigenhandig de koers van de psychotherapie aan het veranderen is. De kreet *Hellingermania* is al gevallen – maar dus niet in Mitterfelden. Hellinger heeft een methode ontwikkeld om inzichtelijk te maken hoe mensen zichzelf kwijtraken door verstrikt te raken in het web van de families en de groepen waartoe zij behoren. Zijn 'familieopstellingen' maken duidelijk dat veel mensen niet zozeer hun eigen leven leiden, maar vooral dat van anderen.

Hellinger kwam erachter dat individuen binnen families en groepen bepaalde rollen spelen, die zij op zich nemen om het grotere geheel in stand te houden. Sommige van die rollen – zoals bij kinderen die zichzelf opofferen om het huwelijk van hun ouders te redden – kunnen desastreus zijn. Een overspelige vader kan bijvoorbeeld een proces in gang zetten, waarbij zijn vrouw zich van hem verwijdert. De zoon neemt vervolgens de plaats naast de moeder in, omdat hij het gat wil opvullen dat is ontstaan. Omdat de zoon niet meer op zijn eigen plaats staat, raakt hij ook verwijderd van zijn broers, zussen en andere familieleden. De constellatie klopt niet meer.

Kinderen doen dit, zo zag Hellinger, omdat zij worden gedreven door een kracht die groter is dan henzelf: het groepsgeweten. Hij zag de werking van dit collectieve geweten voor het eerst duidelijk in Afrika, waar hij als missionaris werkte en constateerde dat stamleden vaak volledig werden geleefd door het groepsgeweten van de clan waartoe zij behoren.

Terug in Europa zag Hellinger dat de situatie hier feitelijk hetzelfde is. Ook wij offeren onze individualiteit, gezondheid en geluk op aan de groepsnorm, hetgeen leidt tot zelfdestructie, geweld, dwangmatigheid en depressie. Hellinger: 'Steeds opnieuw zie ik dat familieleden van nakomende generaties onder invloed van het collectieve geweten de plaats innemen van het uitgesloten, vergeten of ontkende familielid, de schuld voor diens daden op zich nemen en die daden zelfs gaan herhalen. Veel van wat tot ziekte, zelfmoord of ernstige ongelukken leidt, is het gevolg van het feit dat een onschuldig familielid onbewust de plaats van een schuldige inneemt en diens lot overneemt.'

Tijdens een familieopstelling wordt die verborgen dynamiek binnen een familie zichtbaar gemaakt. Hellinger laat zien hoe familieleden zich ten opzichte van elkaar verhouden, door figuranten de plaats van de familieleden in te laten nemen en hen in de ruimte op te stellen zoals ze feitelijk ten opzichte van elkaar staan. Zo wordt het inzichtelijk dat de overspelige vader naar de rand van de constellatie is gedrongen, terwijl de zoon naast zijn moeder staat, enzovoorts.

Het is wonderlijk om te zien hoe de figuranten die de familieleden representeren onmiddellijk in het veld van het betreffende familielid terechtkomen. Zij bewegen, denken en spreken in de geest van het familielid en laten op een realistische manier zien hoe de werkelijke verhoudingen liggen. Onbewuste drijfveren worden zichtbaar wanneer zij zich spontaan van elkaar verwijderen, elkaar omarmen of gezamenlijk lijken te wachten op iemand die ontbreekt.

Soms herstellen constellaties zich tijdens zo'n opstelling vanzelf en soms grijpt Hellinger bewust in door de oorspronkelijke balans te herstellen. Wanneer bijvoorbeeld blijkt dat opa geen plek meer in de familie heeft, omdat hij 'fout' was in de oorlog en sindsdien door iedereen wordt doodgezwegen, dan herstelt Hellinger de constellatie door opa weer neer te zetten waar hij hoort: naast zijn vrouw en achter zijn zonen en dochters. Door opa te verplaatsen, gaat de hele constellatie schuiven en wordt duidelijk waar de weerstanden liggen en waar vergeving of verzoening moet plaatsvinden.

Om dit voor elkaar te krijgen laat Hellinger de representanten elkaar omarmen of hardop zinnen uitspreken, zoals: 'Ik vergeef je. Wees welkom in ons midden en neem je rechtmatige plek weer in.' Het effect hiervan is direct voelbaar en zichtbaar in de hele constellatie. De kleinzoon die opa's rol heeft overgenomen om de familie bij elkaar te houden, hoeft niet meer te boeten voor opa's fouten. De vader kan zijn zoon vergeven voor diens vreemde en dwangmatige gedrag en kan zijn plek weer innemen naast zijn vrouw. Na afloop blijkt de cliënt, die het schouwspel vanaf de zijlijn heeft gadegeslagen, zich vaak direct bevrijd te voelen van een zware last. En dat niet alleen, ook familieleden die part noch deel hebben gehad aan de constellatie, voelen de verschuiving en komen weer in hun kracht.

Een jaartje terug belde mijn goede vriend Frank Heckman op. We hadden de week daarvoor een familieconstellatie opgesteld, waarin zijn moeder haar zus weer in de armen sloot. De twee waren zwaar gebrouilleerd en hadden elkaar al twintig jaar niet gezien. 'Tijn,' riep Frank door de telefoon, 'de zus heeft gisteren voor het eerst in twintig jaar weer contact gezocht met mijn moeder.' En dat terwijl de goede dame geen idee had dat we een opstelling hadden gedaan en waarschijnlijk raar zou hebben staan te kijken als ze had gezien dat ze werd vertegenwoordigd door een dertigjarige vrouw (Kris) die Karin (Franks vriendin die zijn moeder representeerde) in de armen had gesloten.

Geen mens ontkomt aan de dwingende kracht van het groepsgeweten. Als je werkelijk jezelf wilt zijn en je plek in het grotere geheel wilt innemen, dan is het van belang om dit groepsgeweten te leren kennen. Hellinger: 'Ik ben erachter gekomen dat het groepsgeweten niets te maken heeft met moraal of ethiek, maar puur met overleven. Mensen worden geplaagd door een slecht geweten en door schuldgevoelens als zij iets hebben gedaan wat hun positie in een groep in gevaar brengt. Onschuld is in dit verband dus niets anders dan het gevoel dat je door je groep wordt geaccepteerd, dat je erbij hoort. En schuld is het gevoel dat je het lidmaatschap van de groep hebt verspeeld. Dit inzicht vormt de grondslag van mijn werk.'

Begrippen als 'goed' en 'slecht' komen hierdoor in een heel ander daglicht te staan. Hellinger: 'Het collectieve geweten maakt geen onderscheid tussen goed en kwaad, iets wat het persoonlijke geweten wél doet. Dat is de reden waarom veel van de gruwelijkste misdaden in de geschiedenis zijn begaan met een goed geweten. Het verklaart waarom mensen elkaar kunnen vernederen, martelen of vermoorden zonder dat zij zich schuldig voelen: zij volgen hun goede geweten. Hoe anders valt de Holocaust te verklaren? Hoe anders kunnen mensen dag in dag uit stelselmatig gruwelijke daden verrichten zonder een spoor van wroeging?'

De grootste uitdaging voor het oplossen (in balans brengen) van een familieconstellatie is dat individuen bereid moeten zijn om tegen het groepsgeweten in te handelen en voor zichzelf op te komen. Zij moeten een rebel durven zijn, bereid zijn zich schuldig te voelen en hun 'kwade' geweten te volgen om de gezonde orde te herstellen. Hellinger: 'Vooruitgang kan alleen maar plaatsvinden met een slecht geweten. Wie onschuldig blijft, blijft ook beperkt. Wie onschuldig wil blijven, blijft een kind. Volwassenen worden schuldig, maar zijn daarom niet slecht. Integendeel, als zij schuldig worden, worden zij menselijker. Hun ziel wordt ruimer en opener voor andere ervaringen.'

Er is veel moed voor nodig om een slecht geweten ten opzichte van de eigen groep te trotseren. Een indrukwekkend voorbeeld van deze moed liet de Egyptische president Anwar Sadat zien toen hij in 1977 als eerste Arabische leider een officieel bezoek aan Israël bracht en de Knesset toesprak. Hij was in staat boven zijn slechte groepsgeweten uit te stijgen, maar werd in 1981 alsnog vermoord door mensen uit zijn eigen groep, die dit – in de redenering van Hellinger – dus met een schoon geweten deden.

Hellinger heeft geconstateerd dat er nog een derde soort geweten is, los van het persoonlijke en het collectieve geweten: het geestelijk geweten. 'Het geestelijk geweten staat voor alles en iedereen in dienst van de vrede,' zegt hij. 'De geest staat in verbinding met alles, ook met het tegenovergestelde. Op dit niveau is er geen sprake meer van partij kiezen vóór of tegen een ander.'

Volgens Hellinger zal er pas blijvende vrede op aarde zijn, wanneer iedereen als gelijkwaardige deelnemer wordt erkend. Dat lukt pas als de zogenaamde 'goede' deelnemers het kwade en het gevaarlijke van hun 'goede' geweten hebben ingezien. Pas dan kunnen zij de grenzen van het 'goede' geweten overschrijden en ruimte maken voor degenen die zij nu als 'slecht' beschouwen.

Met 'familie' bedoelt Hellinger niet alleen bloedverwanten, maar iedereen die binnen het collectieve veld van de persoon in kwestie valt: 'Dat kunnen ook aangetrouwden zijn, of mensen die hebben plaatsgemaakt voor een huidig familielid, zoals vroegere partners van ouders. Ook mensen over wiens rug de familie zich heeft verrijkt, horen erbij. In Amerika zijn dat de slaven. Wanneer zij niet worden erkend en geëerd, blijft de invloed van dit trauma een tijdbom onder de samenleving.'

In Duitsland geldt dat voor de nazi's en hun slachtoffers. Hellinger: 'Slachtoffers en daders zijn innig met elkaar verstrengeld. Verzoening vindt plaats wanneer daders en slachtoffers erkennen dat zij deel uitmaken van een groter geheel, dat zij in dienst stonden van iets groters. Op het diepste niveau is er in feite geen verschil tussen daders en slachtoffers.'

Wanneer je vanuit Hellingers perspectief naar de wereldgeschiedenis kijkt, dan ga je beter begrijpen wat er jaar in jaar uit, eeuw in eeuw uit, met groepen gebeurt die beurtelings dader en slachtoffer zijn. Een van de meest schrijnende situaties is ongetwijfeld het slepende conflict in het Midden-Oosten, waar Joden en Palestijnen verstrikt zitten in een familievete die meer dan tweeduizend jaar geleden begon en tot op de dag van vandaag generatie op generatie in gijzeling houdt.

De familiesoap begint bij Abraham, die door God wordt aangesteld als 'aartsvader van een groot volk'. Het enige probleem is dat Abraham geen kinderen heeft en Sara, zijn vrouw, is de menopauze al gepasseerd. Omdat Sara niet in een wonder van God gelooft, wordt besloten dat Abraham maar een kind moet verwekken bij hun slavin Hagar. Abraham offert zich op voor de nobele taak en negen maanden later wordt Ismaël geboren.

Maar dan ineens gebeurt het door God aangekondigde wonder toch: Sara wordt zwanger en negen maanden later verschijnt Isaak ten tonele. Om van de schande van het onechte kind af te komen, eist Sara dat Hagar en Ismaël worden weggestuurd. Met pijn in zijn hart stuurt Abraham de twee de woestijn in, overigens niet voordat God hem geruststelt met de belofte dat ook Ismaël vader zal worden van een groot rijk.

Enkele jaren later wordt Abraham zwaar op de proef gesteld. God vraagt hem namelijk zijn geliefde zoon te offeren. Abraham, devoot en gehoorzaam als altijd, gaat op een vroege ochtend met Isaak op pad naar de Tempelberg, waar het offer plaats moet vinden. De jongen draagt het hout voor zijn eigen verbrandingsceremonie op de rug. Na drie dagen bereiken ze de offerberg. Terwijl vader en zoon de berg beklimmen, vraagt de jongen zich vertwijfeld af waar het lam is dat zal worden geofferd. Dan dringt het tot hem door: er is geen lam, hijzelf is het offer.

En opnieuw ontvouwt zich een scène die een lange schaduw zal werpen. De zoon laat zich gewillig offeren. Hij is bereid voor God en het grotere geheel te sterven. Maar vlak voordat het mes hem zal doden, grijpt God in. Het was slechts een test. Volgens de overlevering zou een stem vanuit de hemel hebben geklonken: 'Ik weet nu dat je meer van Mij houdt dan van wie dan ook – zelfs meer dan van je eigen zoon. Omdat je bereid was je zoon te offeren, zal ik je zegenen.'

De Koran vertelt hoe het Hagar en Ismaël ondertussen in de woestijn vergaat. Abraham had hen achtergelaten in de vallei van Mekka, waar God voor hen zou zorgen – onder meer door de geheime bron van Zamzam te openen als zij bijna omkomen van de dorst. Wanneer Abraham hen komt opzoeken, ontdekken vader en zoon de heilige Kaäbatempel, een tempel die al eerder ter ere van God zou zijn gebouwd. Met die ontdekking is de kiem gelegd voor de derde grote godsdienst – na het jodendom en het christendom – waarvan Abraham de aartsvader is: de islam.

Waar Isaak door de Joden direct als stamvader wordt omarmd, wordt Ismaël pas eeuwen later door Mohammed binnengehaald als de verloren zoon. Mohammed was uiterst gecharmeerd door het joodse geloof, wilde zichzelf ertoe bekeren, maar werd afgewezen. Voor hem was het een uitkomst te ontdekken, dat joodse schriftgeleerden Ismaël al hadden gebombardeerd tot vader van de Arabieren – dit op grond van het feit dat Ismaël met een Egyptische vrouw zou zijn getrouwd en 'vader van twaalf Arabische stammen' zou zijn. Voor Mohammed was dit dé manier om de islam terug te voeren op de alom gerespecteerde en meest heilige en onbesproken bron: Abraham. Ismaël was voor Mohammed niet eens zo belangrijk. In de Koran wordt hij slechts twaalf keer genoemd. Het ging hem vooral om de bloedlijn naar Abraham.

De gespannen relatie tussen de echte en de onechte zoon, de geofferde en de verstotene, de ware en de valse, is de brandstof geworden voor tweeduizend jaar onopgeloste ellende, die van generatie op generatie is doorgegeven. Alle mogelijke irrationele, schadelijke en absurde overtuigingen zijn het gevolg van deze onopgeloste familiesoap. Zo heeft de offerscène op de Tempelberg de deur wagenwijd opengezet voor heilige offers en de bereidheid om voor God te sterven. Alle heilige oorlogen en zelfmoordaanslagen die het nieuws tot op de dag van vandaag domineren, komen voort uit een gevaarlijke verdraaiing van dit principe. Staat in de Koran nog duidelijk te lezen dat je bereid moet zijn voor God te sterven, radicale moslims vatten dit op als een rechtvaardiging om ook het leven van anderen te offeren.

Naast de vete tussen twee broers, die voor twee volkeren staan, werpt ook de rol van Sara een lange schaduw. Er was al niet al te veel goodwill voor vrouwen, sinds Eva die andere goedgelovige man (Adam) ook al op het verkeerde pad had gebracht, maar Sara maakte het allemaal nog een graadje erger. Was het tenslotte niet haar wantrouwen en ongeloof in een wonder van God geweest, die Abraham ertoe hadden aangezet om overspelig te zijn met zijn slavin? Arme Abraham. Slechte Sara. Vrouwen, zo werd maar weer eens duidelijk, moesten zich vooral niet bezighouden met mannenzaken en waren slechts voor drie dingen geschikt: baren, koken en roet in het eten gooien.

Abraham, Sara, Ismaël en Isaak kenden het principe van het moordende groepsgeweten nog niet. Wij inmiddels wel. Zij hadden wellicht geen keuze en geen mogelijkheden om het familiedrama op te lossen, wij wel. Het oplossen van dit eeuwenoude conflict – en dit is maar een van de vele voorbeelden – is een voorwaarde voor een vredig bestaan op aarde en een voorwaarde voor verlichting.

Hellinger zegt het zo: 'Iemand die een ander afwijst, kan nooit met zichzelf in het reine zijn. Hoezeer je jezelf ook ontwikkelt, je zult nooit gelukkig zijn. Wanneer wij anderen in ons hart kunnen sluiten – en dat is werkelijke spiritualiteit – dan voelen wij ons gelijkwaardig aan hen. Niet hoger of beter, niet lager of minder. De grenzen van het persoonlijke en het collectieve geweten worden hiermee overschreden. Joden, christenen, moslims... het maakt niet meer uit. Allen verschillend, allen gelijkwaardig. Dit is verzoening, en pas dan is er vrede.'

CHECK

Ben je jezelf of een ander?

Durf je een rebel te zijn en je schuldig te maken aan het groepsgeweten?

Ondersteun je zieke systemen?

Is iedereen welkom in jouw wereld, of mogen sommigen niet meedoen?

AHA

Zolang je een ander nog afwijst, kun je niet met jezelf in het reine zijn.

Je kunt pas verlicht zijn als je je familie in je hart hebt gesloten.

Je moet schuldig durven zijn om vrij te zijn en anderen te bevrijden.

ACTIE

Dit is een prachtig familiespel voor aan de keukentafel of in de kroeg:

Stel glazen, kopjes, zoutvaatjes en flessen op in de vorm van jouw persoonlijke familieconstellatie. Vraag jezelf af (denk er niet te veel over na, volg je impulsen of 'de bewegingen van de ziel') waar jij (het zoutvaatje) staat binnen het geheel. Hoe sta je ten opzichte van je vader (de wijnfles) en je moeder (de kaars)? Staan je ouders wel naast elkaar, zoals dat in een gezonde constellatie het geval is, of staan ze ver uit elkaar? Staan ze achter jou of sta jij achter hen? Of sta je soms tussen je ouders in in een poging hun plek in te nemen? Waar staan je broers en zussen (de glazen)? Zijn er ook ondergeschoven familieleden die worden verzwegen, genegeerd of uitgestoten (bierviltjes)? Ga nu net zolang schuiven en beschrijf je gevoelens, totdat de constellatie weer op een natuurlijke manier staat. 'Voel' ook wat er gebeurt met de andere leden van de constellatie als er wordt geschoven met de glazen, flessen en kaarsen. Bij een constellatie die volledig in balans is, staan de ouders naast elkaar en achter hun kinderen. Ieder lid van de familie wordt gezien, geëerd en krijgt zijn of haar rechtmatige plek.

Als je deze oefening in een kroeg of een restaurant doet, pas dan op voor obers die de onhebbelijke gewoonte hebben om vader van tafel te halen omdat hij leeg is, of je broers en zusjes ineens af te ruimen.

SAMEN

'We kunnen leven zonder religie en meditatie, maar we kunnen niet overleven zonder menselijke genegenheid.'

Dalai Lama, Tibetaans monnik

'Om jezelf te leren kennen moet je kijken hoe je met andere mensen omgaat.'

Bruce Lee, Amerikaans kungfuspecialist

'Er is geen verlichting buiten het leven van alledag.'

Thich Nhat Hanh, Vietnamees monnik

'Ik kan me niet herinneren dat er een moment in mijn leven was waarop ik de liefde van mijn familie niet voelde. We waren een familie waarvan de leden voor elkaar een moord zouden begaan – en dat zijn we nog steeds.'

Richard Branson, Brits CEO van Virgin

'Er kan slechts hoop bestaan voor een maatschappij die optreedt als één grote familie, niet als een groot aantal afzonderlijke families.'

Anwar Sadat, Egyptisch staatsman

'Het beste waar je je in het leven aan kunt vasthouden is aan elkaar.'

Audrey Hepburn, Amerikaans actrice

'Een mens is een mens omdat hij anderen als mensen ziet.'

Desmond Tutu, Zuid-Afrikaans dominee

'We moeten leren om samen te leven als broeders, anders gaan we als dwazen samen ten onder.'

Martin Luther King Jr., Amerikaans dominee

15
De *helpers high*

'Zorg voor de wereld is wat overblijft na zorg voor jezelf.'

George Bernard Shaw, Iers toneelschrijver

Op een avond in 1991 keek Nicolien de Kroon, huisvrouw en moeder van vier kinderen in het West-Friese Andijk, naar het late journaal. De Golfoorlog kwam steeds dichterbij en De Kroon zag grimmig kijkende heren beslissingen nemen die directe gevolgen zouden hebben voor gewone mensen – voor moeders en voor kinderen zoals die van haar. Ze kon de beelden niet meer aanzien en besloot in actie te komen. De volgende dag zat ze in een vliegtuig op weg naar het hoofdgebouw van de Verenigde Naties in Genève.

Wat eigenlijk niet kon, gebeurde toch: Nicolien de Kroon liep dwars door de zware bewaking in het Paleis van de Vrede. 'Ik werd zelfs vriendelijk begroet,' zegt ze. 'Ik moest daar gewoon zijn.' Uiteindelijk sprak ze met de ministers van Buitenlandse Zaken van Irak (Tareq Aziz), Nederland (Hans van den Broek) en met de secretaris-generaal van de Verenigde Naties zelf: Pérez de Cuéllar. Dit is wat ze hen te vertellen had: 'Heren, als wij een huis kopen, dan nemen we daar de tijd voor. Denk alstublieft wat langer na voordat u beslissingen neemt die vrouwen en kinderen in gevaar brengen.' Dat beloofden ze, en Nicolien vloog weer naar Nederland.

Terug in Andijk nam het gewone leven weer zijn aanvang: de was, de kinderen naar school, enzovoorts. Toen brak de Golfoorlog toch uit. De Kroon: 'Ik zag op het journaal hoe bommen de water- en elektriciteitsinstallaties van Bagdad vernietigden en wist wie daarvan de dupe zouden zijn. Ik heb toen samen met mijn man een brief aan president Bush geschreven. We vonden het een schitterende brief, maar ik dacht: die komt nooit aan.' En dus besloot ze hem zelf te gaan brengen. Ze belde twintig vrienden, die allemaal honderd gulden wilden betalen en kocht een retourtje Washington.

En weer gebeurde het onmogelijke: ze liep dwars door de beveiliging heen en kreeg het voor elkaar dat president Bush binnen 24 uur haar brief had gelezen. Vlak na dit glorieuze moment werd ze opgepakt door de CIA. Wie was die vrouw die nu al twee keer langs alle veiligheidsagenten was gelopen? Er moest sprake zijn van een complot! 'Het kostte me een middag om duidelijk te maken dat ik écht alleen maar een bezorgde moeder van vier kinderen uit Andijk was,' zegt De Kroon. 'Toen dat geregeld was, kreeg ik de gelegenheid om met verschillende senatoren te spreken, en met Elizabeth Dole, de leidende vrouw van het Amerikaanse Rode Kruis.'

Thuis was er weer de was, de afwas en de kinderen naar school, maar op de een of andere manier was Nicolien veranderd: 'Ik zag in dat die heren zó vastzaten in hun patronen. Ik had er geen enkel vertrouwen meer in en ging met zeven vrouwen uit Andijk om de keukentafel zitten om zelf een plan te bedenken. Een week later reed ik met een vrachtauto vol kinderkleding, warme jassen, voedsel en héél veel knuffels richting Koerdistan. De reis duurde tien dagen. Evert – de chauffeur – en ik wisten amper waar het lag, maar we kwamen er wel. We zijn aan één stuk doorgereden.'

Toen ze de vallei bij Sacho binnen reden, zagen ze honderdduizenden mensen zonder dak, veel doden, wanhoop en doorgedraaide vrouwen. De Kroon: 'We zetten een tent op en begonnen alles wat we hadden uit te delen. Sommige beelden vergeet ik nooit meer. Zo was er een man die een paar schoenen vroeg. Die had ik natuurlijk wel, maar ik wist dat ik ze niet kon geven, anders was het hek van de dam. We zouden volkomen onder de voet zijn gelopen. Maar de ogen van die man heb ik nog maanden gezien. Iemand anders die me erg lang is bijgebleven, is een vrouw wier baby in mijn armen stierf. Ze gaf het kind aan mij omdat ze dacht dat ik een arts was. Soldaten wilden die baby wegrukken en in zo'n soldatendeken rollen. Er was geen sprake meer van begrafenissen. Maar ik dacht: dat gebeurt niet. Ik heb de baby in een mooie kleurige katoenen doek gewikkeld en toen hebben we met z'n tweeën een uur zitten janken.'

Terug in Nederland had Nicolien maar één gedachte: 'Ik doe dit nooit meer, al dwingen ze me. Ik vond het prima om het gedaan te hebben. Ook om te laten zien: het kán, je hoeft er niet voor te hebben gestudeerd. Maar ik moest echt bijkomen. Ik vond het heel zwaar. Ik heb een jaar nodig gehad om de zaak op een rijtje te zetten. Na dat jaar belde een vriendin: "Nicolien, als jij een auto vult, vul ik er ook een." Drie weken later reden we met drie vrachtauto's vol ziekenhuismateriaal, kleding en zaden weer richting Koerdistan.'

In de Barzanvallei troffen ze achtduizend vrouwen en kinderen. De mannen en oudste zonen waren weggevoerd, waarschijnlijk vermoord. De vrouwen die waren achtergebleven, probeerden daar te overleven. Ze vroegen aan Nicolien en haar vriendinnen hoe ze hen moesten noemen. De Kroon: 'Ja, dat wisten wij ook niet. Ontspoorde huisvrouwen uit Holland of zo? Toen kregen we van hen de naam *Motherhood*.'

Tijdens de terugweg uit de vallei spraken ze met elkaar af dat ze binnen twee maanden terug zouden keren met narcosemateriaal. De Kroon: 'Dat hebben we ook gedaan. We hadden toen negen vrachtauto's vol. Krankzinnig, het groeide en groeide. Later ben ik naar het voormalig Joegoslavië gegaan.'

Op een nacht had ze een droom. Nicolien: 'Ik droomde dat ik met Kerstmis kinderpakketjes uitdeelde. Ik zag ook dat ik als bescherming geen konvooi nodig had, maar kindertekeningen. Toen ik wakker werd, dacht ik: ja daag, ik ga niet. Ik blijf lekker thuis bij mijn eigen kinderen. Maar het beeld was zo sterk. We hebben toen in twee weken tijd 25.000 kinderpakketten verzameld en we zijn weer op weg gegaan, in vrachtauto's die beplakt waren met kindertekeningen.'

Met Kerstmis waren ze in Servië. Nicolien: 'Toen we een stad binnen reden, kwam er een jochie naar ons toe gerend. Hij vroeg of we geld voor hem hadden. Ik riep: "Joh, dat hebben we helemaal niet, maar kom naar de kerk waar we pakketten uitdelen." Daar aangekomen troffen we zo'n drieduizend kinderen die in de vrieskou zaten te wachten. Naarmate de distributie vorderde, kreeg ik het heel benauwd. Hebben we wel genoeg? Uiteindelijk had ik nog één pakket liggen voor een jongen van een jaar of twaalf. En daar stond dat jochie dat was komen aanrennen – Josip heette hij – nog in z'n eentje, als laatste kind op een pakket te wachten. Zoiets verzin je niet.'

Nicolien de Kroon en haar vriendinnen ontdekten hoe vervullend het is om anderen te helpen. Er is onderzoek gedaan naar dit *helpers high*-fenomeen. Mensen die anderen helpen, voelen zich meteen daarna vaak euforisch, en lange tijd later nog diepgaand tevreden. Dit zou te maken hebben met het feit dat de hersenen tijdens het helpen van anderen stofjes produceren die *feelgood*-hormonen worden genoemd (endorfine).

Goed doen geeft niet alleen een goed gevoel, maar – zo hebben wetenschappers ontdekt – is ook goed voor je gezondheid. Mensen die dagelijks vrijwilligerswerk doen, blijken bijvoorbeeld tienmaal zo gezond te zijn als mensen die slechts eenmaal per jaar vrijwilligerswerk doen. Daarbij bleek het ook van belang dat er persoonlijk contact is. Zomaar wat geld op een girorekening overmaken, draagt niet echt bij tot de vreugde van een *helpers high*.

Dat het mogelijk is om onder alle omstandigheden een schenkend bewustzijn te hebben, liet een Amsterdamse politieman enkele jaren geleden zien. Jos Brugman, een diender met twintig jaar meditatie-ervaring, was in staat om te blijven geven, ook als hij fysiek geweld moest gebruiken.

Op een nacht werden hij en een collega opgeroepen om een einde te maken aan een gevecht in een café in de binnenstad. De centrale had hen gewaarschuwd: de man die de problemen had veroorzaakt, was gewapend. Brugman en zijn collega waren het café met getrokken pistool binnengegaan en hadden de man – een boomlange Brit – weten te overmeesteren. In de schermutseling die daarmee gepaard ging, had de Brit zichzelf met zijn eigen mes verwond en een paar pezen van zijn vingers doorgesneden.

De agenten namen hem mee naar het ziekenhuis en daar bleek hij als de dood voor de anesthesieprik van de lieve verpleegster. Hij gilde als een speenvarken en de mannen moesten met z'n tweeën boven op hem gaan zitten om de operatie te laten slagen. Toen zijn vingers eenmaal gehecht waren, werd de man naar het bureau gebracht en voor de nacht ingesloten. Vlak voordat de mediterende politieman de deur van de cel achter zich dichttrok, riep de Brit hem toe: '*Hey man, I will never forget your eyes.*'

Ook zonder fysiek contact en zelfs over grote afstand is het mogelijk om mensen iets te geven, zoals blijkt uit het verhaal van de vrouw die op een ochtend in de dikke mist op de rondweg rond Londen in een kettingbotsing terechtkomt. De klap van achteren is zo hard, dat ze vrijwel meteen 'uit haar lichaam wordt geslingerd' en in een coma raakt.

Een week later wordt ze wakker in een ziekenhuis, blij dat ze nog in leven is. Waneer ze weer in staat is te praten, vraagt ze het verplegend personeel of die iets voor haar willen doen. Vlak voordat ze haar bewustzijn verloor, had ze namelijk iets opmerkelijks gezien, en ze wil weten wat dat was. 'Kunt u voor mij de eigenaar opsporen van een auto met het volgende kenteken?' vraagt ze. Een uur later komt de verpleegster terug met een telefoonnummer.

De vrouw belt het nummer en krijgt een andere vrouw aan de lijn.

'Goedemiddag,' zegt de vrouw die net uit de coma is ontwaakt, 'sorry dat ik u stoor, maar kunt u zich nog herinneren dat er anderhalve week geleden een ongeluk was op de M-25 in de ochtendmist?'

'Natuurlijk,' spreekt een lieve stem aan de andere kant van de lijn.

'Mag ik u vragen wat u deed toen u langs dit ongeluk reed?'

'Jazeker, het zag er allemaal heel ernstig uit, en dus besloot ik om voor alle mensen die betrokken waren, te bidden. Ik vroeg God of de mensen alsjeblieft geen onnodige pijn hoefden te lijden en dat ze niet bang hoefden te zijn. Ik vroeg om kracht en vertrouwen.'

De vrouw in het ziekenhuisbed begint nu te snikken. Tussen de tranen door vertelt ze wat ze had gezien: 'Uit uw auto kwam een prachtig wit licht, dat mij geheel omarmde en me op dat angstige moment de moed en de rust gaf om te ontspannen en me over te geven. Het was het grootste geschenk dat iemand mij ooit heeft gegeven.'

CHECK

Kun je onder alle omstandigheden blijven geven?

ACTIE

Oefen om door middel van je ogen te geven (uit te stralen) in plaats van te nemen (te absorberen). Leef en geef, in plaats van te worden geleefd en een zwart gat te zijn. Straal liefde, vrede, geluk uit – afhankelijk van wat de situatie vraagt.

MEDITATIE

Maak contact met het stiltepunt vanbinnen en straal vanuit dit punt liefde, kracht en vrede uit naar mensen in je omgeving. Tijd en ruimte bestaan niet op het niveau van de spirit. Je kunt iedereen die je wilt direct bereiken.

GEVEN

'De beste manier om jezelf te ontdekken is, je geheel in dienst te stellen van anderen.'

Mohandas K. Gandhi, Indiaas staatsman

'Hij die een reden tot leven heeft, kan vrijwel alle omstandigheden verdragen.'

Friedrich Nietzsche, Duits filosoof

'Wanneer je ophoudt een bijdrage te leveren, begin je te sterven.'

Eleanor Roosevelt, Amerikaans first lady

'Ik denk niet dat je ooit ophoudt met geven. Ik tenminste niet. Ik denk dat het altijd door blijft gaan. En het gaat er niet om dat je een cheque kunt uitschrijven. Het gaat erom dat je iemands leven kunt raken.'

Oprah Winfrey, Amerikaans televisiepresentatrice

'Iets voor anderen doen is de huur die je betaalt voor je kamer hier op aarde.'

Muhammad Ali, Amerikaans bokser

'Doe iets goeds, hoe klein ook en waar je ook bent. Het zijn al die kleine dingen bij elkaar die de wereld zullen overspoelen.'

Desmond Tutu, Zuid-Afrikaans dominee

'Ik denk dat de ergste kwaal waaraan de wereld heden ten dage lijdt is, dat mensen zich niet geliefd voelen. Ik weet dat ik liefde kan geven, een minuut, een halfuur, een dag, een maand.'

Diana Frances Spencer, prinses van Wales

16

Het leven als feestje

'Meer nog dan op enig ander moment in
de menselijke geschiedenis staan we op een kruispunt.
De ene weg leidt naar wanhoop en volslagen hopeloosheid, de andere naar totale uitroeiing. Laat ons bidden
dat we zo verstandig zijn om de juiste keuze te maken.'

Woody Allen, Amerikaans acteur

'Links, rechts, links, rechts, links, rechts!' Vijftig jonge vrouwen in groene legeruniformen, op roze pumps, met roze baretten en dito winkelmandjes marcheren door de straten van Amsterdam. Vlak voor een groot warenhuis staan ze stil. 'Halt!' brult commandant Kris Touber. 'Stoere Vrouwen, verspreid!' De vrouwen stromen het warenhuis binnen. Hun opdracht: eerlijke sinterklaascadeaus vinden.

Het winkelende publiek deinst geschrokken achteruit, maar moet al spoedig lachen om de charmante vrouwen die hun uiterste best doen om eerlijke producten te vinden – waarvoor een eerlijke prijs is betaald, waarvoor geen dieren werden mishandeld en die ecologisch verantwoord zijn. Het blijkt een moeilijke opdracht. Slechts één chocoladeletter kan de kritische toets doorstaan. Het duurt niet lang voordat de eerste filmploeg zich meldt en de *Stoere Vrouwen* heel Nederland mogen vertellen dat cadeaus die door kinderhandjes zijn gemaakt, niet bepaald heilig zijn.

Zo gaat het vaker met de acties van *Wonder*, de stichting van maatschappelijk uitvinder Elena Simons, die 'plezier met de samenleving' maakt. Ze heeft er ook een naam voor bedacht: *fungagement. Wonder* daagt de samenleving uit om over zichzelf na te denken. Zij doet dat niet door met spandoeken de straat op te gaan en het vingertje op te heffen tegen falende politici en het corrupte grootkapitaal. De happenings van *Wonder* zijn speels, grappig, kunstzinnig, lief en oplossingsgericht. 'Plezier helpt bij de aanpak van maatschappelijke problemen,' zegt Elena. 'Barrières verdwijnen. Mensen voelen zich uitgenodigd om mee te doen.'

Die speelse benadering was ook de kracht van Simons' eerste boek *Pret met Moslims,* dat in 2003 verscheen. Op het moment dat de spanning rondom fundamentalistische moslims een kookpunt bereikte, trof zij de perfecte toon door op zoek te gaan naar moslims met wie ze lol kon maken. 'Moslims schijnen enge, nare mensen te zijn,' schrijft ze in de inleiding. 'Ik ben gek op enge, nare mensen. Waarom ken ik nog geen moslims? Mijn vrienden zijn blank, welgesteld en hoogopgeleid. Daar moet nodig verandering in komen.' Op haar hilarische speurtocht naar leuke moslims maakt Elena de gekste dingen mee: ze gaat met een moslimgezin in de achtbaan, huppelt over straat met een moslim, maakt een hoofddoek voor Barbie, geeft Ken een baard èn gaat shoppen met een fundamentalist.

De boeken en de acties van Simons zijn exemplarisch voor een wereldwijde beweging van maatschappelijk activisten die humor, kunst en maatschappijkritiek combineren. De wereld verbeteren is niet langer alleen een bloedserieuze aangelegenheid, maar vooral ook leuk. De actievoerders lachen het hardst om zichzelf. Zonder humor kun je niet met stofzuigers de straat op gaan om 'de rotzooi achter het kapitalisme op te ruimen', zoals James Leadbitter in Londen doet. En zonder zelfspot kun je jezelf niet *Reverend Billy* van de Church of Stop Shopping noemen en met het Stop Shopping Gospel Choir de straat op gaan, zoals in New York gebeurt.

Steeds meer maatschappelijke initiatieven, zoals We Are What We Do, Everyday Activism en Random Acts of Kindness moedigen mensen niet alleen aan om bewuster te leven, maar vooral ook om plezier te hebben: geef je paraplu aan een vreemde, versier een boom om hem te bedanken voor de zuurstof en stop geld in een lege parkeermeter. Elena kan zich helemaal in deze aanpak vinden: 'In plaats van te protesteren tegen de bio-industrie, organiseren wij een biologische tapaskookwedstrijd. In plaats van mensen te vertellen dat ze hun spullen moeten recyclen, organiseren wij onder het motto "mijn vod is jouw vintage" kledingruilfeesten. In plaats van te mopperen op treinen die te laat komen, geven wij machinisten die wel op tijd rijden een lintje met een gouden fluit.'

Een van Elena's eerste maatschappelijke kunstwerken (zij maakte de Rietveld Academie niet helemaal af omdat leraren haar kunst niet altijd begrepen) was om 65 bakjes in de stad op te hangen met daarboven de tekst: 'Wie rijk is, doet hier wat geld in. Wie arm is, haalt er wat uit.' Niet lang hierna toog zij met een groep uitkeringsgerechtigden naar de dure villawijken in Bloemendaal.

'We hadden een grote mand vol cadeautjes,' herinnert Elena zich. 'We wilden de rijken iets geven om hen te bedanken voor onze uitkeringen: bloembollen, zelfgebakken taart, litho's en worst voor de hond. We gaven er ook een briefje bij met de tekst: "Als rijke betaalt u veel belasting. We kunnen ons goed voorstellen dat u dat niet prettig vindt. Maar voor ons is het wel leuk! Daarom willen we u bij dezen bedanken."' Ook bij deze actie was een cameraploeg aanwezig.

Bij de volgende actie werd de pers bewust niet getipt, omdat het een gevoelig en explosief onderwerp betrof. Elena: 'Het was rond Sinterklaas in 2004 en we wilden cadeautjes in de schoenen van biddende moslims stoppen. Ik kreeg het idee tijdens het schrijven van mijn boek, toen ik al die schoenen in de moskee zag staan en me realiseerde dat de Sint daar nog nooit iets in had gedaan. We wilden natuurlijk niemand beledigen en voorkomen dat men zich zou ergeren aan cameramannen die met schoenen aan de moskee binnen stampten.'

Elena's dag kon niet meer stuk toen ze, zelf enigszins zenuwachtig, de eerste moslims met lachende gezichten uit de moskee zag komen. 'Ik was erg opgelucht,' zegt ze. 'De mooiste momenten voor mij waren de opmerking van een oudere islamitische heer die zei dat dit "precies het gebaar was dat we nu nodig hadden" en het moment waarop de Sint werd uitgenodigd om met de imam in de moskee thee te komen drinken.' Ook met deze actie werd de landelijke pers gehaald.

Dat je als individu met een persoonlijke aanpak een grote impact kunt hebben, bewijzen ook de acties van de Amerikaanse groep The Yes Men. Voor Andy Bichlbaum en Mike Bonanno begon het allemaal toen zij satirische nepwebsites van onder meer George W. Bush en de Wereldhandelsorganisatie gingen nabouwen. De sites leken als twee druppels water op de echte, maar bevatten teksten die – volgens Bichlbaum en Bonanno – dichter bij de waarheid rondom de motieven van Bush en de Wereldhandelsorganisatie lagen. Toen Bichlbaum en Bonanno na enkele weken mails kregen van officiële organisaties die hen uitnodigden om namens de Wereldhandelsorganisatie lezingen te komen geven, konden zij de verleiding niet weerstaan.

Zo ontstond het personage van dr. Andreas Bichlbauer die een lezing gaf waarin hij pleitte voor het herinvoeren van de slavernij, het afschaffen van de siësta in Spanje en de lange lunch in Italië, en de mogelijkheid om je stem aan de hoogste bieder te verkopen via Voteauction.com. Allemaal – uiteraard – in het belang van *big business.* 'Het enge was dat geen van de aanwezige congresgangers in de gaten had dat ze zwaar in de maling werden genomen,' zegt Bichlbaum. 'Ik kon de gekste dingen roepen en werd na afloop hartelijk bedankt en gecomplimenteerd voor mijn geweldige speech. Bizar!'

Nog meer stof deden The Yes Men opwaaien toen Bichlbaum zich tijdens de herdenking van de giframp in het Indiase Bhopal (1984) uitgaf voor de officiële woordvoerder van Dow Chemical (het concern dat verantwoordelijk is voor de ramp). In een live-uitzending bood Bichlbaum – perfect in het pak gestoken – zijn excuses aan voor het geleden leed en deed tevens harde toezeggingen dat het concern nu eindelijk verantwoordelijkheid zou nemen om de rotzooi op te ruimen en de slachtoffers te compenseren. Het gevolg van Bichlbaums optreden was dat Dow Chemical zich genoodzaakt zag publiekelijk te verklaren dat zij helemaal geen verantwoordelijkheid voor de ramp nam en ook niet van plan was de slachtoffers schadeloos te stellen. Bichlbaum moet er nog om lachen: 'Door onze actie werden ineens honderden artikelen over Bhopal geschreven, terwijl dit soort onderwerpen meestal slechts een kolommetje op pagina vijf haalt.'

Voordat Bichlbaum en Bonanno The Yes Men oprichtten, pleegden zij ook al heerlijke subversieve acties. Zo hackte Bichlbaum het gewelddadige videospel *SimCopter*, waardoor er ineens kussende mannen over het scherm liepen, in plaats van mannen die elkaar met machinegeweren beschoten. Bonanno verwisselde op grote schaal de stemmen van barbiepoppen met die van G.I. Joe, om ze vervolgens weer in het schap te zetten. Verbaasde kinderen (en vooral hun ouders) hoorden Barbie brullen dat het tijd werd om aan te vallen, terwijl G.I. Joe de hele tijd wilde zingen, dansen en winkelen. In Nederland zette Elena Simons ook al eens iets vreemds in de schappen van warenhuizen. Na een paar ochtenden vuil te hebben verzameld in de dure buurten van Amsterdam, werden deze spullen – voorzien van authentieke prijskaartjes – te koop aangeboden in de Bijenkorf. En verkocht!

Volgens de Engelse dichter David Whyte is humor een serieuze aangelegenheid en zelfs pure noodzaak voor mensen die verlichting nastreven: 'Humor is niet alleen leuk, maar ook een onderschatte spirituele kracht. Wie gevoel voor humor heeft, weet dat er altijd een context is die jouw context volkomen absurd maakt. Als je naar de essentie van alle spirituele tradities kijkt, is dat precies waar het over gaat: het overstijgen van je eigen kleine context, waardoor er iets is wat groter is dan jij, dat door je heen kan stralen.'

Met name als het gevoelige onderwerpen betreft, is humor een grote kracht, zo vertelde de Brits-Pakistaanse stand-upcomédienne Shazia Mirza. Mirza is naar eigen zeggen 'gematigd, maar devoot moslim' en de spanning was dan ook te snijden toen zij, vlak na de aanslag op de Twin Towers, voor het eerst weer het podium betrad. Haar openingszin was echter weergaloos en zorgde meteen voor een staande ovatie: 'Hallo, mijn naam is Shazia Mirza – althans, zo staat het op mijn vliegbrevet.'

Het werkt ongelooflijk helend om te kunnen lachen om gevoelige kwesties waar de meeste mensen niet eens over durven te praten. Mirza: 'Het verwart mensen dat ik een sluier draag en toch grappig ben. Het doorbreekt stereotypen. Ik maak Osama bin Laden niet alleen bespreekbaar, maar ik maak zelfs grappen over hem.' Niemand anders dan een insider als Mirza zou wegkomen met grappen als: 'Waarom mijn moeder altijd een paar stappen achter mijn vader loopt? Ten eerste omdat hij er van achteren beter uitziet, en ten tweede omdat je nooit weet waar landmijnen liggen.'

Mirza is ook als de dood om als maagd te sterven: 'Niet zozeer omdat ik geobsedeerd ben door seks, maar omdat ik in het paradijs niet naar bed wil met een van die zelfmoordterroristen.' Maar haar eigen cultuur is niet de enige die er op humoristische wijze van langs krijgt: 'Ik wilde altijd zoals mijn blanke vriendinnetjes zijn, die abortussen hadden en herpes en chlamydia,' zegt ze met dromerige ogen. Waarmee ze maar wil zeggen dat ook de vooroordelen over 'die arme moslimvrouwen' wel aan herziening toe zijn.

Ook dirigent Benjamin Zander zet humor bewust in: 'Ik kan me de laatste repetitie voor een uitvoering van Bartók nog goed herinneren. Vrijwel alles ging fout. Iedereen was zo gespannen. Ik was zelf ook gespannen en riep: "We doen het hele tweede deel nog één keer. En denk erom: ik wil geen enkele fout horen!" Toen ik de spanning op de gezichten zag toenemen, voegde ik eraan toe: "Als je wél een fout maakt, dan valt er een koe van driehonderd kilo op je hoofd." Het lachsalvo dat volgde, deed alle spanning smelten.'

Humor is een wapen. Ook staatslieden weten dit en maken er gebruik van als het ze uitkomt. Een van de mooiste voorbeelden hiervan is de speech die Margaret Thatcher gaf toen ze voor het eerst het ledencongres van de Conservatieve Partij moest toespreken. Ze wist dat er veel weerstand tegen haar benoeming tot lijsttrekker bestond. Ze was niet alleen een vrouw, maar ook nog afkomstig uit de lagere middenklasse. Wanneer Thatcher het spreekgestoelte bestijgt, tovert ze ineens een blauwe plumeau tevoorschijn die perfect bij haar outfit past, en begint het spreekgestoelte af te stoffen. De spanning is direct gebroken en Thatcher trekt het initiatief naar zich toe, door te laten zien dat ze precies weet wat er aan de hand is en in staat is zichzelf te relativeren.

Als er één spirituele wet is die je vooral heel serieus moet nemen, dan is het *Rule Number Six*. Er was eens een Britse premier die deze spirituele discipline volledig beheerste en op al zijn medewerkers had overgebracht. Op een dag was zijn Russische ambtgenoot op bezoek geweest, toen een van zijn medewerkers de kamer binnenstormde. 'Het spijt me zeer u te moeten storen, meneer de premier,' fluisterde de verhit uitziende dame, 'maar er is een noodgeval dat écht niet kan wachten.'

'Prima Mary,' sprak de premier kalm, 'maar denk aan Rule Number Six.'

'O ja,' zei Mary, die direct tot rust kwam. 'Ach, het kan ook eigenlijk wel even wachten.'

De heren zetten hun vergadering voort, maar werden nog geen tien minuten later alweer gestoord door een andere medewerker: 'Sorry sir, maar ik moet u beslist even spreken. Alles loopt in het honderd en...'

De premier hief vriendelijk zijn hand op en zei: 'Oké Barry, ik ben zo bij je, maar doe me een lol en denk aan Rule Number Six.'

'O ja,' zei Barry, terwijl hij zich tegen het voorhoofd sloeg en met een serene glimlach de kamer verliet. De Russische premier was nu wel erg onder de indruk en wilde weten wat Rule Number Six was.

'O,' antwoordde de Engelsman, 'Rule Number Six is heel eenvoudig: *don't take yourself so damned seriously*.'

'Aha,' zei de Rus. 'En wat zijn de andere regels?'

De Brit: 'Er zijn geen andere regels.'

CHECK

Kun je je eigen context relativeren?

Kun je om jezelf lachen?

ACTIE

Denk onder alle omstandigheden aan Rule Number Six!

HUMOR

'Een grap is een zeer ernstige zaak.'

Charles Churchill, Brits dichter

'Indien ik geen gevoel voor humor had, dan zou ik allang geleden zelfmoord hebben gepleegd.'

Mahatma Gandhi, Indiaas politicus

'Als je één eigenschap zou mogen kiezen die je door het leven heen kan helpen, kies dan voor gevoel voor humor.'

Jennifer Jones, Amerikaans actrice

'Lachen doodt angst, en zonder angst kan er geen geloof zijn. Want zonder angst voor de duivel bestaat er geen behoefte aan God.'

Sean Connery, Schots acteur

'Een interessant feit: volgens moderne astronomen is de ruimte eindig. Dit is een heel geruststellende gedachte – in het bijzonder voor mensen die zich nooit kunnen herinneren waar ze hun spullen hebben gelaten.'

Woody Allen, Amerikaans acteur

‘Zoals de dichter zei: “Alleen God kan een boom maken” – waarschijnlijk omdat het zo moeilijk is om uit te puzzelen hoe je de bast eromheen krijgt.’

Woody Allen, Amerikaans acteur

‘Ik sta verbaasd over mensen die het heelal willen leren kennen, terwijl het al moeilijk genoeg is om niet te verdwalen in Chinatown.’

Woody Allen, Amerikaans acteur

17

Je hart weet meer dan je hoofd

'Wanneer de macht van de liefde de liefde voor macht overwint, zal de wereld vrede kennen.'

Jimi Hendrix, Amerikaans gitarist

In 1964 gebeurde er iets in New York wat tot een stortvloed aan reacties en onderzoek leidde. Achtendertig mensen in een respectabele wijk keken een halfuur toe hoe de jonge Kitty Genovese werd verkracht en vermoord door een man die haar herhaaldelijk met een mes stak. Niemand hielp. Toen iemand eindelijk de politie belde, was Kitty overleden. Uit het onderzoek kwam naar voren dat mensen onzeker waren over hoe ze moesten reageren. Iedereen wachtte op iedereen. Hoe weet je of het echt is? Misschien is het een film? Als je ingrijpt, ga je misschien ontzettend af. Het meest veilige is dus om af te wachten hoe anderen zullen reageren.

Sinds dit incident spreken wetenschappers van het 'toeschouwereffect' – hoe meer mensen er bij een gebeurtenis betrokken zijn, hoe kleiner de kans dat iemand ingrijpt. Er zijn experimenten gedaan in een wachtkamer, waarbij aan de andere kant van de deur een vrouw duidelijk hoorbaar valt, zich bezeert en om hulp roept. Van de mensen die alleen in de wachtkamer zitten, gaat zeventig procent naar binnen om te helpen. Wanneer mensen echter samen met een vreemde zitten te wachten die niet ingrijpt, schiet slechts zeven procent het slachtoffer te hulp.

De reden dat mensen niet zeker weten of het echt is of niet en bang zijn om in te grijpen, heeft volgens het Amerikaanse HeartMath Institute te maken met het feit, dat zij niet vanuit hun hart leven, maar vanuit hun hoofd. Ze zijn niet verbonden met hun omgeving, maar gaan erover nadenken. En we weten inmiddels wat dat betekent: ze gaan twijfelen.

Hoe onwaarschijnlijk het ook moge klinken, het is verstandiger om vanuit je hart te leven dan vanuit je hoofd. Onderzoekers van HeartMath kwamen erachter dat je hart niet alleen beter kan inschatten wat er in een bepaalde situatie aan de hand is, maar dit ook nog eens eerder in de gaten heeft dan je hoofd. Zij ontdekten dit toen zij een proefpersoon voor een beeldscherm plaatsten waarop om de paar seconden een nieuw beeld verscheen. Sommige beelden waren prettig en mooi – een waterval, een bos, een lief dier – maar op onverwachte momenten verscheen er een heftig beeld van een auto-ongeluk, een grommende hond of een bebloed mes. De middelvinger van de proefpersoon was verbonden met een sensor die haar hartritme registreerde en op haar hoofd zaten sensoren die hersengolven maten. Tussen de beelden door werd het scherm steeds zwart, zodat de onderzoekers konden zien hoe hart en hersenen op de beelden reageerden.

Na enkele minuten vielen zij zowat van hun stoel. Want wat bleek? Nog voordat een akelig beeld op het scherm verscheen, reageerde het hart al door een sterke uitslag te laten zien. Het hart 'wist' dus al vóór het beeld verscheen wat er zou gebeuren. Sinds dit onderzoek in 1991 heeft HeartMath een karrenvracht aan bewijs verzameld, dat aantoont dat het wijs is je gevoelens heel serieus te nemen. Dat wil natuurlijk niet zeggen dat nadenken niet zinvol zou zijn, maar alleen als het in dienst staat van je gevoelsleven en niet andersom. Ook positief denken is zinvol, maar positief vóélen werkt vele malen krachtiger.

Het feit dat het hart de toekomst kan voorspellen, duidt er wellicht op dat ons hart toegang heeft tot het Veld. Voorwaarde – aldus HeartMath – voor goede ontvangst uit het Veld is wel dat het hart rustig en open is. Om bij jezelf na te gaan hoe open en ontvankelijk je hart is, ontwikkelde het instituut verschillende computerprogramma's, waarop de zogenaamde hartritmevariabiliteit te zien is en je zelf kunt zien wat het effect van bepaalde gedachten of emoties is.

De eerste keer dat ik werd aangesloten op zo'n apparaat was in Parijs. Ik was een dagje op bezoek bij de Franse psychiater David Servan-Schreiber. Hij behoort tot een select gezelschap wetenschappers die van hun professie geen religie of dogma hebben gemaakt, maar een open mind hebben behouden voor dingen die ze nog niet begrijpen. Toen Servan-Schreiber ooit in India werd behandeld door plaatselijke 'artsen' die dingen deden waar hij nog nooit van had gehoord (en zeer effectief waren), startte hij een zoektocht naar 'alternatieve' geneeswijzen tegen depressie en andere geestesziekten. Dat was hard nodig, want nergens ter wereld werden meer antidepressiva geslikt dan in zijn geboorteland. Het boek dat hij erover schreef – *Uw Brein als Medicijn* –

werd een megahit, omdat hij een zeer gerespecteerd wetenschapper is en het aandurfde om te schrijven dat je in veel gevallen beter een huisdier kunt nemen dan Prozac – om maar een voorbeeld te noemen.

Maar goed, ik zat dus voor een computerscherm waarop ik mijn hartslag en mijn hartritmevariabiliteit – de variatie in het ritme tussen de hartslagen in – grafisch voor me zag. Dat laatste ritme is met name van belang, omdat het de communicatie laat zien tussen het hart en de emotionele hersenen. Het zag er allemaal redelijk rustig en stabiel uit, totdat Servan-Schreiber mij vroeg om van 9.573 terug te tellen naar nul. Direct laat de grafiek grote uitschieters zien. Wanneer hij mij vraagt om 'door mijn hart te ademen', laat de grafiek een prachtige gelijkmatige curve zien. Als ik vervolgens aan iets moet denken waar ik blij en dankbaar van word, is de hart-hersencoherentie optimaal.

Servan-Schreiber: 'De eenvoudigste en snelste manier voor het lichaam om coherentie tussen hart en hersenen te bewerkstelligen, is positieve gevoelens te hebben. Als er een pil zou bestaan met hetzelfde effect, dan zou dat een wonderpil zijn. Datzelfde resultaat behaal je niet met psychoanalyses en praatsessies, omdat je dan niet rechtstreeks tot de emotionele hersenen spreekt (waar de emoties worden verwerkt), maar tegen de neocortex, het analyserende deel van de hersenen. De HeartMath-methode toont aan dat positieve emoties – wanneer het gaat om heling, gezondheid en zelfvertrouwen – veel sneller en krachtiger werken dan gedachten.'

Onderzoek geeft hem gelijk: bij een groep gestreste managers die last hadden van hartkloppingen waren hun symptomen na zes weken HeartMath-oefeningen (door je hart ademen en aan fijne dingen denken) tot 30 procent afgenomen. Symptomen van fysieke spanning daalden van 41 naar 6 procent, slapeloosheid van 34 naar 6 procent, uitputtingsverschijnselen van 50 naar 12 procent en pijn en steken van 30 naar 6 procent. Niet alleen fysiek, maar ook psychisch had de methode een enorm effect: het percentage managers dat aangaf meestal gespannen te zijn, daalde van 33 naar 5 procent, ontevredenheid daalde van 30 tot 9 procent en boosheid van 20 naar 8 procent.

Het is interessant om voor jezelf na te gaan of je je beslissingen over het algemeen neemt op basis van je hoofd of op basis van je hart. De meeste mensen durven hun hart (intuïtie, innerlijke stem, hogere zelf of wat voor naam je er ook aan wilt geven) wel te vertrouwen als het gaat om beslissingen die 'niet zo belangrijk' zijn, maar niet als het om 'belangrijke' kwesties gaat, terwijl dat waarschijnlijk bij uitstek de beslissingen zijn waarbij je *juist* naar je hart moet luisteren. Als ik naar mijn eigen leven kijk, dan waren hartbeslissingen vaak de betere keuzes.

Een van de eerste keren dat ik mij hiervan bewust werd, was rond mijn twintigste, toen ik een periode twijfelde of ik op de goede weg zat. Ik was een zelfbenoemd muzikant en had al in een stuk of tien verschillende bandjes gespeeld, maar behalve dat het erg leuk was, was het allemaal niet erg succesvol. Loïs Lane lag nog in de luiers en met enige regelmaat hoorde ik vanbinnen de stem van mijn vader: 'Jongen, zou je niet een echte opleiding volgen, in plaats van maar een beetje aan te rotzooien?'

Ik begon erover na te denken en... begon te twijfelen. Was het misschien toch een beter idee om naar het conservatorium te gaan? Maar zou ik daar dan ook een betere muzikant van worden, of zou ik mijn authenticiteit kwijtraken en net zo duf gaan klinken als de meeste muzikanten die ik van het conservatorium kende? Bovendien: als ik naar het conservatorium wilde, dan moest ik jazz leren spelen. En hoewel ik Miles Davis en John Coltrane wel erg cool vond, had ik toch meer met Paul Weller en Elvis Costello.

Ik besloot om naar mijn hoofd te luisteren – het was tenslotte een belangrijke beslissing – en schreef me in voor een toelatingsexamen. In de maanden daarna was ik druk bezig met het bestuderen en instuderen van mineur-zeven-mol-vijf-plus-negenakkoorden en pentatonische, mixolydische en frygische toonladders. Het was hard werken en ik begon steeds minder plezier in muziek te krijgen, vooral omdat ik me steeds minder adequaat ging voelen. Het gevolg daarvan was, dat ik maandenlang geen fatsoenlijke popsong meer schreef: véél te makkelijk. In een goede popsong komt maar zelden een mineur-zeven-mol-vijf-plus-negenakkoord voor.

Op een dag, na enkele maanden uitsluitend naar jazz te hebben geluisterd, had ik er zwaar genoeg van. Ik snakte naar Otis Redding en zette *Try a Little Tenderness* op. Het nummer was live opgenomen in Parijs en klonk eigenlijk nergens naar. De blazers waren vals, de drums waren te hard gemixt en Otis moest de longen uit zijn lijf brullen om boven zijn band uit te komen. Maar het was allemaal zo puur, zo recht uit het hart en zo recht in mijn hart. Ik schrok van mijn eigen reactie, want ineens stond ik onbedaarlijk te snikken. Wat had ik dit gemist! Die ochtend maakte *soul man* Otis eigenhandig een eind aan mijn nog prille jazzcarrière.

Hoe pijnlijk het kan zijn om het hoofd te laten prevaleren boven het hart, werd mij in diezelfde periode duidelijk uit een verhaal van Bart Peeters, de Belgische televisiepresentator en muzikant. Bart was een huisvriend die zo nu en dan langskwam als hij in Amsterdam moest zijn en speelde in die tijd in twee verschillende bands. Een daarvan was The Radios, een losgeslagen zootje bevriende muzikanten. De andere band was een serieuze band die bestond uit de beste sessiemuzikanten van België.

Op een dag moest hij met beide bands optreden. Het eerste optreden was op een festival met The Radios, en daarna zou hij doorrijden naar een optreden met zijn gelauwerde vakbroeders. Na het eerste optreden, dat in de gebruikelijke chaos was geëindigd, was het hele gezelschap in liederlijke toestand bij Bart in de auto gesprongen om hem te vergezellen bij zijn tweede optreden – en vooral om hem vanuit de coulissen uit zijn concentratie te halen. Na een paar nummers ontwaarden enkele concertgangers de bandleden van The Radios en begonnen spontaan hun naam te scanderen. Niet lang daarna werd de zaak zo onhoudbaar, dat de sessiemuzikanten besloten om hun instrumenten aan The Radios te geven.

Na afloop van alweer een heerlijk concert zat het hele gezelschap bij elkaar in de kleedkamer. De sessiemuzikanten waren enigszins aangeslagen, zozeer zelfs dat een van hen – de toetsenist – begon te huilen. Iedereen viel stil. Wat was er aan de hand? De toetsenist van The Radios vroeg bezorgd of er soms te veel bier over zijn synthesizer was gevallen. In dat geval wilde hij de schade graag vergoeden!

'Nee, dat is het niet,' mompelde de aangeslagen toetsenist. 'Ik baal alleen omdat ik me realiseer dat ik niet meer in staat ben om te doen wat jullie doen. Ik kan geweldig pianospelen – van Chopin tot Count Basie – maar wat jullie vanavond lieten zien, kan ik niet meer.' En weer kwamen de tranen. De verdrietige pianist had die avond ontdekt dat er een groot verschil is tussen spelen (en leven) vanuit je hart en spelen (en leven) vanuit je hoofd. Hij had ook gezien dat het publiek het verschil tussen hartmuziek en hoofdmuziek haarfijn aanvoelt.

Ik heb ooit een astroloog gesproken die er tot zijn schrik achter was gekomen dat de wereld in feite in de jaren zestig had moeten vergaan. Zijn *charts* waren volstrekt helder. Wat was er gebeurd, zo vroeg hij zich af, dat deze ramp was afgewend? Wat voor positieve kracht was er geweest die de negatieve krachten had overwonnen? Na lang zoeken kon hij maar één ding bedenken: het waren The Beatles geweest.

Ik heb laatst weer eens naar een documentaire over de geschiedenis van de Fab Four gekeken en was weer zwaar onder de indruk van wat die vier jongens in gang hadden gezet. En dat allemaal met een speelsheid en een creativiteit die het deed voorkomen alsof het allemaal vanzelf ging. De ongelooflijke snelheid waarmee geniale hit op geniale hit werd geschreven, duidt er ook op dat Lennon en McCartney weliswaar goed konden nadenken, maar wat dit betreft toch vooral hun hart volgden. In de documentaire kijken de dan nog in levende zijnde Beatles (Paul, George en Ringo) terug op hun carrière. 'Waar ik nog het meest trots op ben,' zegt Paul op een gegeven moment, 'is dat alle liedjes eigenlijk maar over één ding gaan: liefde.'

De laatste song op de laatste plaat die The Beatles gezamenlijk uitbrachten, heet *The End*. De laatste woorden die zij ons meegeven, zijn een ode aan het hart: '*And in the end, the love you take is equal to the love you make.*'

CHECK

Kun je de stem van je hart horen?

AHA

Je hart weet meer en is sneller dan je hoofd.

Positieve gevoelens en emoties werken vele malen krachtiger dan positieve gedachten.

ACTIE

Neem belangrijke beslissingen vanuit je hart en niet vanuit je hoofd.

HeartMath-oefening:

1. Concentreer je op je hart.
2. Visualiseer dat je ademt door je hart.
3. Roep een positief gevoel op van waardering, liefde of schoonheid door aan iets moois te denken.
4. Houd dit gevoel vast, terwijl je dit naar jezelf en naar je omgeving uitstraalt.
5. Als je afdwaalt, concentreer je dan weer op de ademhaling door je hart.

18

De helende reis

'De grote gave van ons mensen is
dat we empathisch kunnen zijn.'

Meryl Streep, Amerikaans actrice

Leven vanuit je hart. Leven vanuit liefde en verwondering. Leven vanuit openheid en vertrouwen. Wie wil dat niet? Maar waarom leven we dan niet allemaal zo? Waarom sluiten zoveel harten zich voor de warmte en de verbondenheid die het leven zo mooi maken? Als ik op de honderden cursisten af ga die de afgelopen jaren met hun verhalen kwamen, is het antwoord: het hart is gekwetst en vertrouwt het leven niet meer. Er is te veel onverwerkt leed, en het hart wil niet nog een keer worden beschadigd; dus sluit het zich af.

In de jaren dat ik voornamelijk mediteerde, was ik in staat om vrijwel altijd boven deze beschadigingen uit te blijven. Maar als je niet je hele leven als yogi wilt leven en toch vrij wilt zijn van de destructieve invloed van deze gekwetste stemmen, dan zijn er ook andere manieren. Een van de mensen die mij dat inzicht gaven, was de Amerikaanse therapeute Brandon Bays. Door haar leerde ik een snelle methode om emoties te verwerken – *the hard way*, dat wel.

De eerste keer dat ik Bays sprak, was over de telefoon. Haar boek *De helende reis* was op mijn bureau beland en zodra het er lag, wist ik dat het een belangrijk boek was. Thuisgekomen las ik het in één ruk uit en belde een paar dagen later naar de Verenigde Staten. We deden een kort interview en hadden meteen zo'n goede klik dat we afspraken elkaar te ontmoeten zodra de gelegenheid zich voordeed. Enkele maanden later was Bays in Nederland voor een workshop. Ik zocht haar op, we deden een lang interview en werden vrienden. Ik beloofde haar om mijn best te doen om *De helende reis* in Nederland vorm te geven.

Dat heb ik geweten, want voortaan zou Brandon mij tijdens haar workshops als proefkonijn gebruiken om op het podium te laten zien hoe diepliggende trauma's en pijnlijke emoties in korte tijd kunnen worden verwerkt. Het kwam erop neer dat ik ten overstaan van zo'n driehonderd mensen 'even' een traumaatje omhoog moest halen waar ik dan 'helemaal in moest gaan'.

Een van de redenen voor de klik die Brandon en ik hadden, was dat ook zij jarenlang als een celibatair levende yogi door het leven was gegaan. Voor Brandon was het gedurende die jaren ook een uitgemaakte zaak dat ze had gevonden wat ze zocht: zichzelf, God, het leven, de liefde, eindeloos geluk... Wat wil een mens nog meer? Maar net als bij mij kwam er een moment waarop ze ineens 'klaar' was. Brandon was uitgeleerd op de plek waar ze zat (India) en wilde terug naar de wereld waar ze vandaan kwam om het geleerde een moderne en voor westerlingen effectieve en begrijpelijke vorm te geven.

Haar meditatie-ervaringen hadden haar geleerd dat het loslaten (vergeven) van pijnlijke en traumatische herinneringen alleen vanuit het niveau van de ziel kan gebeuren. Bays: 'Alleen vanuit dit diepste niveau kun je werkelijk vergeven. Alle andere niveaus schieten tekort. Je kunt vanuit een mentaal niveau onmogelijk vergeven, omdat het nu eenmaal niet is te begrijpen waarom je vader je als kind heeft misbruikt – om maar een voorbeeld te noemen. Dat is voor het verstand eenvoudigweg niet te bevatten.'

Ook vanuit het emotionele niveau schieten we tekort als het gaat om werkelijke vergeving: 'Hoe kun je liefdevolle gevoelens opbrengen voor iemand die je hele leven heeft verpest? Dat is volstrekt onnatuurlijk. Als je werkelijk wilt vergeven en je pijn wilt loslaten, dan kan dat alleen vanuit een hoger niveau, noem het de ziel, noem het God, noem het *Grace*. En dus laat ik cliënten eerst thuiskomen in die innerlijke heelheid voordat ze aan de slag gaan om het pijnlijke verleden te vergeven en te vergeten.'

Om op dat diepe zielsniveau uit te komen, laat Bays mensen door hun emotionele lagen 'heen vallen'. De eerste keer dat ik zo'n Helende Reis meemaakte, was ik stomverbaasd. Ik zag dat mensen die nog nooit hadden gemediteerd of zelfs maar een spiritueel boek hadden opengeslagen, binnen enkele minuten in een staat van diepe eenheid en liefde terechtkwamen. En het enige wat Bays deed, was hen door hun emotionele lagen 'heen duwen', totdat er niets meer over was, totdat er geen schillen meer waren en alleen de naakte ziel overbleef.

Zo'n reis zag er meestal ongeveer zo uit:

Brandon: 'Wat voel je op dit moment?'

Tijn: 'Ik voel me een beetje gespannen, maar dat kan ook komen omdat er driehonderd mensen naar me kijken.'

Brandon: 'Oké, laat die spanning maar helemaal toe. Adem ernaartoe. Laat het zo groot worden als je kunt. Hou je niet in, het mag er helemaal zijn. Heel goed. Kun je aangeven waar je die spanning voelt?'

Tijn: 'Vooral in mijn buik.'

Brandon: 'Oké, maak die spanning maar zo groot als je kunt. Wanneer het bijna ondraaglijk wordt, wil ik je vragen om je voor te stellen dat je als het ware door die spanning heen valt. Stel je maar voor dat er een luik onder je voeten zit dat ineens openklapt en dat je erdoorheen zakt. Oké?'

Tijn: 'Oké.'

Brandon: 'Ben je erdoorheen gevallen?'

Tijn: 'Ja.'

Brandon: 'Wat voel je nu? Welke emotie ligt er onder de spanning die je net voelde?'

Tijn: 'Angst.'

Brandon: 'Oké, heel goed, laat die angst helemaal toe. Laat het allemaal omhoogkomen.'

Tijn: 'Aaahh.'

Brandon: 'Heel goed. Hou je niet in. Wanneer de angst haast ondraaglijk wordt, laat je dan opnieuw door die laag heen vallen. Val erdoorheen en laat me weten waar je uitkomt.'

Tijn: 'Ik voel nu vooral verdriet.'

Brandon: 'Heel goed, laat maar weer toe. Omarm je verdriet volledig. En laat je weer vallen. Waar ben je nu?'

Tijn: 'Totale onzekerheid en een panisch gevoel dat er niets meer is waar ik me aan vast kan houden.'

Brandon: 'Heel goed, laat ook dit gevoel van onzekerheid en paniek toe. Het mag er allemaal zijn. En zak ook daar weer doorheen en vertel me dan waar je nu bent.'

Tijn: 'Ik ben helemaal nergens meer, het voelt alsof ik op de rand van een afgrond sta. Ik zie een soort licht stralen, maar ik ben bang om te springen. Waar kom ik uit?'

Brandon: 'Laat die angst er helemaal zijn. Geef je er helemaal aan over en laat dan los. Geef je over aan wat er is... Waar ben je nu?'

Tijn (na een korte stilte en met een glimlach van oor tot oor): 'Ik ben thuis in een enorme rust. Wat is dit heerlijk!'

Tien minuten, hooguit. Zo simpel was het – meestal. Vaak vroeg Bays me gedurende de reis door die emotionele lagen of er soms ook beelden omhoogkwamen van mensen die ik met een bepaalde emotie associeerde. Als dat bijvoorbeeld mijn vader was, dan reisden we – nadat ze me een tijdje had laten 'baden' in de vrede van mijn eigen ziel – in omgekeerde volgorde weer terug door de lagen en deden een denkbeeldige ceremonie wanneer we aankwamen in de laag waar ik mijn vader was tegengekomen.

Omdat ik nu zo gevuld was met het hogere (diepere) gevoel van vrede en onvoorwaardelijke liefde, was het relatief makkelijk om mijn vader te vergeven. Die vergeving kwam niet voort uit een mentaal weten dat ik dit moest doen of een emotioneel verlangen om eindelijk vrij te zijn van de pijn, maar vanuit een niveau waar vergeving vanzelfsprekend (en mogelijk) is: het niveau van de ziel. Niet zelden voelde ik mij na een Helende Reis als herboren.

Ook de Amerikaanse psycholoog Marshall Rosenberg weet uit ervaring dat pijnlijke emoties alleen kunnen worden verwerkt vanuit een hoger of dieper niveau dan waarop ze zijn ontstaan. Hij noemt dit het niveau van empathie. Volgens hem is zelfs de letterlijke daad van vergeving niet meer nodig wanneer dader en slachtoffer empathie voor elkaar kunnen voelen. Rosenberg spreekt uit ervaring, want hij heeft in de ergste oorlogsgebieden gewerkt en is regelmatig in gevangenissen en inrichtingen te vinden om daders en slachtoffers met elkaar te verzoenen.

Ik zal de eerste keer dat ik Rosenberg ontmoette niet snel vergeten. Het was in het Zuid-Engelse Southampton, waar hij een sessie deed met een aantal van zijn toptrainers. Op de terugweg van mijn interview vroeg de taxichauffeur me wat ik in die afgelegen boerderij had gedaan. Ik beschreef mijn ontmoeting met Rosenberg, waarop de chauffeur zei: 'Die man lijkt wel een heilige.' Ik moest lachen, want als hij eens wist wat voor ongure types Rosenberg de laatste paar uur tot leven had gebracht, dan zou hij waarschijnlijk een andere typering hebben gekozen. Toch is het woord 'heilig' niet eens zo slecht gekozen. Want *heilig* en *heling* liggen in elkaars verlengde, en de mensen die door Rosenberg zijn geheeld, zijn niet meer te tellen.

De kracht van Rosenbergs aanpak is dat hij kijkt naar de wezenlijke behoeften achter menselijk gedrag. Reeds als kleine jongen raakte hij geïntrigeerd door de drijfveren van mensen om lief te hebben of te haten. Opgegroeid tijdens de rassenrellen in het gewelddadige Detroit van de jaren veertig, werd hij geconfronteerd met het feit dat zijn Joodse achternaam al haatreacties opwekte. Maar ook de andere kant van het spectrum werd zichtbaar. Zijn oom kwam elke avond langs om zijn oma – die bij hen in huis woonde – te verzorgen. En ondanks het feit dat oma vaak haar hele bed onderpoepte, bleef de oom glimlachen alsof zij hem een geschenk gaf.

Wat dreef zijn oom? Wat dreef de racisten en de nazi's? Rosenberg zag dat geweld vooral voortkwam uit de manier waarop mensen hun wereld beleven; uit de manier waarop zij over de wereld denken. Hij zag ook dat die manier van denken wordt gestuurd door – onbewuste – behoeften en verlangens. Diepgaand zelfonderzoek – 'ik ben het grootste deel van mijn leven boos en depressief geweest' – maakte het hem mogelijk om zich optimaal in anderen in te leven. Veel van zijn tijd en energie besteedt Rosenberg aan het boven tafel krijgen van diepere gevoelens en behoeften van geweldslachtoffers en bajesklanten.

'Onlangs werd ik door vrienden gebeld,' zegt hij tijdens ons interview in de lunchpauze tussen de sessies in. 'Zij hadden een vrouw helpen ontsnappen uit Algerije. De vrouw had moeten toezien hoe haar beste vriendin achter een auto werd gebonden en werd rondgesleept totdat ze dood was. Toen hadden ze haar voor de neus van haar ouders verkracht. Die avond zouden ze terugkomen om haar te vermoorden, maar de vrouw wist te ontsnappen. Ze was nu twee weken in Genève en huilde aan een stuk door. Of ik met haar wilde werken. Ik zei: "Stuur haar vanavond naar me toe." Mijn vrienden waarschuwden me echter: "Ze weet dat je door middel van rollenspelen werkt en ze zegt dat ze dat niet kan omdat ze je zal vermoorden. Het is een grote, sterke vrouw."'

Gelukkig had Rosenberg een beer van een kerel uit Rwanda over de vloer, die erbij bleef. Rosenberg: 'De vrouw heeft anderhalf uur tegen mij – in de rol van de dader – gegild. Ik verontschuldigde me niet, maar luisterde naar haar en liet haar merken dat ik haar hoorde. Door mijn ogen liet ik zien dat haar lijden werd begrepen. Na twee uur schreeuwde ze: "Hoe kon je mij dit aandoen?" Waarop ik antwoordde: "Dat wil ik je wel vertellen, maar eerst wil ik weten of je alle begrip hebt ontvangen die je nodig hebt." Ze knikte. Toen heb ik haar verteld welke verlangens er in "mij" leefden. Toen ik was uitgesproken, zei ze: "O, mijn god, dat is precies wat hij zei."'

Rosenberg hoort dat vaak als hij de rol van een ander – een dader of een slachtoffer – speelt. 'Het is niet dat ik zo'n geweldig acteur ben,' zegt hij, 'maar we hebben nu eenmaal allemaal dezelfde verlangens. Op dat moment ben ik echt, authentiek. Als ik collega's train, zeg ik: "Denk niet te veel na, wees gewoon die persoon." Dat werkt altijd.'

Toen de Algerijnse vrouw tegen middernacht zijn pand verliet, was ze een ander mens geworden. Rosenberg: 'Het is geweldig om te zien hoeveel verandering er in een paar uur kan zijn. En voor zover ik kan nagaan, is die verandering ook blijvend. Het is zo'n groot contrast met de manier waarop ik ben opgeleid. Als psychotherapeut werd mij geleerd dat zo'n therapie drie tot vier jaar duurt. Ik ga echter niet in het verleden lopen wroeten. Ik deal alleen met de gevoelens die er op dit moment zijn, en heb daarvoor empathie. Die kwaliteit bezit de meeste helingskracht.'

Voor empathie is maar één ding nodig: aanwezigheid. Rosenberg: 'Je hoeft een ander niet te analyseren of te redden. Je hoeft het probleem van de ander niet tot in detail te kennen. Je hoeft er alleen maar echt te zijn voor die mens. En vaak zijn daar helemaal geen woorden voor nodig. Laatst was ik in Kopenhagen. In de pauze van de lezing stapt er een vrouw op me af, die twintig minuten tegen me aan praatte over hoe moeilijk de relatie met haar dochter verliep. Aan het eind van de dag kwam ze bij me en zei: "Het is zo kostbaar wat je me hebt gegeven." Maar ik had niets gezegd, geen woord gesproken. Ik had er niet eens over nagedacht hoe ik haar kon helpen. Ik was alleen maar bij haar geweest.'

Rosenberg is zeer radicaal in zijn opvattingen over therapie. Niet alleen vindt hij dat de klinische afstand die je tot je cliënt zou moeten hebben averechts en neerbuigend werkt, zelfs het concept van 'hulpverlener' is voor hem een gepasseerd station. Hij noemt het gewelddadig en constateert dat de geestesziekte in die ongelijkwaardige relatie niet alleen wordt onderstreept, maar ook in stand wordt gehouden: 'Ik geloof niet dat je psychotherapie kunt bedrijven wanneer je je als therapeut opstelt. Dat kan alleen als er een authentieke connectie is. Ik train therapeuten om al dat diagnostische flauwekuljargon te laten vallen, anders blijf je de ander als patiënt beschouwen. Ik leer hen dat het stellen van een diagnose een tragische expressie is van een onvervuld verlangen in henzelf.'

Heerlijke zin toch, voor een psycholoog? Hij vervolgt: 'Vergelijk het maar met een ouder die tegen zijn kind zegt dat het lui is. Maakt zo'n opmerking het kind meer verantwoordelijk? Nee, integendeel. Wat de ouder eigenlijk wil zeggen is: "Ik heb je hulp nodig om het huis schoon te houden." Dat is het wezenlijke verlangen. Voor therapeuten geldt wat mij betreft hetzelfde. Je hebt nu eenmaal bepaalde verwachtingen over de waarden die in mensen zouden moeten leven. Als je cliënt daar niet aan voldoet, zeg dat dan gewoon. Laat zien wat er op dat moment in jou leeft, in plaats van de ander te diagnosticeren.'

Volgens Rosenberg moeten therapeuten allereerst hun eigen rotzooi onder ogen zien: 'Dat kan alleen als je in staat bent empathie voor jezelf te hebben. De eerste stap daarin is je bewust te worden dat de pijn die je nu voelt er niet is door iets wat er in het verleden gebeurde, of wordt veroorzaakt door iets wat er op dit moment buiten jou gebeurt. Je pijn is altijd het resultaat van iets wat er op dit moment binnen jou leeft. De eerste stap in empathie is te leren om dat wat er op dit moment in je leeft en pijn doet, zichtbaar te maken. Het komt erop neer dat je even stopt – *slow down* – en kijkt wat er werkelijk leeft. Noem het voor mijn part meditatie. Vervolgens is het van belang om in te zien dat die gevoelens voortkomen uit een verlangen. De wortel is een behoefte, een bepaalde nood. Je voelt vanzelf wanneer je de ware behoefte hebt gevonden, je lichaam zal het je vertellen.'

Vrouw: 'Ik ben zo depressief.'

Rosenberg: 'Oké, wat maakt je depressief?'

Vrouw: 'Mijn kinderen, moet je eens kijken hoe ze zich gedragen!'

Rosenberg: 'Je vertelt me nu over iets wat buiten jou gebeurt, maar wat gebeurt er binnen in jou?'

Vrouw: 'Dat zeg ik toch, ik ben depressief.'

Rosenberg: 'Onthoud wat ik je heb verteld, de prikkel is nooit de oorzaak. Wat gebeurt er binnen in jou?'

Vrouw: 'Niets.'

Rosenberg: '*Slow down*, luister.'

Vrouw: 'Nou, het laat zien wat een vreselijke moeder ik ben.'

Rosenberg: 'Aha, dus je vertelt jezelf wat een vreselijke moeder je bent.'

Vrouw: 'Ja, dat ben ik toch ook?'

Rosenberg: 'Ken je mijn definitie van de hel?'

Vrouw: 'Nee...'

Rosenberg: 'Ouder zijn en denken dat er zoiets bestaat als een goede moeder.'

Vrouw: 'Dus je zegt dat ik een goede moeder ben, ondanks het feit dat mijn kinderen met justitie in aanraking zijn gekomen?'

Rosenberg: 'Ik zeg niet dat je een goede of een slechte moeder bent, ik zeg alleen dat als je denkt dat een van die twee bestaat, je dan depressief wordt. Oké, nu je je daarvan bewust bent, wat is de behoefte achter het idee dat je een goede moeder moet zijn?'

Vrouw: 'Ik wil dat mijn kind wordt beschermd en leert hoe het gelukkig en goed in het leven kan staan.'

Rosenberg: 'Hoe voel je je nu?'

Vrouw: 'Verdrietig.'

Rosenberg: 'Voelt het als depressief?'

Vrouw: 'Nee.'

Rosenberg legt uit: 'Mensen beschrijven de pijn die ze achter hun boosheid of depressie voelen vaak als een zoete pijn. Het is een natuurlijke pijn, omdat het is gerelateerd aan het echte leven en te maken heeft met werkelijke behoeften. Het is geen verwrongen pijn.'

Ian: 'Man, die bewakers zijn zulke enorme klootzakken. Ze behandelen me als snot. Ze gaan niet eens in op mijn verzoek om die training te mogen bijwonen.'

Rosenberg: 'Ian, wat is de oorzaak van je boosheid?'

Ian: 'Dat zeg ik toch net?'

Rosenberg: 'Het is niet de stimulus, weet je nog? Wat vertel jij jezelf dat je zo boos maakt?'

Ian: 'Man, ik vertel mijzelf helemaal niets.'

Rosenberg: '*Slow down*, wat gebeurt er vanbinnen?'

Ian: 'Man, ze behandelen ons hier als varkens, ze hebben niet het recht daartoe.'

Rosenberg: 'Oké, nu is het duidelijk waarom je zo boos bent.'

Ian: 'Hoezo?'

Rosenberg: 'Omdat je zo denkt.'

Ian: 'Wat is er verkeerd aan om zo te denken?'

Rosenberg: 'Ik zeg niet dat het verkeerd is, ik zeg alleen dat het jouw eigen denken is waardoor jij je zo voelt. Laten we kijken wat de behoefte is achter dit denken.'

Ian: 'Man, ik heb die training nodig, anders ben ik binnen de kortste keren weer terug in de nor.'

Rosenberg: 'Hoe voel je je nu?'

Ian: 'Ik ben zo bang, man.'

Rosenberg: 'Ian, je hebt vanmiddag een gesprek met de directie. Acht je de kans niet veel groter dat zij jouw verzoek zullen inwilligen, als je op dat moment in contact staat met je verlangens, in plaats van met boosheid en alle mogelijke oordelen over anderen?'

Ian gaat in een hoek zitten en kijkt heel erg verdrietig.

Rosenberg: 'Ian, wat is er aan de hand?'

Ian: 'Ik kan er niet over praten.'

Na de lunch komt Ian naar Rosenberg toe en zegt: 'Ik wilde dat je me eerder over boosheid had verteld, dan had ik mijn beste vriend niet hoeven vermoorden.'

Rosenberg mag zichzelf dan geen groot acteur vinden, feit is dat hij alle rollen moeiteloos speelt, compleet met intonatie, lichaamstaal en verdraaide stemmen. In gevangenissen gaat Rosenberg vaak op de stoel van het slachtoffer zitten, zodat de dader inzicht krijgt in het leed dat hij de ander heeft aangedaan. Liever nog brengt hij dader en slachtoffer bij elkaar en begeleidt hen door de verschillende stappen naar heling.

'Ik probeer criminaliteit holistisch te bekijken,' zegt hij. 'Het gaat niet om een mens die moet worden gestraft, maar om heling voor slachtoffer en dader. Bovendien zie ik criminaliteit als een teken dat er een bepaalde tekortkoming is in de gemeenschap. Gevangenissen zijn noodoplossingen die slecht werken. Statistieken wijzen uit dat je mensen voor dertigduizend dollar per jaar op een plek zet waar ze uiteindelijk slechter uit komen; de misdaad neemt niet af. Straf en wraak werken gewoon niet.'

Rosenberg weet alles over wraak, omdat hij regelmatig in Rwanda werkt, waar van kinderen de handen werden afgehakt en hele families zijn uitgemoord: 'Daar is een groot verlangen naar wraak. En toch denk ik niet dat wraak een wezenlijke behoefte is. Het is meer een strategie. Wraak is een concept dat voortkomt uit een manier van denken waarmee we al duizenden jaren om de oren worden geslagen – namelijk dat de mens slecht zou zijn. Het is gebaseerd op de theorie dat je mensen corrigeert door ze te laten lijden. Ik probeer mensen duidelijk te maken dat er betere methoden zijn.'

Onlangs was hij in een gevangenis waar een jongen zat die alleen maar dacht aan de wraak die hij op zijn vroegere huisgenoot – die hem in de bak had doen belanden – zou nemen als hij uit de gevangenis zou komen.

Rosenberg: 'Ik weet zeker dat ik je iets kan leren wat waardevoller is dan wraak.'

John: 'Je bent gek, man.'

Rosenberg: 'Geef me even wat tijd.'

John: 'Tijd zat.'

Rosenberg: 'Oké, jij speelt de rol van je huisgenoot en ik speel jou. Het is de eerste dag dat je uit de gevangenis komt en je zoekt hem op. Je gaat naar hem toe en duwt hem in een stoel. Dan zeg je: "Ik ga je het een en ander vertellen van wat ik heb meegemaakt en ik wil dat je mij vertelt wat je gehoord hebt. Begrepen?"'

John als huisgenoot: 'Maar ik kan het allemaal uitleggen, waarom het is gebeurd.'

Rosenberg als John: 'Hou je bek, en doe wat ik zeg, zodat er een kans is dat we beiden levend uit deze kamer komen. Toen je bij mij in huis kwam, heb ik je in bescherming genomen, ik hielp je werk te vinden, et cetera. En toen heb je me verraden. Dat deed zo godvergeten veel pijn.'

John als huisgenoot: 'Maar je moet begrijpen...'

Rosenberg als John: 'Hou je bek en vertel me wat je mij hoorde zeggen.'

John als huisgenoot: 'Je zei dat het je heel veel pijn heeft gedaan...'

Rosenberg als John: 'En weet je hoe het voelt om twee jaar in een gevangenis te zitten en alleen maar aan wraak te denken? Het is alsof je langzaam doodgaat.'

Op dat moment vraagt John of ze kunnen stoppen. Hij zit met tranen in zijn ogen en weet ineens wat hem te doen staat. John voelt dat hij niet zozeer uit is op wraak, als wel op het begrip en het gevoel van zijn huisgenoot voor de diepte van zijn lijden. Rosenberg: 'Ik liet hem zien hoe hij empathie kan krijgen van degene die hem leed berokkende. Ik moet de mens nog tegenkomen die deze empathie heeft ontvangen en daarna toch nog wraak wil nemen.'

Indien mogelijk brengt Rosenberg daders en slachtoffers bij elkaar en gaat er dan zelf tussen zitten. Rosenberg: 'Wat was de goede reden dat je haar verkrachtte?'

Dader: 'Hoe bedoel je, goede reden? Wil je zeggen dat het goed was?'

Rosenberg: 'Nee, dat zeg ik niet, ik zeg alleen dat we erachter moeten komen welke verlangens je aan het bevredigen was door het te doen. We hebben net gekeken naar de verlangens die *niet* werden vervuld en dan hebben we het nog niet eens over het feit dat je voor zes jaar in de gevangenis terechtkomt. Er moet dus wel een sterke reden voor zijn.'

Dader: 'Man, ik was boos op de wereld. Iedereen behandelt mij als shit. Ik dacht: ik zal een ander eens laten voelen hoe het is om als shit te worden behandeld.'

Rosenberg: 'Je had dus begrip nodig?'

Dader: 'Maar er was meer, ik had aandacht en liefde nodig en wist niet hoe ik die moest krijgen.'

Dan vraagt Rosenberg het slachtoffer of ze empathie kan voelen met wat zich in hem afspeelde toen hij dat deed. 'Maar,' zegt hij stellig, 'je kunt dit alleen maar vragen als zij zelf voldoende empathie heeft ontvangen. Dit voordien vragen, is ronduit gemeen. Heel vaak worden wij aangemoedigd om de ander te vergeven. Dat gaat niet. Maar als slachtoffers zien dat de dader echt spijt heeft en ze empathie kan hebben voor zijn verhaal, dan is dat het begin van een samenwerking tussen dader en slachtoffer die vanzelf tot heling leidt. Dan is de cirkel rond en kunnen dader en slachtoffer weer door. Dat is bevrijding.'

CHECK

Ben je je bewust van de behoeften achter je daden?

AHA

Je kunt alleen vergeven vanuit het diepste zielsniveau.

Wanneer je werkelijk empathie kunt opbrengen voor een ander, is zelfs vergeving niet meer nodig.

Heling kan alleen voortkomen uit gelijkwaardige relaties. Zodra iemand zich opstelt als therapeut en de ander in de rol gaat van cliënt, is heling uitgesloten.

ACTIE

Wanneer je merkt dat je vast komt te zitten in een emotie, laat jezelf dan door die laag heen vallen en kijk wat er onder dat gevoel zit.

Wees empathisch naar anderen toe. Dat is iets anders dan sympathie. Sympathie betekent meelijden door jouw eigen verhaal op dat van een ander te plakken: 'Ja, dat heb ik ook.' Empathie betekent niet meelijden, maar slechts volledig aanwezig zijn voor de ander.

MEDITATIE

Vraag jezelf wat er op dit moment in je leeft en laat je dan door de verschillende emotionele lagen heen vallen, totdat er niets meer over is. Onder al die lagen ligt jouw eeuwige, zuivere kern verborgen. Wanneer je deze kern weer ervaart, maak dan de 'reis' door de lagen heen weer terug en vergeef de mensen die je associeert met de emoties die bij elke laag horen.

EMOTIES VERWERKEN

'We kunnen niets veranderen tenzij we het accepteren. Verwerping bevrijdt niet, ze benauwt ons.'

Carl Jung, Zwitsers psychiater

'Verander je wonden in wijsheid.'

Oprah Winfrey, Amerikaans televisiepresentatrice

'Als je je emoties niet onder controle hebt, als je niet weet waar je mee bezig bent, als je niet kunt omgaan met je verdrietige gevoelens, als je niet empathisch kunt zijn en geen zinvolle relaties kunt hebben, dan zul je, hoe intelligent je ook bent, niet ver komen.'

Daniel Goleman, Amerikaans psycholoog

‘Blues is gemakkelijk om te spelen, maar zwaar om te voelen.’

Jimi Hendrix, Amerikaans gitarist

‘Wanneer je je inlevingsvermogen en je verbeeldingskracht begint te ontwikkelen, gaat de hele wereld voor je open.’

Susan Sarandon, Amerikaans actrice

DEEL VIER

DRAGERS VAN HET LICHT

Waarin je leert om je optimisme en zelfvertrouwen aan te zetten, zodat je altijd de gelukkigste mens op aarde bent; waarin je de kracht van vriendelijkheid leert kennen en het gewone leven weer als buitengewoon gaat ervaren; waarin je leert hoe je Bloods en Crips met elkaar verzoent, een verlichte vampier wordt, Lilith uit haar grot bevrijdt en een meester wordt, in plaats van een volgeling.

19

De nieuwe mens

Journalist: 'Mr. Gandhi, hoe denkt u over
de beschaving van het Westen?'
Gandhi: 'Ik denk dat het een goed idee zou zijn.'

Ooit waren Wendela – mijn jongere zus – en ik punkrockers. Haren – in alle kleuren – rechtovereind, leren jasjes, gescheurde spijkerbroeken en zwarte lijntjes rond bloeddoorlopen ogen. We waren jong, wild, onbezonnen en niet van plan ons aan te passen aan welk maatschappelijk regime dan ook: *fuck the system*! We hadden er zo ongeveer alles aan gedaan om met succes de sporen van onze keurige Amstelveense opvoeding uit te wissen. Wie ons in die tijd over straat zag banjeren, had niet veel inlevingsvermogen nodig om het credo van de punkbeweging te begrijpen: *no future*.

Op een zwoele zomeravond in 1978 gebeurde er echter iets wat een schaduw wierp over onze toch al vrij duistere instelling. Er was een punkfestival gepland – het eerste in Nederland – in Castricum *of all places*. Daar moesten we natuurlijk bij zijn, maar toen we daar aankwamen, bleken we bepaald niet de enigen te zijn. Vrijwel alle punks die Nederland op dat moment rijk was – zo'n honderd in totaal – arriveerden die warme zomeravond vrijwel gelijktijdig in het rustige provinciestadje.

De tocht van het station naar het jeugdhonk beloofde al niet veel goeds. Vrijwel alles sneuvelde: plantenbakken, fietsen, verkeersborden en zelfs winkelruiten. De plaatselijke middenstand had zoiets nog nooit meegemaakt en was dan ook volkomen onvoorbereid. In dolle paniek werden stoelen, tafels, parasols en uithangborden binnengehaald – meestal te laat. Het tweetal agenten dat die avond dienst had, vluchtte hun auto in en riep wanhopig om versterking.

Eenmaal in het jeugdhonk aangekomen, overheerste de geur van hasj, bier, viltstiften en *spray paint*. Vol ontzetting keek de organisatie toe hoe hun ludiek opgeschilderde clubgebouw binnen een kwartier onherkenbaar was geworden. De eerste punkband stond nog maar net op het podium, toen het festival al ten einde was. De geluidsinstallatie had de vele liters bier niet overleefd. Bovendien stond de politie inmiddels in groten getale voor de deur – tot de tanden toe gewapend. Of we onmiddellijk wilden inrukken.

De zware escorte die ons naar het station begeleidde, kon niet verhinderen dat vele fietsen en ander losstaand materieel alsnog in de laatste trein richting Amsterdam CS verdween. In de trein brak de hel pas echt los. Het duurde niet lang of alles was donker omdat geen tl-buis nog heel was. Een aantal gewone reizigers had zich in paniek in de voorste wagon verschanst. Ook Wendela en ik waren daar gaan zitten. We waren dan wel punk, maar aan geweld deden we niet. Ik mompelde mijn excuses en probeerde de reizigers op hun gemak te stellen – zonder enig resultaat.

Tot driemaal toe stond de trein midden in het weiland stil, de laatste keer zelfs meer dan een uur. Even leek het erop dat we beter konden uitstappen en te voet verder konden gaan, omdat de conducteur weigerde de noodrem nog een keer omhoog te draaien – een noodzakelijke handeling voor de trein om verder te kunnen rijden. De goede man had zich naast de machinist in de controlecabine opgesloten en was niet van plan zijn leven nog een keer in de waagschaal te stellen.

Uiteindelijk kreeg hij een vrijgeleide en rolden we in de vroege ochtenduren eindelijk Amsterdam binnen. Daar stond de ME ons met honden, paarden, schilden, traangas en gummiknuppels op te wachten. Hoe ik de dans ontsprongen ben, weet ik niet, maar ik werd niet opgepakt. De volgende dag verkocht ik mijn leren jasje op het Waterlooplein. Voor mij even geen punkrock meer.

Tien jaar na dit incident zat ik 's avonds in een trein op weg naar Amsterdam, toen ik ineens datzelfde ongemakkelijke gevoel weer kreeg. Ik keek rond en voelde me ineens totaal vervreemd van de mensen om me heen. Ik realiseerde me plotseling tot welke soort ik behoorde: de mens – dat wezen dat hard op weg was de aarde te slopen en het belangrijker vond om geld en energie te steken in het produceren van massavernietigingswapens dan schoon drinkwater, sanitair en gezonde voeding voor zijn wegkwijnende broeders en zusters. Ik had het helemaal gehad met de mens en wilde er niet meer bijhoren.

Ik wilde in een ander treinstel gaan zitten waar normale mensen zaten, maar waar was dat? Ik wilde de mensen om me heen wakker schudden en roepen dat het de hoogste tijd was om afstand te doen van het oude mens-zijn en onszelf opnieuw uit te vinden. Ik wilde mijn excuses aanbieden en uitleggen dat het allemaal niet zo bedoeld was, maar niemand geloofde me. En toen ik mijn spiegelbeeld in het raam zag, begreep ik waarom. Ook ik zag eruit als een mens. Ik was een van hen en kon mij er niet aan onttrekken, zoals ik destijds had gedaan door mijn leren jas te verkopen.

Die avond in de trein begon mijn zoektocht naar de nieuwe mens in mijzelf – naar een nieuwe invulling van het oude mens-zijn. Die reis – die tot op de dag van vandaag voortduurt – heeft wel wat weg van die onstuimige reis van Castricum naar Amsterdam: dwars door de nacht naar een nieuwe dageraad.

De eerste jaren van deze reis waren redelijk eenzaam. Afstand doen van het mens-zijn is één ding, maar wat ben je dan? Wat is het alternatief? Waar hoor je nog bij? De laatste jaren voel ik me echter een stuk minder alleen. Het voorste deel van de trein waarin ik was gaan zitten, is steeds voller geworden, en bij elke station stappen meer mensen in.

Over twee jaar gaat er echter iets gebeuren, waardoor de trein zo vol zal worden, dat er zelfs nauwelijks meer plaats zal zijn voor de oude mens. We staan namelijk aan de vooravond van een unieke gebeurtenis: de meest gedreven en idealistische generatie van de afgelopen eeuw staat op het punt om 65 jaar te worden. Deze babyboomers – geboren tussen 1946 en 1964 – waren de *love and peace*-generatie die de wereld in de jaren zestig een ander aanzien wilde geven – en dat ook heeft gedaan.

Zíj waren het die demonstreerden tegen kernwapens, die baas in eigen buik wilden zijn, die opriepen tot een menselijker kapitalisme, die biologische groenten gingen verbouwen en vegetarisch gingen eten. Zíj maakten een einde aan de oorlog in Vietnam, bestreden de corruptie (Watergate) en de kleinburgerlijkheid (Woodstock). Ze stonden op de bres voor het feminisme (Dolle Mina) en tegen het racisme (Black Panthers). Zij brachten een nieuw soort leiders voort (John F. Kennedy en Václav Havel), rekenden af met het cynisme en brachten hoop op een betere toekomst.

De reden dat veel van hun idealen uiteindelijk niet zijn uitgekomen, heeft er alles mee te maken dat de babyboomers de afgelopen decennia hun handen vol hadden aan carrière maken, de hypotheek aflossen en kinderen krijgen. Maar over twee jaar is het zover: dan wordt de eerste babyboomer 65 en hebben zij alle tijd, geld en energie om die idealen alsnog in de praktijk te brengen. Ruim driekwart van de boomers zegt na hun vijfenzestigste maatschappelijk actief te willen blijven en verheugt zich nu al op een nieuwe, productieve levensfase waarin idealisme en dienstbaarheid centraal zullen staan. De gevreesde vergrijzing zou weleens een inspirerende verzilvering kunnen worden.

Wanneer de boomers de idealen van weleer weer boven aan hun agenda's zetten, betekent dat niets minder dan een maatschappelijke aardverschuiving. Het gaat hier namelijk over heel veel mensen: de grootste generatie uit de wereldgeschiedenis. De babyboomgeneratie is twee keer groter dan de eraan voorafgaande generatie en anderhalf keer groter dan de hen opvolgende generatie.

Daarbij komt dat de boomers over het algemeen over de financiële middelen beschikken om hun idealen in de praktijk te brengen. In de Verenigde Staten beheren mensen boven de vijftig jaar bijna tachtig procent van de totale rijkdom. Ze zijn de best opgeleide generatie uit de wereldgeschiedenis. Zij bezitten vier keer meer middelbareschooldiploma's en universitaire titels dan de voorafgaande generatie.

Die samenloop van omstandigheden voorspelt dat de jaren tien van de eenentwintigste eeuw – een eeuw na de verschrikkingen van de Eerste Wereldoorlog – weleens een historische ommekeer zou kunnen betekenen en dat de dromen van de jaren zestig eindelijk gestalte kunnen krijgen. Groovy man!

CHECK

Wat is jouw definitie en invulling van het mens-zijn?

MOEDIGE MENSEN

'Leven is meervoud van lef.'

Loesje, Nederlands postermeisje

'Leven is óf een gewaagd avontuur, óf niets.'

Helen Keller, Amerikaans auteur

'Het lijkt erop of de chaos van deze wereld toeneemt, maar dat is ook het geval met de schoonheid in het bewustzijn van steeds meer mensen.'

Anthony Kiedis, zanger Red Hot Chili Peppers

'Als we het durfden, als onze maatschappij werkelijk ballen had, dan zouden we de misstanden in deze maatschappij aanpakken.'

Jerry Garcia, zanger Grateful Dead

'Oh, Lord, won't you buy me a Mercedes Benz!'

Janis Joplin, Amerikaans zangeres

20

De gelukkigste man op aarde

'Sommigen zien de dingen zoals ze zijn en willen weten waarom ze zo zijn. Ik droom van dingen die er nooit zijn geweest en wil weten waarom niet.'

Robert Kennedy, Amerikaans staatsman

Het is lang geleden dat ik zenuwachtig was voor een interview, maar naast Robert Muller voel ik me weer dat ventje dat voor het eerst met een recorder op stap gaat. Muller is namelijk een van mijn helden. Ik bevind me daarbij in goed gezelschap, want ook voor drie achtereenvolgende secretaris-generaals van de Verenigde Naties, Paus Johannes Paulus II en het opperhoofd van een Noord-Amerikaanse indianenstam – om er maar een paar te noemen – is Muller een persoonlijke held.

Toen Muller Paus Johannes Paulus II ontmoette, was deze zo onder de indruk, dat hij zijn halsketting afdeed en die Muller omhing. Het indianenopperhoofd deed hetzelfde. Muller draagt ze beide met trots, vaak over zijn nette diplomatenpak heen. Binnen de Verenigde Naties, waar hij het grootste deel van zijn leven werkzaam was, werd hij 'de Profeet' of 'de Filosoof' genoemd. Muller leeft namelijk vanuit gedrevenheid en passie voor een missie die hij lang geleden met zichzelf is overeengekomen: niets minder dan het vestigen van het Paradijs op Aarde.

Toen Muller, die opgroeide in Elzas-Lotharingen (het stukje grond tussen Frankrijk en Duitsland waar al zoveel strijd over is geleverd), 25 was, speelde zich een tragedie af die leidde tot het formuleren van zijn missie. 'De Tweede Wereldoorlog liep op zijn eind,' vertelt hij, 'en ik maakte deel uit van het Franse verzet. Mijn compagnie kreeg het bericht dat twintig gewapende Duitsers zich schuilhielden in een barak bij ons in de buurt. Ik was de enige die Duits sprak, dus werd ik aangewezen om te onderhandelen. Het waren jonge mannen – jongens nog eigenlijk, bang en wanhopig. Via een megafoon haalde ik ze over om naar buiten te komen. Ik beloofde ze dat we ze geen kwaad zouden doen, dat ze veilig waren en over een paar dagen naar huis werden gestuurd. Ze kwamen naar buiten en gaven zich over.'

Muller fronst zijn wenkbrauwen en praat op gedempte toon verder: 'De dag daarop hoorde ik dat ze allemaal dood waren – neergeschoten door Franse verzetsmensen.' Hij slaat zijn armen over elkaar, waarbij de halskettingen tijdelijk worden bedekt en staart in de verte. Dan zucht hij, heft zijn handen ten hemel en zegt: 'Kun je je voorstellen hoe ik me voelde? Ik had ze bedrogen! Ze waren verraden! Tot op de dag van vandaag zie ik hun gezichten voor me.'

Weer is hij stil, als om het innerlijke beeld nog meer scherp te stellen. 'Gisteren waren ze nog in leven,' zegt hij dan. 'Hun dromen waren nog intact, hun ouders wachtten nog gespannen op hun terugkeer en wilden graag trots op hen zijn. En nu waren al hun hoop en ambities voorgoed verdwenen.' Toen hij het nieuws hoorde, rende Muller een heuvel op en viel snikkend ter aarde. Hij zag beelden voor zich van zijn vader die in twee oorlogen had gevochten, van zijn grootvader die vijf verschillende nationaliteiten had gehad en drie oorlogen had meegemaakt en van zijn neven die in de huidige oorlog in verschillende uniformen tegenover elkaar stonden. De wereld leek wel gek te zijn geworden!

Plotseling werd hij bevangen door een gevoel van enorme vastberadenheid. Hij keek naar de maan en de sterren, waarvan het licht al zwakker werd en zwoer dat hij zich zijn hele leven zou inzetten voor de vrede. 'Ik had geen idee hoe ik dat zou doen,' zegt Muller, 'maar ik wist dat het de rest van mijn leven mijn grootste obsessie zou blijven. Ik zwoer het aan de twintig jongemannen wier lijken een paar honderd meter verderop op de grond lagen te bloeden.'

Toen Robert Muller enkele uren later de heuvel af liep, was hij een ander mens geworden. De enige vraag was: hoe doe je dat, je leven inzetten voor de vrede? Het antwoord kwam kort na de oorlog, toen Muller in een weekend zijn ouders opzocht. Hij had geen tijd gehad om iets te lezen te kopen voor de treinreis van drie uur, maar herinnerde zich een affiche, waarop stond dat de Franse commissie voor de Verenigde Naties een beloning van vijfduizend franc uitloofde voor de student die het beste essay schreef over de mogelijke opzet van een wereldregering.

'Dit is je kans,' had Muller tegen zichzelf gezegd en was aan de slag gegaan. Een paar weken later kreeg hij bericht dat zijn essay had gewonnen. Hij werd uitgenodigd om als stagiair mee te werken aan een bijeenkomst van de Wereldfederatie van commissies voor de Verenigde Naties in Genève. Dat was in 1948, nog maar twee jaar na de allereerste bijeenkomst van de Algemene Vergadering. Deze periode als stagiair zou het begin vormen van een schitterende loopbaan van veertig jaar bij de VN, waarbij Muller hoofd zou worden van 32 afdelingen en uiteindelijk tot driemaal toe tweede man was – onder Kurt Waldheim, U Thant en Javier Pérez de Cuéllar.

Muller, inmiddels bijna negentig en alleen nog langs de zijlijn werkzaam voor de VN, leeft zijn missie nog steeds en heeft hoop voor de mensheid in bange dagen: 'De geschiedenis van de mens is tot op heden de historie van een primitief wezen geweest. Maar nu we er steeds beter in slagen om over de hele wereld kennis en bewustzijn tot stand te brengen, staan we als biologische soort voor onze ware uitdaging: het juiste beheer van de aarde. De echte geschiedenis van onze wereld is nog maar net begonnen.'

Normaal gesproken zou je bij zulke hoogdravende teksten misschien een wenkbrauw optrekken. Maar als Muller aan het woord is, zit je rechtop en zorg je dat je recorder aanstaat. Als hij zegt: 'In de strijd tussen de krachten van goed en kwaad op deze planeet mag niemand neutraal blijven,' dan wil je direct partij kiezen. Je wilt bij zijn team horen en in zijn droom delen.

Een van de redenen waarom je deze man graag wilt geloven, is dat je niet alleen praat met een bevlogen idealist, maar ook met een hoge diplomaat, een ervaren politicus en een geschoold econoom. Zijn veelzijdige persoonlijkheid en unieke talenten zijn een verklaring voor zijn succesvolle carrière. Wanneer de idealist in hem wil dat een droom realiteit wordt, dan komen de diplomaat en de politicus in actie om de klus te klaren. Hij is inmiddels met pensioen maar 'nog veel te verliefd op het leven om achterover te leunen'.

Muller leerde zijn vermaarde optimisme en verliefdheid op het leven van Émile Coué, een Franse psycholoog en farmaceut die een filosofie had ontwikkeld van optimisme en zelfredzaamheid. Toen Muller tijdens de Tweede Wereldoorlog door de nazi's gevangen werd genomen, herinnerde hij zich het boek dat hij van Coué had gelezen, waarin deze uitlegt dat geluk niet iets is wat de mens van buitenaf toevalt, maar een kracht die binnen in hem schuilt.

Muller: 'We waren erg bang, ons lot was volstrekt onzeker in die kleine gevangenis. Er was zo weinig zuurstof dat we niet durfden te gaan liggen om te slapen, uit angst dat we zouden stikken. In de hoek stond een emmer, waaruit een verschrikkelijke stank opwalmde. Dat was ons toilet. In die vreselijke toestand werd ik me bewust van mijn gedachten. Ik had gemakkelijk in paniek kunnen raken of alle hoop kunnen laten varen, maar ik dacht aan het advies van Coué: "Wees altijd de gelukkigste mens op aarde, waar je ook bent en wat je ook doet." Als je het zo kunt bekijken, is gevangenzitten eigenlijk best een interessante ervaring.'

Het lukte Muller om een potlood te pakken te krijgen en hij begon een romantisch liefdesverhaal op de binnenkant van de celdeur te schrijven. 'Puur door middel van mijn wil en verbeeldingskracht was ik in staat om in die barre tijden geestelijk weerbaar te blijven en zelfs af en toe geluk te voelen,' zegt hij.

Het vermogen om onder alle omstandigheden optimistisch en gelukkig te zijn, is niet iets wat Muller vanzelf toevalt. Ook hij moet daar zijn best voor doen. Muller: 'Wanneer ik tijdens mijn werk bij de VN werd geconfronteerd met slecht nieuws of met politici die alleen maar ruzie zochten, dan keerde ik mij naar binnen om mijn optimisme en zelfvertrouwen in te schakelen. Wanneer ik dat doe, dan kom ik onmiddellijk weer in een positieve, creatieve stemming. Die geheimzinnige kwantumsprong tussen de negatieve en de positieve stroom blijft voor mij een mysterie. Ik begrijp er eigenlijk niets van, maar het heeft me wonderbaarlijk goed geholpen. Het is een enorm dwaze en kortzichtige houding om ongelukkig te zijn, ondankbaar te zijn en geen ontzag en waardering te ervaren voor het grootse geschenk van dit leven.'

Muller heeft het vermogen om mogelijkheden te zien waar anderen alleen maar problemen zien. Dit werd duidelijk toen hij van 1961 tot 1971 onder U Thant diende. Muller: 'Toen zijn termijn ten einde liep, vroeg ik hem: "Hebt u nog onvervulde wensen? Is er iets wat u binnen deze termijn nog wilt verwezenlijken?" Dat was er. Hij wilde dat China deel ging uitmaken van de Verenigde Naties en hij verlangde ernaar, dat een werkelijk spirituele stem zich tot de Algemene Vergadering zou richten.' Muller slaagde er hetzelfde jaar nog in paus Paulus VI over te halen om de Algemene Vergadering toe te spreken. In 1971 trad China toe tot de VN, voornamelijk dankzij de niet-aflatende druk van U Thant en de speeches die Muller voor hem schreef.

Ook Javier Pérez de Cuéllar werd sterk door Mullers scherpzinnige optimisme beïnvloed. 'Ik kan me de dag nog herinneren dat hij me vroeg om zijn tweede man te worden,' zegt Muller. 'We trokken ons terug in zijn werkkamer in het VN-gebouw om onze aanstaande samenwerking te beklinken. Hij was dol op klassieke muziek en zette een prachtig stuk op. We lieten ons allebei meevoeren op de klanken, en toen het stuk ten einde was, zei hij: "Weet je Robert, eigenlijk vind ik politiek helemaal niet zo leuk. Ik ben bang dat ik niet veel ga maken van deze baan."'

Muller: 'Wat vindt u dan wél leuk?'

Pérez de Cuéllar: 'Muziek. Ik zou het liefst dirigent zijn.'

Muller: 'Maar u bént ook een dirigent. U staat elke dag voor de Algemene Vergadering, waarbij u alle landen kunt dirigeren om in een volmaakte harmonie met elkaar te spelen.'

De glimlach die langzaam op het gezicht van Pérez de Cuéllar ontstond, was die van een man die wist dat hij zijn roeping had gevonden.

Als we afscheid van elkaar nemen, haalt Muller een mondharmonica uit zijn binnenzak en speelt *Ode An die Freude* van Beethoven. Hij heeft het instrument altijd bij zich en heeft het al vaak ingezet om spanningen te doorbreken en harten te ontdooien. 'We moeten bij onszelf een wereldbrein laten groeien, een wereldhart en een wereldziel,' zegt hij, als hij mij een hand geeft. 'Dat is op dit moment in de evolutie onze meest urgente taak. Er is maar één geloof dat een eind kan maken aan alle ellende op deze planeet: het geloof dat het menselijk ras volmaakt kan worden.'

CHECK

Ben je op elk moment de gelukkigste mens op aarde?

Heb je ontzag en waardering voor het grootste geschenk van dit leven?

Geloof je dat je volmaakt kunt zijn?

Ben je in staat om onder alle omstandigheden je optimisme en zelfvertrouwen in te schakelen?

DROMEN EN VERANDERING

'We hebben mensen nodig die kunnen dromen van dingen die nog niet bestaan.'

John F. Kennedy, Amerikaans president

'Je kunt je afvragen of de droom van hemel en grootsheid in ons graf op ons zou moeten wachten – of dat we die hier en nu en op aarde moeten neerzetten.'

Ayn Rand, Amerikaans filosofe

'Mijn vader zegt altijd: wat je niet kunt veranderen, dat moet je accepteren. Terwijl ik vind: wat je niet kunt accepteren, dat moet je veranderen!'

Theo Maassen, Nederlands cabaretier

'Het moment van verlichting komt wanneer iemand met dromen over mogelijkheden die ziet veranderen in beelden van waarschijnlijkheden.'

Vic Braden, Amerikaans auteur

'Wie denkt dat hij iets kan, kan het, en wie denkt dat hij iets niet kan, kan het niet. Dit is een onverbiddelijke, onbetwistbare wet.'

Pablo Picasso, Spaans kunstenaar

21

De kracht van vriendelijk

'Uiteindelijk zullen we ons niet de woorden van onze vijanden herinneren, maar de stilte van onze vrienden.'

Martin Luther King Jr., Amerikaans dominee

Een Italiaan die een boek over de kracht van vriendelijkheid schrijft, met een voorwoord van de Dalai Lama? Dat kan niet waar zijn! Italianen zijn toch van die drukke baasjes met weinig tijd, strak gesneden maatpakken, heftige gebaren en snelle voertuigen? Die hebben toch geen tijd om vriendelijk te zijn, laat staan om er een boek over te schrijven? Piero Ferrucci moet een uitzondering zijn – of ik ben te lang niet in Italië geweest.

Dat laatste blijkt het geval. In het Florence van Ferrucci heeft de tijd niet alleen stilgestaan – je waant je regelmatig in de middeleeuwen – maar wordt de klok ook bewust stilgezet. Hier werd de *slow*-beweging geboren: een bewuste keuze om traditionele waarden en lokale gebruiken in ere te herstellen. Hier geen McDonald's, maar gezellige barretjes waar je in alle rust kunt genieten van kazen, hammen, broden, wijnen en pasta's die smaken naar traditie. De mensen zijn trots op hun oude gebouwen en hun imposante pleinen met historische beelden, en hebben geen boodschap aan de goedkope luxe van de moderne winkelketens. 's Middags wordt er nog gerust, en op zondag hoef je niet zoveel. Natuurlijk scheurt ook hier weleens een scooter om een hoek, maar veel vaker word je verrast door een glimlach, een praatje of een vriendelijk gebaar.

Piero Ferrucci komt niet uit Florence, maar uit het noordelijker gelegen Turijn, dat meer de Noord-Europese zakelijkheid uitstraalt; maar toen hij op zijn drieëntwintigste in Florence neerstreek, voelde hij zich meteen thuis. Het unieke Toscaanse landschap speelde daarin een belangrijke rol, maar zeker ook de aanwezigheid van zijn grote leermeester: Roberto Assagioli, grondlegger van de psychosynthese.

Assagioli was een tijdgenoot van de grote psychotherapeuten, zoals

Sigmund Freud en Carl Jung. Als enige Italiaan vertoefde hij regelmatig in hun illustere gezelschap, maar Assagioli deed meer dan alleen van hen leren. Voor hem was de nadruk die – vooral door Freud – werd gelegd op pathologie niet de weg naar gezondheid. Voor hem was juist vreugde de oertoestand van de mens. Niet de analyse, maar de synthese stond bij hem centraal. Assagioli raakte er steeds meer van overtuigd dat ieder mens een kern bezit die intact is en gevuld is met schoonheid. Vandaar ook zijn grote interesse in spiritualiteit.

Toen Assagioli in 1974 overleed, nam Piero Ferrucci als vanzelfsprekend het stokje over. In 1990 schreef hij – na negen jaar intensieve studie – het boek *Zeven wegen naar het Zelf.* Naast zijn dagelijks werk als therapeut is Ferrucci uitgegroeid tot een internationale autoriteit op het gebied van psychosynthese. Hij schreef verschillende boeken, waaronder *Vriendelijkheid als levenshouding en helende kracht.*

De weg naar de vriendelijke psychotherapeut gaat door de heuvels die de noordkant van Florence omzomen. Boven op een van die heuvels ligt het kleine dorpje Fiesole, waar Ferrucci op de bovenste verdieping van een sfeervol appartement op mij staat te wachten. Als we elkaar de hand schudden, zie ik over zijn schouder door het raam een glooiend dal, dat menig overspannen cliënt een moment van rust moet hebben geschonken.

Waar het landschap – wijnranken, oude boerderijen, klooster op de berg, cipressen – naadloos aansluit bij mijn verwachtingen van Italië, voldoet Piero Ferrucci in geen enkel opzicht aan mijn stereotype beeld van de Italiaanse man. Hij spreekt zachtjes en langzaam en komt in eerste instantie een beetje verlegen over. Ook het snelle pak ontbreekt. Geen drukke, gepassioneerde Italiaan? Zijn ogen twinkelen: ‘De schijn kan bedriegen. Ik sta regelmatig voor stoplichten die eeuwig rood lijken te zijn. Tussen twee ringtones van een telefoon heb ik weleens gedacht: *waar blijft de volgende toon*? Ik heb er echter mee leren omgaan.’

En Ferrucci heeft er een studie van gemaakt. Als geen ander kent hij de voordelen van rust en vriendelijkheid, boven stress en ellebogenwerk: ‘Een van de redenen waarom de evolutie is geslaagd, is omdat we vriendelijk voor elkaar zijn geweest. Vriendelijke mensen zijn geen bizarre mutanten in een gewelddadige wereld, maar zetten vermogens in die in de loop van de evolutie hun nut hebben bewezen. Vriendelijkheid is de meest economische houding die er is. Je verspilt geen energie aan wantrouwen, zorgen, afkeer en manipulatie.’

Ferrucci weet uit ervaring dat vriendelijk zijn niet altijd makkelijk is, zeker niet in het huidige tijdsgewricht: 'We leven in een ijstijd van het hart. Veel mensen voelen zich niet meer verbonden. Niets is zo helend als een ware ontmoeting met een medemens. Experimenteer er maar mee: maak oogcontact, maak een praatje over het weer. Het maakt niet uit als het nergens over gaat. Je zult merken dat er dan iets verandert – energie gaat stromen, blokkades vallen weg.'

Volgens Ferrucci zit in ieder van ons een kern, waar we niet zijn gekwetst, waar we gezond, ontvankelijk en krachtig zijn: 'Ik ben ervan overtuigd dat zelfs mensen die heel veel pijn hebben geleden, deze gezonde kern in zich dragen. Die kern terugvinden is misschien wel de mooiste zoektocht van ons leven. Als we terugkeren naar dit middelpunt – al is het maar heel even – dan worden ruzies en wrok ontmaskerd als absurde tijdverspilling. Wanneer we in onszelf de plaats vinden waar we gelukkig en heel zijn, dan is vergeving al een feit. We hoeven dan geen moeite meer te doen, we hoeven geen mentale acrobatiek te beoefenen.'

Een van de grootste obstakels in het proces van vergeving is echter dat we denken dat het een zwaktebod is. We denken dat het ons zwak maakt. Het is bovendien eng om je verdediging te laten zakken en je hart te openen voor een ander. Ferrucci: 'Je moet je trots opgeven, voordat je kunt inzien dat je geluk afhankelijk is van anderen. Je kunt wel star aan je zogenaamde gelijk blijven vasthouden, maar wat bereik je daarmee? We realiseren het ons misschien niet altijd, maar ieder van ons snakt ernaar om te worden geliefd, en vooral om te worden vertrouwd.'

Volgens Ferrucci is iemand die zich voor je opent en je vertrouwen schenkt het grootste geschenk dat je kunt krijgen. 'Ga maar na,' zegt hij, 'welke relaties jou in je leven het meest hebben verrijkt, en waarom. Dat zijn vrijwel altijd relaties waarbij mensen je vertrouwen schonken. Vertrouwen is zo kostbaar. Het is het geschenk waarvoor we het meest dankbaar zijn. Natuurlijk is het eng. Geloof me: achter elke daad van vertrouwen gaat een huivering van angst schuil.'

Een andere component van vriendelijkheid is aandacht. Ferrucci: 'In stilte hopen we allemaal dat er iemand is die dat voor ons overheeft, iemand die volledig voor ons aanwezig wil zijn. Zuivere aandacht is zonder oordeel en zonder advies. Aandacht is een vorm van vriendelijkheid, en een gebrek eraan is de grootste vorm van lompheid. Aandacht is het medium dat ons in staat stelt vriendelijkheid te laten stromen. Aandacht voegt energie toe, terwijl gebrek aan aandacht energie wegneemt.'

Gaandeweg het gesprek is de zon steeds hoger tegen de heuvels opgekropen. Vlak achter Ferrucci's huis ligt de heuvel waar Leonardo da Vinci zijn beroemde vliegexperimenten deed. Ik ben onder de indruk: 'Hier, om de hoek, vloog Leonardo van de berg?'

Ferrucci kan een schaterlach niet onderdrukken. 'Jazeker,' zegt hij, 'alleen liet hij het echte vliegwerk wel aan anderen over.'

Ook Ferrucci doet op zijn eigen manier vliegexperimenten. Menig cliënt zal het gevoel hebben gehad met vleugels zijn pand te hebben verlaten. Niet omdat alle problemen waren opgelost, maar omdat die problemen ineens minder zwaar leken – of waren vergeten. Ferrucci's aanpak: 'Natuurlijk richt ik mij eerst op de acute nood van de cliënt, het probleem, het lijden. Daarvoor komen mensen tenslotte bij me. Maar later richt ik me op positieve kwaliteiten. Als je je aandacht steeds op pathologie richt, dan wordt dat heel groot. Ik denk dat je problemen niet altijd kunt oplossen, maar wel kunt vergeten. Het gebeurt vaak dat mensen hier komen om aan problemen te werken en zich na verloop van tijd afvragen wat het probleem ook alweer was. Net als met kinderen die bang zijn voor het donker – op den duur groeien ze eroverheen en vergeten ze het gewoon.'

Eigenlijk vindt Ferrucci het therapeutschap maar een vreemde tak van sport. Paradoxaal ook, want in zekere zin houden therapeuten pathologie ook in stand. 'Mensen hebben altijd het idee dat ze bij een therapeut moeten praten over alles wat verkeerd gaat. Natuurlijk gaat er soms veel verkeerd, maar dat is nooit het hele verhaal. Soms kom ik een cliënt op straat tegen terwijl die met een vriend of vriendin staat te praten. Die cliënt ziet er dan heel anders uit: ontspannen en veel gelukkiger. Dat is óók waar. Dat is óók reëel. Het lijkt wel of we in onze cultuur een soort obsessieve aantrekkingskracht hebben naar het zwarte, het slechte, het gruwelijke.'

Ferrucci heeft niet alleen een andere kijk op psychotherapie, maar ook op het ontstaan van emotioneel leed: 'We denken wellicht dat geestelijke ziekten vanuit pijn en trauma ontstaan. Maar de echte ziekte is dat we het mooiste deel van onszelf ontkennen. We ontkennen onze creativiteit, onze vreugde, onze vriendelijkheid. Daarom lijden we. We onderdrukken niet alleen geweld en seks – zoals Freud zei –

maar we onderdrukken vooral liefde en innerlijke schoonheid, omdat dat nog veel enger is.'

Liefde en schoonheid zijn enger dan geweld en seks? Ferrucci heeft er een verklaring voor: 'Het is veel makkelijker om je aan te passen en te zijn zoals iedereen is. Als je creatief, gelukkig en vreugdevol bent, ben je een uitzondering – anders dan anderen. Dat is eng, want mensen zouden je weleens kunnen afwijzen, en dan sta je alleen. Bovendien kan een staat van bewustzijn, zoals intense vreugde, heel bedreigend zijn. Je hebt het gevoel jezelf kwijt te raken, je structuur te verliezen. *You go out of your mind* – letterlijk. Als je een piekervaring hebt, lijkt het of je ergens anders heen gaat, maar in feite kom je daardoor juist terug bij jezelf.'

Het doet Ferrucci pijn om te zien hoe mensen met zichzelf omgaan. 'We behandelen onszelf slecht,' zegt hij. 'We nemen nauwelijks de tijd onszelf beter te leren kennen. Onze cultuur lijdt aan een overdosis actie en een tekort aan contemplatie. Ik zie contemplatie als een basisbehoefte die je zelfs bij dieren ziet. Denk maar aan honden of katten – die zie je vaak gewoon een beetje in de verte staren. Dat is – denk ik – hun vorm van meditatie, hun manier om de accu weer op te laden. Wij hebben die behoefte ook. Maar we ontkennen dat basale, fysiologische verlangen – alsof een hele samenleving vergeet naar de wc te gaan. Dat is ernstig!'

Volgens de vriendelijke wetenschapper is er één heel effectieve methode om je eigenbelang optimaal te dienen: anderen dienen: 'Dat is dé manier om gelukkig te worden en je vrijheid terug te vinden. Help anderen om vrij te worden van hún angst en pijn. Draag bij aan hún geluk. Mensen denken vaak dat ze moeten kiezen tussen hun eigenbelang en het belang van een ander. Maar dat hoeft helemaal niet, want dat is namelijk precies hetzelfde.'

CHECK

Wanneer heb je voor het laatst een medemens ontmoet?

Kun je de plek in jezelf vinden waar je gelukkig en heel bent?

Besteed je regelmatig tijd aan jezelf?

Hoeveel mensen heb je vandaag gelukkig gemaakt en onbaatzuchtig gediend?

Durf je anderen te vertrouwen?

AHA

Vergeving is geen zwaktebod.

De reden dat de evolutie is geslaagd, is omdat we vriendelijk voor elkaar zijn geweest.

Als je terugkeert naar het middelpunt, dan worden ruzies en wrok ontmaskerd als absurde tijdverspilling.

De echte ziekte is dat we het mooiste deel van onszelf ontkennen.

MEDITATIE

Ga regelmatig naar de wc. Laad je accu op door stil te zijn, niet alleen 's morgens en 's avonds, maar ook tussen de bedrijven door. Als je het erg druk hebt op je werk, ga dan letterlijk naar de wc om even op te laden. Als zelfs dat onmogelijk is, pak dan een telefoon en 'bel met God' of kijk met een intense blik naar je computerscherm, zodat je omgeving denkt dat je aan het werk bent, terwijl je contact maakt met je eigen oorsprong van heelheid en kracht.

ACTIE

Glimlach naar zo veel mogelijk mensen. Maak contact. Wees vriendelijk.

'Iedereen staat open voor vriendelijkheid.'

Richard Gere, Amerikaans acteur

'Er is niets meer kunstzinnig dan van mensen te houden.'

Vincent van Gogh, Nederlands kunstschilder

'Vriendschap is een ziel in twee lichamen.'

Aristoteles, Grieks wijsgeer

'Vriendschap met onszelf is van het hoogste belang, want zonder dat kan men geen vrienden zijn met wie dan ook ter wereld.'

Eleanor Roosevelt, Amerikaans First Lady

'De innigste relatie die we ooit zullen hebben is die met onszelf.'

Shirley MacLaine, Amerikaans actrice

'In het leven van ieder mens komt een moment dat het innerlijke vuur dooft. Het laait weer op als gevolg van een ontmoeting met een ander mens. We moeten dankbaar zijn voor die mensen die het vuur van de innerlijke geest weer ontsteken.'

Albert Schweitzer, Duits arts en filosoof

'Je kunt niet liefhebben zonder jezelf open te stellen, en wanneer je dat doet bestaat de kans dat je eronder zult lijden. Dat is het risico van liefhebben.'

Isabelle Adjani, Frans actrice

'My best friend, you made my day. We danced and sang all the way.'

Loïs Lane, Nederlandse popgroep

22
Gangsterrap en wereldvrede

'De geschiedenis leert ons niet om fatalistisch te zijn. Er zijn momenten waarop de wil van een handjevol vrije mensen de gevestigde orde doorbreekt en nieuwe wegen opent.'

Charles de Gaulle, Frans president en verzetsstrijder

Niet veel mensen gaan op huwelijksreis naar Watts, de gevaarlijkste gangsterwijk van Los Angeles. De wijk wordt in twee delen gespleten door een spoorlijn. De ene kant is het territorium van de Bloods, de andere kant is het gebied van de Crips. Conflicten over territorium en drugs worden op straat uitgevochten met de modernste wapens. Executies en *drive-by shootings* zijn aan de orde van de dag. De afgelopen twintig jaar zijn in dergelijke wijken in LA ten minste tienduizend moorden gepleegd. Dat is ongeveer evenveel als alle slachtoffers van het Noord-Ierse en Palestijns-Israëlische conflict bij elkaar. Kortom, een fijne plek om je bruid mee naartoe te nemen!

Kris en ik waren in Watts op uitnodiging van Aqeela Sherrills. En als Aqeela je uitnodigt, dan zeg je geen nee. Aqeela is minstens zo'n grote held als Robert Muller, maar in een heel andere verpakking. Aqeela is *cool*, *tough*, *streetwise*, *heavy* en een van de meest succesvolle vredesactivisten die er rondlopen. Hij kreeg de moordende bendes niet alleen aan de onderhandelingstafel, maar kreeg het zelfs voor elkaar dat ze een vredesakkoord tekenden. Na dit succes stampte Sherrills een compleet apparaat uit de grond: tachtig mensen die zich inzetten om de naleving ervan te bewaken en een opleiding om bendeleden zelfrespect en levensvaardigheden bij te brengen.

Aqeela Sherrills kreeg dit huzarenstukje van de grond om één simpele reden: hij is *one of them*. Hij groeide op in Watts als jongste van tien kinderen. Kinderen in Watts blijven echter niet lang jong. Op zijn veertiende kreeg Sherrills al zijn eerste kind. Aanvankelijk wist hij zich nog afzijdig te houden van het geweld en het bendeleven, maar toen zijn beste vriendje op zijn veertiende werd vermoord, ontkwam hij er ook niet aan. Aqeela: 'Ik werd helemaal gek en we trokken er met een paar vrienden vechtend, rovend en schietend op uit. We hadden maar één gedachte: wraak!' Toen Aqeela zijn zestiende verjaardag vierde, waren dertien van zijn vrienden al omgekomen in de kogelregen.

Watts is natuurlijk niet een en al ellende. Dit is ook de wijk waar fantastische muziek-, dans- en kledingstijlen zijn ontstaan, die van grote invloed zijn geweest op de Amerikaanse en Europese popcultuur. Een half uur MTV maakt duidelijk hoe hip de gangstercultuur is geworden. Sherrills moet er een beetje om lachen. 'Het is nu cool om te roepen dat je uit het getto komt. Toen ik jong was, was dat minder cool. De meesten van ons wilden zo snel mogelijk weg.'

Op zijn achttiende weet hij te ontsnappen. Sherrills gaat elektrotechniek studeren aan de California State University en verhuist naar de campus. Aanvankelijk wil hij niet meer terug naar huis, zelfs niet in de weekeinden. Hij toont weinig interesse in zijn studie en hangt maar wat rond op de campus. Zijn eerste jaar bestaat vooral uit feesten, rottigheid uithalen en meisjesharten breken. Maar in de zomer gebeurt er iets wat Sherrills' leven op zijn kop zet. Hij leest het boek *The Evidence of Things Not Seen*, waarin de Afro-Amerikaanse schrijver James Baldwin een complot tegen zwarte mensen beschrijft, waarbij een van de tactieken is om arme wijken – lees: zwarte wijken – van drugs en wapens te voorzien.

Sherrills: 'De gedachte was: laat die zwarten elkaar maar uitmoorden, dan hoeven wij dat niet te doen. Ik was razend en wilde mijn broeders daarvoor behoeden.' Hij wordt een ander mens, gedreven en bevlogen, en gaat met een paar vrienden de wijk in. Hij praat en discussieert op elke straathoek met leden van de bendes om ze duidelijk te maken wat er werkelijk aan de hand is.

Niet lang na deze eerste acties – het is inmiddels 1989 – krijgt Sherrills hulp van de Amerikaanse footballlegende Jim Brown. Deze stelt zijn huis in de heuvels van Hollywood ter beschikking als neutraal terrein, waar leden van de verschillende bendes elkaar kunnen ontmoeten. Brown is ook zo goed om maandelijks geld ter beschikking te stellen, zodat Sherrills en zijn makkers een winkelpand kunnen huren om hun activiteiten op grotere schaal op te zetten.

De faam van Brown, in combinatie met de *street credibility* van Sherrills, blijkt een gouden formule om een uniek vredesproces op gang te brengen. Het blijft echter een huzarenstuk, want hoe krijg je jonge mannen, die de woorden 'vergeving' en 'vergelding' stelselmatig verwisselen, zover dat ze achter een onderhandelingstafel plaatsnemen? Sherrills: 'Daar is niets magisch aan. Het is een stap-voor-stapproces. Waar het om gaat, is communicatie. Ik doe een beroep op hun diepste gevoelens. Ik probeer het hart te raken, zodat ieder zijn menselijkheid weer kan vinden. Dit proces is gebaseerd op relaties en kan door niets anders worden gemotiveerd dan door liefde. We praten gewoon over de dingen waar het in het leven om gaat: wat maakt ons gelukkig of verdrietig, waar zijn we bang voor, wat kunnen we beter doen? Dat soort dingen. Steeds blijkt dat we uiteindelijk allemaal hetzelfde willen.'

Vrede is iets waarin je voortdurend moet investeren, weet hij nu: 'Vrede is een proces, geen bestemming. Vrede is geen utopisch bloemenveldje waar je met z'n allen doorheen flaneert. Het is hard werken. Soms verliezen de vredesstichters hun leven. Waar het om gaat, is dat we steeds weer terugkeren naar de vredesbesprekingen en de problemen oplossen. En we komen steeds een stapje dichterbij.'

In 1992 heeft Sherrills het eindelijk voor elkaar: de Bloods en de Crips tekenen een historisch verdrag. Sherrills over die mooie dag: 'Iedereen was gelukkig, grootmoeders huilden, iedereen belde elkaar, vaders konden voor het eerst hun kinderen opzoeken aan de andere kant van de spoorweg... Iedereen was zo opgewonden. Het veranderde de kwaliteit van ons leven totaal.'

Na het succes van Watts is het hek van de dam. Wat als een lokaal initiatief begon, groeit uit tot een internationale organisatie die in vijftien steden actief is. Op het hoogtepunt van zijn vredesactiviteiten heeft Sherrills' Community Self-Determination Institute tachtig mensen in dienst en gaat er een slordige drie miljoen dollar aan overheidsgeld in om. Sherrills is een van de eersten die naar andere steden afreist om hetzelfde te bewerkstelligen als in Watts. Drieënhalf jaar lang leeft hij als een stadsnomade die van brandhaard naar brandhaard reist om vredesonderhandelingen in gang te zetten en een staakt-het-vuren af te dwingen.

Het succes van Sherrills' aanpak is mede te danken aan het feit dat hij meer doet dan symptomen bestrijden. Hij wil het probleem bij de wortel aanpakken. 'Het geweld op straat is een symptoom van een dieper liggend probleem,' analyseert hij. 'Zolang er nog armoede bestaat, zullen we nooit vrede hebben. Armoede vernietigt gezinnen, buurten, landen.'

Sherrills wil het probleem niet beperken tot gangsterwijken: 'In wezen is er geen verschil tussen wat er in Watts gebeurt of in Beverly Hills. De emotionele pijn die mensen ervaren, uit zich in Watts in moord, en in Beverly Hills in zelfmoord. Verleden jaar zijn er in de regio Los Angeles meer zelfmoorden gepleegd dan moorden.'

Wat dat betreft zit Aqeela er niet meer op te wachten om naar een betere buurt te verhuizen: 'Dit ís een betere buurt,' zegt hij resoluut. 'In plaats van het als een getto te zien, moeten we de schoonheid en de mogelijkheden leren zien. Ik hou oprecht van mijn buurt en van mijn *brothers*. Er is hier zoveel moois, zoveel talent. Soms vind je de mooiste dingen juist in de grootste ellende. Los van het geweld zijn er weinig plaatsen in Californië waar je zoveel gemeenschapszin vindt. Dat bendegevoel hoort daarbij; het is er altijd al geweest, ook voordat het geweld escaleerde. Je moet een bende zien als een soort surrogaatgezin. Gevechten zijn voor jonge mannen een manier om zichzelf te initiëren. Je kunt een bende niet opheffen zonder er iets voor in de plaats te stellen. Je moet de bendes in stand houden en de leden helpen om naar nieuwe waarden te gaan leven.'

En dan stort Sherrills' wereld in: zijn oudste zoon wordt doodgeschoten. Het is 10 januari 2004 als de achttienjarige Terrell tijdens een vakantie bij zijn vader in Watts logeert en met een vriendje naar een feest gaat. Om een uur of twaalf komen plotseling enkele bendeleden binnen. Terrell wordt op straat in de rug geschoten en zal even later in het ziekenhuis overlijden.

'Terrell leidde een vredig leven,' zegt Aqeela. 'Met bendegeweld had hij niets te maken. Hij studeerde aan de universiteit en was erg populair – en niet alleen bij de meisjes. Hij ging ook weleens met mij mee als ik dit werk deed. De klap was enorm.'

Hij valt even stil en laat zien dat niemand zich ooit kan wapenen tegen deze pijn. Niemand went ooit aan moord. Aqeela: 'Het was alsof Spirit mij die nacht testte: wat ga je nu doen?' Weer valt hij stil. Dan: 'Het punt is dat ik mij al zo lang gedragen voel. Dit was niet het moment om Spirit in de steek te laten.'

Aqeela kiest wederom voor de liefde en stelt alles in het werk om wraakacties te voorkomen: 'Ik zei tegen iedereen: "Luister, Terrell is het laatste lam." Ik zei: "Is Terrell vermoord, of heeft hij zijn leven gegeven voor iets veel groters? Het gaat er niet om wíé hem heeft vermoord, maar wát hem heeft vermoord: een cultuur zonder eerbied voor het leven. Ik offer zijn leven niet op aan de dood maar claim het voor het leven, om het leven nieuwe betekenis te geven."'

De man die Terrell heeft vermoord, is nog niet opgepakt. Als dat gebeurt, wil Aqeela met hem en met zijn ouders praten. 'Ik wil ze vragen welke pijn de jongen tot deze daad heeft gedreven. Wanneer is hij gedesillusioneerd geraakt? Waar ging het mis? Natuurlijk verdient de moordenaar van mijn zoon straf, maar ik wil hem vooral in leven houden. Ik wil in hem investeren voor een betere toekomst voor ons allemaal. Mijn droom is nog steeds dat kinderen veilig en zonder angst kunnen opgroeien in Watts.'

Een jaar nadat we Aqeela in Watts ontmoetten, komt hij naar Nederland. Zijn bezoek valt net in de tijd dat de spanning rondom islamitische medelanders een hoogtepunt lijkt te bereiken. Omdat we vermoeden dat Aqeela wel wat tips heeft om beide partijen wat meer tot elkaar te krijgen, vragen we hem om in Amsterdam op te treden voor een zaaltje met jongeren van Marokkaanse, Turkse en Nederlandse afkomst, met daarnaast enkele politici en belangengroeperingen.

Na een korte introductie van Aqeela over zijn werk in Los Angeles, waarbij de meeste mensen onder de indruk zijn van de heftigheid van wat Aqeela dagelijks meemaakt, is het onze beurt om de problemen op tafel te leggen. Er ontstaat een lauwwarm debat, waarbij iedereen elkaar keurig laat uitpraten en het vooral de politici zijn die zogenaamd 'ferme' taal uitslaan, terwijl de meeste jongeren vooral oog hebben voor elkaars kleding en voor Aqeela, die zo ontzettend cool is.

Na een uurtje heeft Aqeela het wel gezien. Hij pakt de microfoon en zegt: '*People, believe me, you ain't got a problem.* Bel me maar als er echt iets aan de hand is.' Hij staat op en loopt naar de deur. Ik wandel met hem naar buiten en op straat moeten we hard lachen om de situatie. We geven elkaar een stevige *hug* en hij verdwijnt de nacht in, richting de binnenstad.

'Waar ga je eigenlijk heen?' roep ik hem na.

Met een ondeugende lach kijkt hij om: 'Batman Returns.'

CHECK

Ben je bereid, zelfs in ogenschijnlijk hopeloze situaties, om te blijven geloven dat een betere toekomst mogelijk is?

Ben je bereid om te blijven investeren in de goedheid van jezelf en je medemens?

Hoeveel eerbied heb je voor het leven?

DAPPERE STRIJDERS

'Maak je los uit geestelijke slavernij. Niemand anders dan jijzelf kan je gedachten bevrijden.'

Bob Marley, Jamaicaans zanger

'Mijn menselijkheid is verbonden met de jouwe, want alleen samen kunnen we mens zijn.'

Desmond Tutu, Zuid-Afrikaans dominee

'De grootste triomf van het leven is niet dat we nooit vallen, maar dat we telkens wanneer we vallen weer overeind komen.'

Nelson Mandela, Zuid-Afrikaans president

'Je begint pas te leven wanneer je kunt uitstijgen boven de enge beperkingen van je individualistische belangen om de belangen van de hele mensheid te dienen.'

Martin Luther King Jr., Amerikaans dominee

'Je moet het vertrouwen in de mensheid niet verliezen. De mensheid is als een oceaan; als een paar druppels van de oceaan vuil zijn raakt de oceaan niet vervuild.'

Mohandas Gandhi, Indiaas staatsman

'Liefde en mededogen zijn noodzakelijk, geen luxe. Zonder deze twee kan de mensheid niet voortbestaan.'

Dalai Lama, Tibetaans monnik

'Totale volmaaktheid ontstaat pas wanneer we het gevoel hebben dat onze volmaaktheid niet volmaakt is zolang de rest van de mensheid onvolmaakt blijft.'

Sri Chinmoy, Indiaas yogi

23

Het begin van het nu

'Stel je voor dat alles een illusie is, dat er niets bestaat? In dat geval heb ik absoluut te veel betaald voor mijn tapijt.'

Woody Allen, Amerikaans acteur

Op een regenachtige dag in de herfst van 2006 bestond Jeff Foster ineens niet meer. Van het ene op het andere moment was hij verdwenen. Vlak voordat dit gebeurde, was hij nog nietsvermoedend naar de bushalte om de hoek van zijn huis in Oxford gewandeld. Niets wees erop dat deze dag anders zou worden dan alle andere. Het regende pijpenstelen, zoals zo vaak in deze tijd van het jaar, en Jeff sloeg de kraag van zijn jas verder omhoog. Van onder zijn capuchon tuurde hij naar de donkere wolken, voelde de spetters op zijn gezicht en... was weg. Jeff keek ineens niet meer náár de wolken, maar wás de wolken. Hij was ook de regen op zijn gezicht, de plassen onder zijn voeten en zelfs het oude dametje dat zojuist nog voor hem uit had geschuifeld.

Een diep gevoel van gelukzaligheid maakte zich van hem meester. Was dit niet precies waar hij zo lang naar had verlangd? Was dit niet wat al die religieuze en spirituele geschriften hem hadden beloofd: de eenheid die zich openbaart wanneer het 'zelf' oplost? Het probleem was alleen dat geen van deze boeken had uitgelegd hóé je dat precies doet: jezelf loslaten. Jeff had er alles aan gedaan, maar hoe meer hij zijn best deed om verlicht te worden, hoe minder hij het was geworden.

Hoe meer hij erover had nagedacht, hoe onmogelijker de taak van verlicht worden hem had toegeschenen. Steeds weer liep hij tegen dezelfde schijnbare paradox aan: hoe kon een zoeker ooit vinden? Zolang hij namelijk een zoeker bleef, was hij altijd op weg en zou hij nooit op zijn bestemming aankomen. Als hij daarentegen zou stoppen met zoeken, dan was de kans dat hij zijn bestemming zou vinden nog veel kleiner.

Jeff had voldoende onderzoek gedaan om zich te realiseren, dat een zoeker en het gezochte nooit één konden worden. Zolang hij zichzelf bleef zien als een persoon die afgescheiden is van het geheel (een zoeker dus) dan zou hij nooit één kunnen zijn met datzelfde geheel. Hij zou de eenheid nooit bereiken – twee worden nu eenmaal nooit één. De eenheid, zo had Jeff na enkele jaren intensieve studie geconcludeerd, kan alleen worden ervaren als er niemand meer is om haar te ervaren en er niemand meer is die er naar streeft of het wil bereiken. Ga d'r maar aan staan! Het had hem meer dan wanhopig en gefrustreerd gemaakt.

Moe van de onmogelijke zoektocht had Jeff op een dag de hoop opgegeven dat hij ooit nog verlicht zou worden. En op die dag, in die overgave was het wonder geschied. Jeff was verdwenen en eindelijk verlost van zijn oude identiteit. Daarvoor in de plaats was een vrolijke, levenslustige, humoristische en wijze figuur gekomen die er prima in slaagt het alledaagse leven te combineren met niets (of alles) te zijn. Tegenwoordig schrijft *the man formerly know as Jeff Foster* boeken en geeft lezingen en workshops over helemaal niets.

Het prettige van Jeff is dat hij dan wel verlicht mag zijn, maar dat je – in tegenstelling tot veel anderen die zich met serieuze spiritualiteit bezighouden – waanzinnig met hem kunt lachen. Toen ik hem had geïnterviewd en hem daags daarna een mailtje stuurde, omdat ik nog wat feitelijke gegevens over zijn leven nodig had, vroeg ik hem onder andere 'in welk jaar hij dat oude vrouwtje was geworden'. Dit was zijn antwoord: '*Tee hee, what a hilarious question!!! What year did I become a wrinkled old lady!!! Tee heee!!!!* Om vervolgens met een '*boring history of the character known as Jeff*' te komen.

Wie was hij ook alweer? O ja, een jongen die op 30 juli 1980 werd geboren in Londen, die astrofysica ging studeren, bij de BBC in opleiding ging om filmmaker te worden, daarna psychologie studeerde, en een moeizame relatie met bijbehorende depressie had. Om van die depressie en gedeeltelijke verlamming aan zijn gezicht bij te komen, was Jeff zich vervolgens gaan verdiepen in meditatie en spiritualiteit met als voornaamste doel om voor eens en voor altijd te ontsnappen aan de vicieuze cirkel van lijden en ellende. Toen dat niet lukte, gaf hij het op en in die overgave was er blijkbaar iets veranderd. Het zoeken viel weg en daarmee ook de persoonlijkheid van Jeff.

En toen? Jeff: 'En toen helemaal niets. Ik stapte gewoon op de bus en ging naar mijn werk. Daarna ging ik weer naar huis, deed boodschappen, dronk een kop thee, poetste mijn tanden, ging naar de wc, enzovoorts. Er veranderde helemaal niets. Het enige wat was veranderd, was dat ik er niet meer was. Het enige wat was veranderd was dat "ik" inzag dat ik er nooit geweest was en dat Jeff feitelijk een zelfbedachte identiteit was geweest. Toen de zoeker wegviel, vielen al het zoeken en de onrust weg en kwam ik aan waar ik altijd al was geweest: thuis, in het begin van het nu. De reden dat we die plek thuis noemen, is omdat we daar niets meer hoeven te doen en alleen maar hoeven te zijn. Als je er bent, herken je het direct.'

Het is leuk om een dag met Jeff en zijn vriendin Amy op stap te gaan. In tegenstelling tot veel non-dualiteitsdenkers (ook wel Advaita genoemd) doet Jeff niet moeilijk over het feit dat 'hij' er eigenlijk niet is en dat 'het leven' niet veel meer is dan een al dan niet leuke droom. In plaats van elke keer dat iemand het woord 'ik' gebruikt te vragen wie die 'ik' dan wel is, kan Jeff prima leven met mensen die volkomen onbewust in de droom leven: 'Het is onbegonnen werk om een soort correct jargon te gebruiken. Dan moet je bij alles zeggen "Er wordt gevoeld", in plaats van "ik voel". In het begin deed ik dat wel, maar dat is heel erg irritant. Ik ben ermee gestopt.'

Maar was het ook niet een beetje eng om jezelf ineens kwijt te raken? Jeff: 'Zeker, dat gevoel was er ook. En er was ook verdriet, zeker in het begin. Er waren tranen om de dood van Jeff Foster. De dood die Jeff was gestorven, was geen kleinigheidje. Deze dood is onherroepelijker dan de dood die we allemaal eens zullen sterven wanneer we het lichaam afleggen. Het sterven van de identiteit is het engste wat er is. Het is de oerangst van niets en niemand meer te zijn, die ons voortdurend aanspoort om te bewijzen dat we wel degelijk iemand zijn. Deze angst is de motor achter al ons zoeken, ploeteren en streven; achter alle stress, lijden en kramp. We doen er alles aan om te ontsnappen aan de existentiële onzekerheid die we *deep down* voelen: de angst niets te zijn.'

Of juist alles? Jeff: 'Je kunt pas alles zijn als je niets bent. Zolang je nog denkt dat je iemand bent die de eenheid moet vinden of verlicht moet worden, blijf je gescheiden van wat je zoekt. Dat is de paradox van verlichting, en daarom kun je niets doen om er te komen. Het punt is dat je niet verlicht kunt worden, je kunt het alleen maar zijn, en feitelijk ben je het dus al. Met het streven naar verlichting kom je er steeds verder vanaf te staan, omdat je jezelf voortdurend bevestigt in het idee dat je niet verlicht bent.'

Volgens Jeff is zo ongeveer alles wat wij doen om pijn en lijden te verzachten, te verlichten, op te lossen, te vermijden of te overstijgen, alleen maar voeding voor die pijn en dat lijden. Het wordt alleen maar erger, omdat we het verhaal rondom die pijn en dat lijden steeds groter maken. Jeff: 'In feite heeft ieder van ons maar één wezenlijk verlangen: om vrij te zijn van al onze verlangens. We willen maar één ding: verlost zijn van het zoeken en eindelijk thuiskomen. Zoeken creëert in veel gevallen precies het tegenovergestelde van wat we zoeken. Het is het streven naar zingeving dat ons leven zinloos maakt. Het is het zoeken naar een doel dat doelloosheid creëert. Het is de zoektocht naar verlichting die ons in duisternis hult.'

Hier raakt Jeff een gevoelig punt. Ik heb regelmatig gesprekken en discussies met mensen die er hun levensmissie van maken om meer 'licht' in de wereld te brengen. De vraag die ik hen vaak stel is: bereik je dat ook of roep je daarmee net zoveel duisternis op? Onlangs had ik hier een prachtig gesprek over met mijn dierbare vriend Ton van der Kroon. Ton noemt zichzelf 'lichtwerker' en reist regelmatig naar het Midden-Oosten om met Palestijnse mannen door middel van rollenspel, verhalen en alle mogelijke andere manieren meer licht in hun levens te brengen.

De laatste keer dat Ton in Israël was, had hij een regenritueel uitgevoerd op een plek waar het al heel lang droog was en de bewoners snakten naar water. Terug in Nederland las hij dat het er daags na zijn bezoek zo hard had geregend, dat er een aardverschuiving was geweest en een deel van het dorp met de modderstroom was weggespoeld. Ton was dus erg effectief geweest, maar de vraag was of het universum onmiddellijk – volgens het beroemde yin-yangprincipe – de balans had hersteld. Sinds Ton me dit verhaal vertelde, sturen we elkaar mails met teksten in de onderwerpbalk als LICHTWERKER VEROORZAAKT KERNRAMP.

Misschien heeft Jeff wel gelijk dat de enige manier om de tegenstellingen voor eens en altijd te overstijgen zeer radicaal is: uit de tegenstellingen stappen door niet(s) meer te zijn. Jeff: 'Door altijd maar iets anders of iets beters te willen, zijn we het wonder van het leven zelf uit het oog verloren. Het is allemaal één groot mirakel – een fantastisch spel, tenminste als je het laat gebeuren, er geen weerstand tegen biedt en niets als "goed" of "fout" bestempelt.'

De meest schokkende ervaring voor Jeff was misschien nog wel dat verlichting zo ontzettend gewoon bleek te zijn. Jeff: 'Bij verlichting denken we altijd aan iets verhevens, iets wonderbaarlijks of iets buitengewoons. Maar verlichting is ontzettend gewoon en alledaags. Gewoon: een kraan die druppelt, een hart dat klopt, een vogel die zingt, een buurvrouw die de was ophangt. Het is alles wat er is, alles wat er gebeurt. Dit is het. Meer dan dit is er niet. Met het streven naar iets buitengewoons hebben we het alledaagse leven tot iets "gewoons" gemaakt en zijn we het buitengewone wonder van het "gewone" leven uit het oog verloren. Voor mensen die toeters en bellen, engelengezang en bliksemflitsen verwachten, is ontwaken ongetwijfeld een grote teleurstelling.'

CHECK

Kun je ophouden met zoeken?

Kun je afstand doen van jezelf, zodat je weerstand tegen het leven weg kan vallen?

Kun je stoppen met denken in termen van 'goed' en 'fout'?

Kun je het gewone, alledaagse leven als buitengewoon ervaren?

NU EN NIETS

'Het eeuwige niets is prachtig wanneer je er toevallig op gekleed bent.'

Woody Allen, Amerikaans acteur

'Er is geen weg naar vrede, vrede is de weg.'

Mozes en Aäronkerk in Amsterdam

'Stel je voor dat er niets bestaat, dat we allemaal in iemands droom leven? Of, erger nog, stel je voor dat alleen die dikke man op de derde rij bestaat?'

Woody Allen

'Wanneer je niets vraagt van de wereld, of van God, wanneer je niets wilt, niets zoekt, niets verwacht, dan zal de opperste toestand van geluk ongenodigd en onverwachts over je komen.'

Sri Nisargadatta Maharaj, Indiaas Advaita-leraar

'Een mens kan geboren worden, maar om geboren te worden moet hij eerst sterven, en om te sterven moet hij eerst wakker worden.'

Carl Sandburg, Amerikaans schrijver

'Ik droomde dat ik wakker was en toen werd ik wakker en merkte ik dat ik sliep.'

Stan Laurel, Amerikaans komiek

'Het proces van verlichting gaat er niet om dat je wordt wie je werkelijk bent, maar dat je ont-wordt wat je nooit was.'

Jed McKenna, Amerikaans auteur

24
Vampier van de verlichting

'Toen andere meisjes balletdanseres wilden worden, wilde ik een vampier zijn.'

Angelina Jolie, Amerikaans actrice

Er is nog een man verdwenen. Of misschien heeft hij wel nooit bestaan. Ik heb er in elk geval alles aan gedaan om de Amerikaanse auteur Jed McKenna voor de microfoon te krijgen, maar het is me niet gelukt. Hij is onvindbaar en tegen de tijd dat dit boek verschijnt waarschijnlijk geheel opgelost. Dan zal het laatste beetje menselijkheid dat hij nog bezat, zijn verdwenen en is McKenna één geworden met het geheel. Gelukkig heeft hij vóór zijn grote verdwijntruc drie boeken geschreven om ons de weg te wijzen naar de verlichting.

De reis naar de compleet ontwaakte staat duurde in zijn geval twee jaar. Vervolgens was McKenna een jaartje of tien bezig om te wennen aan zijn nieuwe bewustzijn. Het moeilijkste was om te blijven functioneren te midden van mensen die hun ego en de droomtoestand bloedserieus namen – zo ongeveer de hele mensheid, dus. McKenna vergelijkt zichzelf om die reden graag met een vampier. Ook vampiers lijken uiterlijk nog op gewone mensen, maar zijn feitelijk een andere soort geworden en raken – als ze eenmaal zijn gebeten door een andere vampier – steeds meer vervreemd van *the human thing*, zoals McKenna het noemt.

Het overkwam McKenna toen hij werd gebeten door de 'vampier van de waarheid' die hem langzaam maar zeker verteerde, totdat elk stukje menselijkheid uiteindelijk uit hem was gezogen. Volgens McKenna is dat ook de reden dat zo weinig verlichte mensen zich nog geroepen voelen om terug te keren naar de mensheid om de achterblijvers uit te leggen hoe de weg naar het licht eruitziet. Vampiers en verlichte mensen leven in hun eigen universum en zijn emotioneel niet meer betrokken bij *the human thing*.

Maar McKenna is wat dat betreft dus een uitzondering. Hij koos ervoor om zijn menselijke 'egokostuum' nog even aan te trekken om nog een paar boeken te schrijven. Begrijp hem echter niet verkeerd: hij deed dit niet uit compassie voor de mensheid of uit een verlangen om zijn medemens wakker te schudden. Hij deed het puur voor zichzelf, om de oude manieren van denken uit zijn systeem te werken. In drie kleurrijke boeken beschrijft McKenna hoe het leven eruitziet van iemand die 'klaar' is – die geen vragen meer heeft, niets meer heeft om naar te streven en dwars door elke illusie heen kijkt.

Interviews, lezingen en het onderhouden van een schare volgelingen is wel het laatste waar zo iemand behoefte aan heeft, en daarom is McKenna volstrekt onvindbaar. Het is zelfs de vraag of er überhaupt iemand bestaat die Jed McKenna heet. Eén ding is echter wel zeker: de persoon die achter dit personage schuilgaat, heeft met het publiceren van zijn trilogie enkele bommen onder de mensheid gelegd. En omdat McKenna een fictief figuur is, leek het me wel gepast om een fictief interview met hem te doen. Hierna de weergave van het gesprek dat nooit plaatsvond, met een man die niet bestaat.

Tijn: 'Hallo Jed, dank je dat je me eindelijk wilt ontvangen. Ik ben die journalist uit Holland die jouw uitgever al een paar jaar gek zeurt om een interview. Je kent me misschien van naam, want er prijkt een quote van mij op het omslag van je laatste boek *Spiritual Warfare*. De quote luidt: *"A masterpiece! Very disturbing."* Je uitgever schreef me dat de quote van die Nederlandse journalist je wel beviel, omdat je – gezien het feit dat je in je boeken de kachel aanmaakt met zo ongeveer elke spirituele goeroe, meester en autoriteit – moeilijk een quote van een van hen kon gebruiken. Oké, eerste vraag: hoe is het om wakker te zijn in een wereld vol slaapwandelaars?'

Jed: 'Ik zou het niet weten. Ik leef in een andere realiteit. Er is geen enkele overeenkomst meer tussen mij en een normaal mens. Verlichting is onpersoonlijk en heeft niets met mens-zijn te maken. Voor iemand die de waarheid wil vinden, is het mens-zijn juist datgene wat tussen hem en de waarheid in staat. Niemand kan zeggen "ik ben verlicht", omdat er geen "ik" is die dit kan zeggen. Er bestaat dus niet zoiets als een verlicht mens. Jed McKenna is als een pak dat een onzichtbare man draagt, zodat hij kan interacteren met anderen zonder ze de stuipen op het lijf te jagen.'

Tijn: 'Hoe definieer jij verlichting?'

Jed: 'Om verlichting te begrijpen, moet je eerst inzien wat het *niet* is. De meeste mensen denken dat verlichting iets te maken heeft met mystiek, spiritualiteit of religie. Ze verwachten dat ze, wanneer ze verlicht zijn, voor altijd verlost zullen zijn van hun problemen en voor altijd in een hemelse staat van geluk en vrede zullen verkeren. Dat is natuurlijk een heerlijk vooruitzicht en je zou wel gek zijn om dat niet te willen, maar met verlichting en ontwaken heeft het dus niets te maken. Verlichting gaat niet over een gelukkiger of een beter mens worden. Het gaat niet om persoonlijke groei of spirituele evolutie. Het gaat niet over compassie of kennis. Er is zelfs helemaal geen kennis voor nodig. *Juist* niet. Verlichting gaat over het loslaten van al je concepten en ideeën. De weg naar verlichting is het ontworden wat je nooit was. Het is een proces van deprogrammering. Verlichting zelf is de gedeprogrammeerde staat, waarin er niets meer van je over is.'

Tijn: 'Hoe komen die misverstanden over verlichting dan in de wereld?'

Jed: 'Die misconcepten hebben we te danken aan mensen die worden gezien als spirituele autoriteiten, maar die in feite niet verlicht zijn. Sommige van hen zijn wellicht grote mystici en bevlogen leraren, maar dat betekent helaas niet dat ze ook wakker zijn. Mystiek en verlichting hebben weinig tot niets met elkaar te maken, omdat de een zich *in* de droom afspeelt en de andere niet.'

Tijn: 'Je gaat in je boeken behoorlijk tekeer tegen alle mogelijke goeroes, religieuze, spirituele en newagebewegingen. Heb je daar een hekel aan?'

Jed: 'Ik heb niks tegen goeroes en spirituele organisaties. Waar ik wel bezwaar tegen heb, is dat ze hun beloftes niet waarmaken. Als verlichting te bereiken is, zoals ze beweren, hoe komt het dan dat ik nog nooit iemand heb ontmoet die verlicht is geworden? Waarom lopen er na al die jaren van meditatie, studie, workshops en retraites geen drommen verlichte mensen rond? Je zou verwachten dat ze zo langzamerhand niet meer te tellen zijn. Hoeveel tijd hebben die lui nog nodig?'

Tijn: 'In een van je boeken schrijf je dat goeroes, groepen en spirituele organisaties levensgevaarlijk zijn voor wie wil ontwaken. Leg eens uit.'

Jed: 'Voor veel mensen die verlichting nastreven, eindigt de reis al voordat ze goed en wel op weg zijn, namelijk op het moment dat ze zich aansluiten bij een spirituele organisatie. Mensen stoppen dan met zelf na te denken en gaan regeltjes en disciplines volgen. Ze durven geen kritische vragen meer te stellen, omdat het gedachtegoed van de organisatie "heilig" zou zijn.'

Tijn: 'Zijn regels en discipline dan niet goed?'

Jed: 'Niet als je wilt ontwaken. Maar in feite willen de meeste mensen dat ook helemaal niet. Ze willen niet verlicht worden, maar zijn tevreden met te *streven* naar verlichting. Dat is tenslotte een heel loffelijke manier om je dagen door te brengen, nietwaar?'

Tijn: 'Maar met verlichting heeft het niets te maken?'

Jed: 'Precies. Ontwaken betekent een totale oorlog ontketenen en met onverschrokken heldenmoed ten strijde trekken tegen alle heilige huisjes en ingesleten geloofssystemen. Je moet bereid zijn korte metten te maken met elke zogenaamde waarheid.'

Tijn: 'Kun je de weg naar verlichting beschrijven?'

Jed: 'Het begint met de Eerste Stap. Dat mag je in je interview best met hoofdletters plaatsen, want de meeste mensen die al jaren achter verlichting aan rennen, hebben die Eerste Stap nog niet gezet. De Eerste Stap is niet de realisatie wat er *is*, maar van wat er *niet* is. *Jij* bent er niet. Je bent een fictief figuur, een product van je eigen denken. Jij bestaat niet omdat er niets buiten de Eenheid kan bestaan. De Eenheid is alles wat er is en niets kan daar ooit van afgescheiden zijn. Deze Eerste Stap is zo radicaal, omdat het je wereldbeeld compleet op z'n kop zet. Niets van wat je dacht dat waar was, is nog waar. Die Eerste Stap leidt onherroepelijk tot ontwaken, tenminste als je de moed hebt om de consequenties van die realisatie in te zien. Het is het begin van een brandende obsessie die stap voor stap afrekent met elke zogenaamde waarheid.'

Tijn: 'Je noemt dit proces *spirituele autolyse*.'

Jed: 'Autolyse is een term die wordt gebruikt voor organismen die zichzelf vernietigen. Spirituele autolyse is een proces waarbij je jezelf voortdurend vragen blijft stellen. Elke "waarheid" wordt kritisch getoetst en tegen het licht gehouden. Elke stelling die je werkelijk tot op het bot toe analyseert, zal uiteindelijk een leugen blijken te zijn. Op een dag, en bij mij duurde dat proces twee jaar, ben je klaar. Dan is alles ontmaskerd en alles gezien.'

Tijn: 'Waarom is het van belang om je "waarheden" op te schrijven, zoals je in je boeken aanbeveelt?'

Jed: 'Het klinkt misschien raar, maar als je echt serieus wilt nadenken, dan is je hoofd niet de beste plek om dat te doen. Je moet je gedachten externaliseren, zodat je ze kunt aanvallen, bekritiseren en van alle kanten kunt bekijken. Dat kun je niet als het allemaal in je hoofd gebeurt. Door ze op te schrijven, word je je eigen criticus, je eigen leraar, goeroe en opponent.'

In zijn queeste om de waarheid te doorgronden, deed McKenna afstand van al zijn aardse beslommeringen. Hij stopte met werken, verkocht de meeste van zijn spullen, zei vaarwel tegen vrienden en familieleden en verhuisde van Chicago naar het landelijke Iowa. Uren per dag zat hij achter zijn computer om elke waarheid van alle kanten aan te vallen. Daarnaast las hij zo ongeveer alles wat hij kon vinden op het gebied van non-dualiteit, zen en Advaita Vedanta, en maakte hij lange wandelingen.

Jed: 'Het was een tijd van oorlog. Het was een obsessie. Ik was ten strijde getrokken, en vanaf het moment dat ik 's morgens wakker werd tot op het moment dat ik me 's nachts in bed stortte, had ik permanent een zwaard in mijn handen om elke illusie in de pan te hakken. Dat proces lijkt in de verste verte niet op wat newagebewegingen met krulletters in hun folders beschrijven. Vergeet bergbeekjes en engelengezang. Dit is een uiterst pijnlijk proces en één grote desillusie. Geloof me: niemand wil verlicht zijn. Geen mens wil zichzelf ombrengen.'

Tijn: 'En op een dag was je klaar.'

Jed: 'Ja, dat was een vreemde gewaarwording. Ik had het zwaard nog steeds ferm in mijn handen geklemd – ik was er mee vergroeid geraakt – maar op een dag was er ineens niets meer om aan te vallen. Het was ineens oorverdovend stil. Het was gewoon klaar, afgelopen. Niets meer om te doorzien, niets meer dat nog gedaan moest worden, nooit meer. In het begin had ik geen idee waar ik was of wat ik nu moest doen. Er komt namelijk niets voor in de plaats. Het is een totale leegte, een *void.* Het heeft me zo'n tien jaar gekost om hieraan te wennen.'

Tijn: 'Hoe zou je je werk in een paar woorden omschrijven?'

Jed: '*Think for yourself*! Maak hiervan je mantra. Tatoeëer het op de binnenkant van je oogleden. Het is *jouw* show, het is *jouw* universum. Er is niemand anders dan jij. Je bent compleet alleen, helemaal op jezelf aangewezen en alles staat tot je beschikking. Niemand heeft iets wat jij nodig hebt. Niemand kan je leiden, helpen of dragen. Niemand is nodig voor jouw succes. Het is heel eenvoudig: *jij* bent in slaap en *jij* moet wakker worden. Als je dat begrijpt, dan zie je in dat dat het beste nieuws is dat je ooit zult krijgen.'

Tijn: 'Hoezo?'

Jed: 'Omdat je dan op je eigen benen gaat staan. Je kunt eindelijk op jezelf gaan vertrouwen en je losmaken van goeroes, meesters en dubieuze overleveringen van mensen die al duizenden jaren dood zijn.

Laten we eerlijk zijn: we hebben geen idee wat Jezus en Boeddha precies hebben gezegd en gedaan. Ze hebben het niet opgeschreven en er was niemand om te notuleren. En omdat ze er ook niet meer zijn om uit te leggen wat ze hebben gedaan, staan we er alleen voor. Maar hé, dat is het goede nieuws! Als prins Siddharta het in zijn eentje kon, dan kun jij het ook. Toch? De Boeddha was niet heilig. Hij was geen god of Superman, maar een gewone man die er eens goed voor is gaan zitten en niet van zijn kussen kwam totdat hij de waarheid had doorgrond.'

Tijn: 'Wat zijn volgens jou de belangrijkste misconcepten die ons gevangenhouden in de droom?'

Jed: 'Ten eerste dat je afgescheiden zou zijn van het geheel, en ten tweede dat er iets verkeerd zou zijn wat moet worden goedgemaakt. De waarheid is dat je niet bent afgescheiden en dat er niets verkeerd is. Niets is ooit verkeerd geweest en kan ooit verkeerd zijn. Het is zelfs niet verkeerd om te geloven dat er iets is wat verkeerd of fout is. Verkeerd is gewoon niet mogelijk, zoals de Britse dichter Alexander Pope het ooit zei: "*One truth is clear, whatever is, is right.*" Het concept van verkeerd is de vlam onder de reet van de hele samenleving. Het is de motor achter onze beschaving en achter al het menselijk drama. Drama vereist conflict. Geen conflict, geen drama. Als er niet iets is wat verkeerd is, is er niets om te repareren, wat betekent dat we niets hoeven te doen. En dat is precies waar we zo bang voor zijn; dat we niets zijn en niets hoeven te doen. We hoeven helemaal geen bergen te verzetten, macht na te streven, geld te verzamelen en religies op te richten.'

Hij staat op, loopt naar de haard en legt een paar blokken op het smeulende vuur. Als hij weer zit, kijkt hij vergenoegd naar de vlammen die oplaaien en draagt een van zijn favoriete gedichten voor. Het is van de Japanner Taigu Ryokan: '*Too lazy to be ambitious, I let the world take care of itself. Ten days worth of rice in my bag. A bundle of twigs by the fireplace. Why chatter about delusion and enlightenment? Listening to the night rain on my roof, I sit comfortably, with both legs stretched out.*'

Tijn: 'Heb jij, net als Ryokan, ook geen ambities meer?'

Jed: 'Het kost me energie om mijn egokarakter in leven te houden en ik verlies steeds meer interesse in deze droomfiguur en *the human thing. I'm just killing time "till time kills me.*" Hij kijkt door het raam naar buiten en ziet de eindeloos uitgestrekte maïsvelden. 'Ik vind het beeld wel mooi dat in de Mahabharata wordt beschreven van Krishna.

Toe Krishna klaar was met wat hij kwam doen, liep hij de bossen in en bleef net zo lang doorlopen, totdat hij van vermoeidheid in elkaar zakte. Ik zal waarschijnlijk iets vergelijkbaars doen. Op een dag loop ik de maïsvelden in en ik blijf lopen, totdat ik er bij neerval.'

CHECK

Welke waarheden koester je?

Wat zou je zijn zonder die waarheid?

Wat/wie is er in jouw ogen verkeerd en wat probeer je nog te fixen?

ACTIE

Schrijf al je 'waarheden' op en bekijk ze van alle kanten. Vraag jezelf: is dit echt waar en check de fundering waarop die 'waarheid' is gebaseerd. Ga net zolang door tot je zeker weet of je uitspraak waar is of niet. Maak hier een gewoonte van, een tweede natuur.

WAKKER WORDEN

'Het belangrijkste gedeelte van leren wat je in het leven moet doen, is afleren wat niet waar is.'

Antisthenes, Grieks filosoof

'Wie naar buiten kijkt, droomt. Wie naar binnen kijkt, ontwaakt.'

Carl Gustav Jung, Zwitsers psychiater

'Verlichting is iets anders dan je verlichte beelden voorstellen. Het is je bewust worden van de duisternis.'

Carl Gustav Jung, Zwitsers psychiater

‘Het *hoe het zou moeten zijn* heeft nooit bestaan, maar mensen blijven proberen ernaar te leven. *Hoe het zou moeten zijn* bestaat niet, er is alleen wat er is.’

Lenny Bruce, Amerikaans stand-upcomedian

‘Bijgeloof is eerder een gewoonte dan een geloof.’

Marlene Dietrich, Duits actrice

‘Het enige wat mijn leren in de weg staat is mijn opleiding.’

Albert Einstein, Duits natuurkundige

‘Een karwei waaraan je nooit bent begonnen duurt het langst om af te maken.’

J.R.R. Tolkien, Brits schrijver

‘De echte oorlog zal nooit in boeken worden beschreven.’

Walt Whitman, Amerikaans schrijver

‘De mens begrijpt een waarheid pas grondig wanneer hij ertegen heeft gestreden.’

Ralph Waldo Emerson, Amerikaans filosoof

‘Ik hou vol dat Waarheid een land zonder wegen is, en dat je het niet kunt bereiken via welke weg, welke religie of welke sekte dan ook.’

Jiddu Krishnamurti, Indiaas filosoof

25
Voorbij de waarheid

'Wanneer mensen het met me eens zijn, heb ik altijd het gevoel dat ik het bij het verkeerde eind heb.'

Oscar Wilde, Brits schrijver

Op een Grieks marktplein staat een kleine man met uitpuilende ogen driftig te gebaren. Om hem heen wordt de menigte steeds groter. 'O ja, is dat zo?' roept hij in de richting van een van de toehoorders. 'Weet je heel zeker dat het waar is wat je zegt?'

'Natuurlijk weet ik dat zeker!'

'En wie ben *jij* dan wel om dat zo zeker te weten?' vraagt de man die Socrates wordt genoemd. 'Weet je eigenlijk wel wie je zelf bent?'

'Hoezo?' vraagt de toehoorder. 'Ik ben gewoon mijzelf, natuurlijk.'

'En wie is dat dan wel, die *zelf*?'

'Ik uhh...'

Socrates: 'Precies! Hoe kun je beweren de waarheid te kennen als je jezelf niet eens kent?'

Er valt een stilte. Socrates wendt zich nu tot de rest van de menigte: 'Is er nog iemand die iets *heel* zeker weet? Is er nog een waarheid die we kunnen testen?' Niemand stapt naar voren. Niemand durft het nog op te nemen tegen de wijsgeer die dwars door elke 'waarheid' heen kijkt. Een man bovendien, die door het Orakel van Delphi werd benoemd tot 'de wijste man op aarde'.

Als de menigte oplost, blijft één man staan. Zijn naam is Plato. Hij is gefascineerd geraakt door de manier waarop Socrates door vragen te stellen vrijwel elke zekerheid weet te ontmaskeren als een illusie. Niets, maar dan ook niets, is heilig (en veilig) voor deze plaaggeest van de gevestigde orde.

'Is het niet gevaarlijk wat u doet?' wil Plato weten. 'Komt u niet in de problemen?'

'O, zeker wel,' zegt Socrates met een schuine blik op een groep mannen die hem al geruime tijd in de gaten houdt. 'Ik ben niet overal populair. Veel mensen vinden me erg irritant. Maar Athene is traag en ik ben de horzel die haar tot leven moet wekken.'

'Waarom noemt het Orakel u de wijste man op aarde?'

Socrates haalt vermoeid de schouders op. 'Geloof me, ik heb er alles aan gedaan om te bewijzen dat dat niet zo is. Ik heb overal gezocht naar mensen die wijzer zijn. Ik heb politici gesproken, kunstenaars, schrijvers... Helaas heb ik niemand kunnen vinden, zelfs niet onder mensen die dachten dat ze alles wisten. *Juist* niet onder mensen die dachten dat ze alles wisten,' voegt hij er mismoedig aan toe.

Hij valt stil en tuurt in de verte. 'Uiteindelijk,' zegt hij bedachtzaam, 'heb ik moeten concluderen, dat ik inderdaad de wijste man op aarde ben. Niet zozeer omdat ik meer weet dan ieder ander, maar omdat ik de enige schijn te zijn die weet dat hij niets weet. Dat is namelijk het enige wat je kunt weten: dat je niets weet.'

2.500 jaar later spreekt het Orakel opnieuw en wordt een andere man tot 'de wijste man op aarde' benoemd. Het Orakel – dat nu *Time Magazine* heet – benoemt Albert Einstein tot 'man van de eeuw'. Maar net als Socrates concludeert ook hij, dat hij eigenlijk niets weet; dat dé waarheid misschien wel bestaat, maar in elk geval niet gekend kan worden met de beperkte vermogens die de mens momenteel ter beschikking staan. Hoe meer Einstein over het universum leert, hoe meer hij beseft er vrijwel niets van te begrijpen. 'Zij die zichzelf de taak opleggen om rechter te spelen over waarheid en kennis worden hartelijk uitgelachen door de goden,' zei hij.

Net als Socrates zag ook Einstein, dat de meeste mensen niet in staat zijn de grenzen van hun eigen waarnemingsvermogen te zien en de fout maken het deel dat ze wel kunnen waarnemen tot dé waarheid te bombarderen. Vandaar zijn beroemde uitspraak: 'Twee dingen zijn oneindig: het universum en de menselijke domheid. Van de oneindigheid van het universum ben ik nog niet helemaal overtuigd.' Uit onderzoek is gebleken dat de mens in staat is ongeveer 0,05 procent van het ons bekende universum waar te nemen. Te stellen dat de mens stekeblind en stokdoof is, is dus niet erg overdreven.

Daarnaast is het zo dat het proces van 'waarnemen' ingewikkelder is dan de meeste mensen denken. Alles wat wij zien, horen, ruiken, voelen en proeven, speelt zich niet zozeer buiten ons af, maar *in* ons. We proeven de limonade niet in het glas, maar in onze hersenen. We zien het vliegtuig niet in de lucht, maar in ons hoofd. Onze hersenen interpreteren de elektromagnetische informatie die via de zintuigen binnenkomt en construeren daar een beeld, woord, gevoel of ervaring van. We ervaren dus niet wat er *is*, maar onze perceptie of interpretatie van wat er is.

En die interpretatie heeft alles te maken met het referentiekader vanwaaruit je kijkt, oftewel met wie je denkt te zijn. Vandaar dat Socrates zo zwaar de nadruk legde op het beantwoorden van die eerste fundamentele vraag: wie ben ik? Zolang het antwoord op die vraag niet helder is, is het voor de toeschouwer niet duidelijk wat hij of zij op de werkelijkheid projecteert. Wat wij 'waarnemen' of 'percipiëren' noemen, is geen objectieve bezigheid, maar een projectie van onze (beperkte) referentiekaders op onze omgeving. Vandaar ook dat Einstein zei, dat de wereld niet uit atomen bestaat, maar uit verhalen.

Wat wij als een 'feit' zien, is feitelijk een bedenksel van onze geest, een verhaal, een maaksel. Het woord 'feit' stamt niet voor niets af van het Franse '*faire*' dat 'maken' betekent. De waarheid is dus maar net wat je ervan maakt. Het is datgene wat je voor waar-neemt.

Hoewel de twee wijste mannen op aarde er dus van overtuigd waren dat dé waarheid misschien wel bestaat, maar dat eenieder die beweert haar in pacht te hebben niet alleen 'een beetje dom is' maar ook hartelijk wordt uitgelachen door de goden, zijn er meer dan genoeg mensen die niet de moeite hebben genomen om hun eigen aannames en projecties te onderzoeken en rustig blijven beweren dé waarheid in pacht te hebben en er zelfs niet voor terugdeinzen om die aan anderen op te dringen, desnoods met geweld. Dit was de langste zin van het boek. Winston Churchill kon dit type in één zin beschrijven: '*A fanatic is one who can't change his mind and won't change the subject.*'

De geschiedenis wemelt van de goeroes, profeten, moefti's, moellahs, leraren, coaches, dominees, predikers en betweters die ons absolute waarheden voorhielden waarnaar we zouden moeten leven. Met alle gevolgen van dien. Vrijwel alle oorlogen die zijn uitgevochten, zijn het gevolg van mijn (of onze) waarheid tegenover jouw (of jullie) waarheid.

Die polarisatie van standpunten is niet alleen te wijten aan de blindheid van goeroes en moefti's, maar vooral ook aan de blinde volgzaamheid van mensen die hun 'waarheid' voor zoetekoek slikken. De boodschap van de goeroe is vaak een stuk genuanceerder en beter doordacht dan wat volgelingen er uiteindelijk van maken en uitdragen. De goeroe of meester is zelfstandig tot conclusies en standpunten gekomen. De meeste volgelingen nemen genoegen met een tweedehands waarheid die zij maar ten dele begrijpen.

En juist omdat ze die waarheid maar ten dele begrijpen – en er dus terecht onzeker over zijn – doen zij er alles aan om zo veel mogelijk mensen te overtuigen dat het écht waar is. Onder het motto 'Hoe meer mensen het met mij eens zijn, hoe "waarder" het wordt' worden volgelingen fanatieker en fundamentalistischer dan hun meester. Om die reden zijn volgelingen en meelopers misschien wel de gevaarlijkste mensen op de planeet. Het deed de Zwitserse psychiater Carl Gustav Jung in ieder geval eens diep verzuchten: *'Thank God I'm not a Jungian.'*

Maar lang voordat Jung leefde, waren er al scherpzinnige geesten die het gevaar van blinde volgzaamheid zagen. Ruim tweeduizend jaar geleden zei de Chinese monnik Lin Chi: 'Als je de Boeddha op straat tegenkomt, dood hem dan.' Lin Chi zag dat zijn tijdgenoten niet zozeer de leer van de Boeddha volgden (namelijk dat iedereen de Boeddhanatuur in zichzelf draagt), maar de Boeddha buiten zichzelf bleven zoeken.

Vraag jezelf eens: zou de Boeddha ooit boeddhist zijn geworden – stel dat die filosofie in zijn tijd zou hebben bestaan? Zou Jezus ooit een christen zijn geworden? Ik waag het te betwijfelen, simpelweg omdat beide mannen pioniers waren, rebellen die ervoor kozen de waarheid zelf uit te zoeken. Dat, en dat alleen, is *de* les van hun leven.

De essentie van de leer van iedere ware goeroe is in feite dit: 'Ga je eigen weg, zoals ik dat ook doe/deed.' Dat wil niet zeggen dat we niet van elkaar kunnen leren en elkaar kunnen inspireren, maar de grootste dankbetuiging aan onze goeroes en leraren, is dat we bereid zijn hen te 'doden', zodat we geen volgeling worden, maar rebellen, vrijdenkers, en stronteigenwijze meesters die weigeren de kliekjes van anderen op te warmen.

De Amerikaanse sociale wetenschapper John McKnight, die meer dan veertig jaar het effect van hulpverleners op de samenleving heeft bestudeerd, is een moderne Lin Chi. 'Elke keer als we de hulp van een expert inroepen, verliezen we een stukje van onszelf,' schrijft hij in zijn boek *The Careless Society*. 'Hiermee hebben hulpverleners de ziel van de gemeenschap aangetast. De grote vijand van de samenleving is niet armoede of ziekte, maar afhankelijkheid vermomd als dienstverlening.'

In Nederland zijn er momenteel bijna net zoveel coaches, hulpverleners en workshopgevers als cliënten. Natuurlijk is dat een rijkdom en een verworvenheid, maar het is ook een gevaar. We houden elkaar in een greep van afhankelijkheid, en als we geen problemen hebben, dan bedenken we ze wel. De authentieke, eigenzinnige, baanbrekende en revolutionaire Spaanse kunstenaar Pablo Picasso kende het gevaar van jezelf en anderen 'helpen' en kleinhouden: '*Is there anything more dangerous than sympathetic understanding?*'

Mensen zijn zoveel krachtiger en zelfstandiger als ze durven vertrouwen op hun eigen wijsheid en grootsheid. We zijn tot zoveel meer in staat dan we denken. Onderzoek toont dat ook aan. Zo blijkt dat als artsen staken, er in die perioden minder mensen sterven. Als dat geen power is! Toen Israëlische artsen in de jaren zeventig van de vorige eeuw gedurende een maand het werk neerlegden, daalde het sterftecijfer met maar liefst vijftig procent! Een twee maanden durende artsenstaking in Bogotá, de hoofdstad van Colombia, zorgde voor een daling van 35 procent. Tijdens een langzaamaanactie van artsen in Los Angeles liep het aantal sterfgevallen met achttien procent terug. Toen de artsen weer volledig aan het werk gingen, bereikte het sterftecijfer onmiddellijk het oude niveau. Blijkbaar nemen mensen als het erop aankomt meer verantwoordelijkheid voor hun eigen welzijn, en blijkbaar slagen zij daar wonderwel in.

CHECK

Heb je de eerste vraag beantwoord: wie ben ik?

Ben je je bewust van je projecties op de werkelijkheid?

Ben je een volgeling of een oorspronkelijke denker, een slaaf of een vrije geest, een meeloper of een rebel?

Zoek je de waarheid in jezelf of buiten jezelf?

Ben je bereid de 'Boeddha' te doden?

AHA

Het enige wat je zeker kunt weten, is dat je niets weet.

Een feit is geen feit, maar een maaksel.

Alles wat wij waarnemen, speelt zich niet zozeer buiten ons af, maar *in* ons.

MEESTERS EN SLAVEN

'Vertrouw hen die de waarheid zoeken, wantrouw hen die haar vinden.'

André Gide, Frans schrijver en dichter

'Volgelingen kunnen naar de bliksem lopen. Ze zijn niet interessant. Het gaat alleen om de meesters, om hen die creëren.'

Pablo Picasso, Spaans kunstenaar

'Accepteer de gevestigde orde niet. Zorg dat je ervan af komt.'

Johnny Rotten, voorman van de Sex Pistols

'Er is een zin in de film waarin hij snauwt: "Niemand vertelt mij wat ik moet doen." Dat is precies hoe ik me mijn hele leven heb gevoeld.'

Marlon Brando, Amerikaans acteur

'Ik weet niet wat ik aan moet met moraal. Het enige wat ik weet is wat goed voelt.'

Brad Pitt, Amerikaans acteur

'Dromers zonder ruggengraat verbergen zich in kerken.'

Keane, Britse popgroep in Perfect Symmetry

'Iedereen houdt de grenzen van zijn eigen gezichtsveld voor de grenzen van de wereld.'

Arthur Schopenhauer, Duits filosoof

'Alle ideologieën zijn idioot, of ze nu religieus zijn of politiek, want het is het conceptuele denken, het conceptuele woord, waardoor de mensheid helaas zo verdeeld is geraakt. Je geloof in God is niet meer dan een ontsnapping aan je eentonige, stompzinnige en wrede leven.'

Jiddu Krishnamurti, Indiaas filosoof

'Een beginselvaste denker is een onnadenkend mens omdat hij leeft volgens een patroon; hij herhaalt zinnen en denkt in een sleur.'

Jiddu Krishnamurti, Indiaas filosoof

'Je zit voortdurend met jezelf opgescheept, wat je ook doet. Je moet je tot je eigen God richten in je eigen tempel. Het komt allemaal op jezelf neer, vriend.'

John Lennon, Brits popster

26

Het alfabet en de godin

de schoonheid van een meisje
of de kracht van water en aarde
zo onopvallend mogelijk beschrijven
dat doen de zwanen

maar ik spel van de naam a
en van de namen a z
de analphabetische naam

daarom mij mag men in een lichaam
niet doen verdwijnen
dat vermogen de engelen
met hun ijlere stemmen

maar mij het is blijkbaar is wanhopig
zo woordenloos geboren slechts
in een stem te sterven

Lucebert, Nederlands dichter

Er is één vorm van 'waarheid' die nog gevaarlijker is dan de waarheid die ons wordt opgedrongen door mensen die haar in pacht denken te hebben: *geschreven* waarheid. In het fascinerende boek *The Alphabet Versus the Goddess: The Conflict between Word and Image* legt de Amerikaanse auteur Leonard Shlain uit hoe met name boeken en geschriften tot onverdraagzaamheid, fundamentalisme en oorlog hebben geleid. De reden hiervoor is, dat geschreven teksten – hoe mooi ze ook zijn – door onze linkerhersenhelft worden verwerkt, wat inhoudt dat de informatie wordt gefilterd door onze kritische, alles in hokjes en vakjes verdelende geest. Een boek kan dus vol staan met liefdevolle, verzoenende en spirituele boodschappen en toch aanzetten tot haat en verdeeldheid. Het is niet zozeer de boodschap die het effect bepaalt, maar het medium waarmee deze wordt gecommuniceerd. Mediaspecialist Marshall McLuhan zei het al: 'Het medium *is* de boodschap.'

Het onderzoek naar het effect van het geschreven woord dat Leonard Shlain deed, kwam voort uit de vraag: wat is de reden dat godsdiensten enkele duizenden jaren geleden plotseling een mannenaangelegenheid waren geworden? Waarom waren vrouwen, vrouwelijke waarden en afbeeldingen (die door 'rechts' worden geïnterpreteerd) plotseling uit tempels verdreven? Shlain zocht en zocht en kon uiteindelijk maar één conclusie trekken: het was de schuld van het geschreven woord, de heilige geschriften die 'waarheden' zwart op wit hadden gezet, waardoor ze onwrikbaar waren geworden en geen ruimte meer lieten voor interpretatie en eigen verbeeldingskracht. Tot die tijd werden 'waarheden' vooral oraal gecommuniceerd en spraken wijzen en orakels vaak in beeldtaal. Hierdoor kwamen 'waarheden' minder vast te liggen en bleef er ruimte voor nuance.

Wie naar de geschiedenis kijkt, moet toegeven dat Shlain een punt heeft, want het zijn inderdaad alle mogelijke 'heilige' geschriften geweest, die door de eeuwen heen hebben geleid tot bloedige oorlogen. De eerste religie die op een geschrift werd gebaseerd, was het jodendom, niet voor niets een van de religies met de meeste wetten en leefregels. Met het verschijnen van het Oude Testament werd religie voor het eerst in de geschiedenis ook een reden om oorlog te voeren.

Hoewel de monotheïstische godsdiensten (jodendom, christendom en islam) ook ontegenzeggelijk tot vooruitgang en beschaving hebben geleid, moet je constateren dat er minstens zoveel schade is aangericht. En met name vrouwen zijn daarvan de dupe geworden: echtgenotes, dochters, waarzegsters, koninginnen, artiesten, slavinnen en priesteressen werden op basis van geboden en openbaringen die zwart op wit stonden – en dus wel waar moesten zijn – verbannen tot een tweederangs rol in de geschiedenis.

Wat zou er zijn gebeurd als die verhalen niet in schrift waren verschenen? Hoe zou onze geschiedenis er hebben uitgezien als vrouwen niet waren gedegradeerd tot tweederangs burgers? Hoe zou het scheppingsverhaal er hebben uitgezien als vrouwen hun rechtmatige plek hadden behouden? Laten we dat scheppingsverhaal nog eens tegen het licht houden.

In Genesis staat het volgende geschreven: op de eerste dag schiep God het licht. Op de tweede dag het hemelgewelf. Op de derde dag de aarde, de zee, de bomen en de planten. Op de vierde dag de zon en de maan. Op de vijfde dag de vissen en de vogels. Op de zesde dag schiep God de mens. Letterlijk staat er: 'En God schiep de mens naar Zijn evenbeeld; naar Gods beeld schiep Hij hen; man en vrouw schiep Hij hen.'

En daar stonden ze dan, de eerste man en vrouw in het paradijs: Adam en Eva. Maar wacht eens even, de Bijbel vertelt toch dat Eva later werd geschapen uit de rib van Adam? Als dat zo is, wie is die vrouw dan die naast Adam staat? Volgens overleveringen en in de vergetelheid geraakte geschriften heette zij Lilith. Lilith was geen kloon van haar man, maar een zelfstandig wezen. Zij werd, zoals Genesis stelt, net als Adam door God uit de aarde geschapen. Lilith was dus gelijkwaardig aan haar man en was om die reden niet van plan om de tweede viool te spelen.

Dat heeft ze geweten. In het joods-kabbalistische geschrift de Zohar uit de dertiende eeuw staat beschreven hoe het verhaal vervolgens verderging. Er zou een heftige ruzie zijn uitgebroken tussen Adam en Lilith, onder meer over de manier waarop zij zich moesten vermenigvuldigen. Adam vond dat Lilith tijdens de voortplanting onder moest liggen en sowieso de onderdanige, dienende rol moest spelen. Lilith weigerde dit en de ruzie liep zo hoog op, dat God zich genoodzaakt zag om in te grijpen en Lilith uit het paradijs te verdrijven. Achternagezeten door engelen vluchtte zij richting de Rode Zee, waar zij zich sindsdien in een grot schuilhoudt – verbannen, gekwetst en gekweld.

Na dit onverkwikkelijke begin van de menselijke geschiedenis moest voor Adam dus een nieuwe partner worden gezocht. Omdat die niet zo snel voorhanden was en omdat Adam geen behoefte had aan nog zo'n vrouw die er nota bene een eigen mening op nahield, werd besloten Adam in een diepe slaap te brengen en een vrouw uit zijn rib te scheppen. Zo gezegd, zo gedaan, en toen Adam weer bijkwam uit zijn goddelijke narcose, stond daar een brave, onderdanige en meegaande vrouw. Eva was haar naam en zij vond het geen enkel probleem om onder te liggen. De rest is geschiedenis.

Hoe zou de schepping zijn verlopen als niet Eva, maar Lilith het archetypische rolmodel van de vrouw was geworden? Hoe zouden we vandaag de dag tegen vrouwen aankijken? Volgens psychologen en psychiaters, onder wie bijvoorbeeld Emma Jung (de dochter van), zouden veel van de typische relatieproblemen die nu bestaan, zijn opgelost. Door Lilith te verbannen, werd een belangrijk deel van de vrouw – haar zelfstandigheid, trots en eigenwaarde – onderdrukt, waardoor vrouwen zich chronisch afgewezen en gekwetst voelen.

Lilith mag dan verbannen zijn, verdwenen is zij allerminst. Door de eeuwen heen duikt zij steeds opnieuw op in legendes, verhalen, geschriften en afbeeldingen. Op een Soemerisch kleitablet van vierduizend jaar geleden, staat zij bijvoorbeeld afgebeeld als een jonge vrouw met vleugels, klauwen en een kroon op haar hoofd. In beide handen houdt zij het Ankh-kruis, dat staat voor onsterfelijkheid. Vaak ook wordt Lilith afgebeeld als een beeldschone, uiterst verleidelijke maagd die vanaf haar middel naar beneden toe in vuur en vlam staat. Ze is de ongetemde vrouw, de helse feeks, de verleidelijke hoer of de godin van de jacht.

In het Oude Testament en in de meer mannelijk georiënteerde religies wordt Lilith wat minder mooi beschreven – als een gruwelijke wraakgodin en als een nachtspook met klauwen, dat permanent wordt vergezeld door krijsende uilen. Priesters werden voor haar gewaarschuwd en hen werd verteld, dat zij hun geslacht tijdens de nacht moesten bedekken, omdat Lilith hen anders zou komen verleiden. Vrouwen werd verteld, dat zij goed op hun kroost moesten passen, anders zou Lilith hen komen wurgen.

Ondanks deze slechte pers is Lilith nooit geheel van het toneel verdwenen. Sterker nog, het lijkt erop dat Lilith vandaag de dag meer dan ooit leeft. Steeds meer vrouwen hebben er genoeg van om te leven vanuit een rolmodel dat hen maar ten dele past (Eva) en hunkeren ernaar hun wilde en ongetemde kant de ruimte te geven.

Dat wil niet zeggen dat Eva nu moet worden verjaagd en verbannen, zoals in veel gevallen gebeurt bij vrouwen die doorslaan naar hun mannelijke kant. Ook Eva is een deel van het geheel. Ook zij heeft haar rechtmatige plek, zoals de familieconstellaties van Bert Hellinger laten zien. Maar vrouwen snakken er terecht naar om Lilith eindelijk te bevrijden uit haar ketenen – de ketenen die haar van een zelfstandig wezen hebben gedegradeerd tot een valse draak en een jaloerse partner.

Het is tijd om de oorspronkelijke oerkracht van de ontembare, vrije, donkere, sensuele, onafhankelijke en creatieve energie weer de ruimte te geven. Het is tijd om Lilith uit haar grot te bevrijden, zodat ze haar rechtmatige plaats naast Adam weer kan innemen. Wie weet wordt dan niet alleen de oorspronkelijke balans tussen man en vrouw hersteld, maar ook het Paradijs op aarde.

CHECK

In hoeverre krijgen de oorspronkelijke vrouwelijke waarden de ruimte in je leven?

Vanuit welk oerverhaal leef je?

Wat is jouw relatie met Lilith – de zelfstandige, ongetemde vrouw?

Wat is jouw relatie met Eva?

VROUWEN EN BOEKEN

Trinity: 'Mijn naam is Trinity.'
Neo: '*De* Trinity? Die de d-base van de IRS heeft gekraakt?'
Trinity: 'Dat is een hele tijd geleden.'
Neo: 'Jezus...'
Trinity: 'Wat is er?'
Neo: 'Niks, ik dacht dat je een man was.'
Trinity: 'Dat denken de meeste mannen.'

Fragment uit The Matrix

'Zoals gewoonlijk staat er een grote vrouw achter iedere idioot.'

John Lennon, Brits popmuzikant

'Ik wil dat vrouwen geëmancipeerd zijn en dat ze toch nog steeds een lekker kontje kunnen hebben om mee te draaien.'

Shirley MacLaine, Amerikaans actrice

'Een sekssymbool wordt een ding. Ik vind het afschuwelijk om een ding te zijn.'

Marilyn Monroe, Amerikaans actrice

'Het is helemaal niet logisch... daarom vertrouw ik het!'

Kate Winslet, Brits actrice

'Een man wordt omschreven als een mens en een vrouw als een vrouw – wanneer ze zich als een mens gedraagt wordt er van haar gezegd dat ze de man imiteert.'

Simone de Beauvoir, Frans filosofe

'Als je iets gezegd wilt hebben vraag je het aan een man; als je iets gedaan wilt hebben vraag je het aan een vrouw.'

Margaret Thatcher, Brits premier

'De intellectuele traditie is onderworpen aan de heersende macht. Als ik die niet zou verraden, dan zou ik me schamen.'

Noam Chomsky, Amerikaans auteur

'Boeken – ik vind het leven beter.'

Loesje, Arnhems postermeisje

'Lezen is denken met het hoofd van een ander in plaats van met dat van jezelf.'

Arthur Schopenhauer, Duits filosoof

DEEL VIJF

DE NIEUWE VERLICHTING

Waarin je een ridder wordt, het grote plaatje gaat zien, uit je comfortzones stapt en weer compleet wordt; waarin je minder gaat doen, meer gaat bereiken en eindelijk magisch, moeiteloos, groots en meeslepend gaat leven; waarin je terugkeert naar het licht, de tijd stilzet, de held van je eigen levensverhaal wordt, je vleugels uitslaat en weer gaat vliegen.

27

Ridders in de spirituele woestijn

'Vernieuwing is het verschil tussen een leider
en een volgeling.'

Steve Jobs, Amerikaans oprichter Apple

Dit boek is niet alleen een ode aan de vrouwen en mannen die ons door de eeuwen heen hebben weten te inspireren met hun inzichten, wijsheden en verlichte acties, maar vooral een oproep om de belangrijkste les die zij ons leerden in de praktijk te brengen: te vertrouwen op onze eigen, innerlijke en aangeboren verlichting en verantwoordelijkheid te nemen voor onszelf en de planeet. Het is een oproep tot een nieuwe verlichting, te vergelijken met de verlichting die in de zeventiende en achttiende eeuw ontstond, toen een aantal mensen ook genoeg kreeg van *business as usual.* Zij besloten om de automatische piloot uit te zetten en hun eigen verstand te gaan gebruiken. De verlichtingsdenkers van toen verzetten zich met name tegen de onzinnige dogma's, ingesleten patronen en vastgeroeste ideeën van de kerk en de staat en namen hun vrijheid en autonomie terug.

Maar er is één belangrijk verschil tussen de verlichting van toen en die van nu. Waar mensen als Voltaire, Kant, Diderot, Rousseau, Hume, Locke, Newton, Smith, Franklin en Jefferson vooral opriepen om het verstand weer te gebruiken, gaat de nieuwe verlichting een paar stappen verder. Voor de wetenschappers van de verlichting bestond de wereld uit gescheiden denkrichtingen, waarbij de wetenschap zich voortaan moest bezighouden met de harde feiten, het Ware. De religie hield zich bezig met de betekenis van die feiten, het Mystieke. De kunsten bekommerden zich om het Schone, en de ethiek nam het Goede voor haar rekening.

In deze tijd hoeven we ze niet meer te scheiden. We staan aan het begin van een holistisch tijdperk, waarin alles en iedereen tegelijkertijd kan en mag bestaan. Dit is niet meer de tijd van of/of, maar van en/en. We kunnen *en* onze verstandelijke vermogens (IQ), *en* onze emotionele intelligentie (EQ), *en* onze fysieke intelligentie, *en* onze collectieve intelligentie, *en* onze spirituele intelligentie (SQ) allemaal gelijktijdig inzetten en gebruiken.

De verlichtingsdenkers van de zeventiende eeuw hadden een begrijpelijke afkeer van alles wat met spiritualiteit en religiositeit te maken had, en deden deze daarom in de ban. Maar door dat te doen, misten zij een belangrijk deel van hun vermogens om de werkelijkheid vanuit het grootst mogelijke perspectief te bekijken en vanuit heelheid te leven. *De* uitdaging van deze tijd is, dat we alle perspectieven en al onze innerlijke vermogens gaan inzetten, zodat we werkelijk complete mensen kunnen zijn in een complete wereld. Volgens de Brits/Amerikaanse filosofe en theoretisch fysica Danah Zohar is met name het inzetten van spirituele intelligentie daarvoor nu cruciaal.

Zohar is, samen met haar man Ian Marshall, de uitvinder van het begrip spirituele intelligentie. Toen ik haar opzocht in het Britse Oxford, riep zij op tot een kwantumsprong in het bewustzijn. 'Met name spirituele intelligentie is in deze tijd essentieel,' zegt ze. 'SQ is nog fundamenteler en specifieker voor de mens dan IQ en EQ. IQ kun je ook aan computers toeschrijven en EQ komt ook voor bij hogere zoogdieren. Alleen SQ is uniek voor het menselijk ras. SQ is namelijk direct verbonden met het verlangen en de ontwikkeling van zin(geving), visie en morele waarden. SQ stelt ons in staat te dromen en te streven. Het definieert waar we voor we staan en waarin we geloven.'

Jammer alleen dat zo weinig mensen er gebruik van maken, vindt Zohar: 'We leven momenteel in een spirituele woestijn. De meeste mensen vermijden keuzes en laten dingen op hun beloop. We stellen onszelf er tevreden mee om als een soort slaapwandelaars door het leven te gaan en als wrakhout mee te drijven op de stroom der gebeurtenissen. Terwijl onze menselijkheid juist wordt bepaald door ons vermogen tot het maken van keuzes tussen goed en kwaad. Geen keuze maken is een ontkenning van je eigen essentie.'

Volgens Zohar komen al onze problemen voort uit een spirituele crisis die vrijwel de hele westerse cultuur in haar greep heeft: 'We hebben het besef verloren van wat het is om mens te zijn. Als gevolg daarvan hebben we het contact verloren met de bron van onze eigen kracht als persoonlijke en morele wezens. We weten niet meer wat ons de autoriteit geeft om te handelen. De meesten van ons zijn verstrikt in een weefsel van leugens en illusies die betrekking hebben op onszelf en de groep waartoe we behoren – op onze cultuur dus.'

Nietzsche zei dat overtuigingen gevaarlijker vijanden van de waarheid zijn dan leugens. Zohar: 'De status-quo van ingebakken overtuigingen wordt in stand gehouden, doordat op scholen en in organisaties het stellen van vragen wordt ontmoedigd. Vragen worden als hinderlijk, afleidend en niet-loyaal gezien. Dat zijn ze ook, omdat ze de status-quo in twijfel trekken.'

Zohar legt uit hoe we het voor elkaar kunnen krijgen om een cultuuromslag te bewerkstelligen die ons naar een hoger niveau van bewustzijn kan brengen. 'De uitdaging waar ieder van ons momenteel voor staat, is om opnieuw in contact te treden met dat wat je "God" zou kunnen noemen, datgene wat heilig voor je is, een hoger doel waarvoor je bereid bent je leven te geven. Om dit te vinden, moet je de moed hebben om jezelf buiten de sfeer van geld en macht te plaatsen, zodat je jezelf kunt gronden in iets wat groter is dan jezelf, iets wat transpersoonlijk is en uitstijgt boven de cultuur waarvan je deel uitmaakt.'

Volgens Zohar geldt uiteindelijk voor ieder mens dat eigenwaarde en zelfverwerkelijking van primair belang zijn: 'De essentie is dat elk mens ervaart dat zijn of haar leven zin en betekenis heeft. Dat is de factor die ons motiveert. Zonder dit besef worden we ziek of sterven we. Het woord "spiritueel" stamt niet voor niets af van het Latijnse "spiritus", dat verwijst naar datgene wat aan een systeem leven of vitaliteit geeft.'

Zijn dit de woorden van een kernfysica of een mystica? In het geval van Danah Zohar is het antwoord: allebei. Want ondanks haar spirituele bevlogenheid is ze bijzonder kritisch en weegt ze uiteindelijk de harde feiten. Daarom is Zohar niet zo gecharmeerd van de toenemende stroom spirituele cursussen, goeroes en zelfhulpboeken: 'Veel van wat de new age biedt, is niets anders dan een *quick fix*, een pleister op de wonde. Het gaat bijna altijd over "je lekker voelen" en is dus vooral voeding voor het ego. Maar daarover gaat spiritualiteit niet; dat gaat over zelfinzicht.'

Haar recept om zelfkennis te verwerven: 'Neem dagelijkse momenten voor introspectie. Mediteer. Participeer in authentieke dialogen over dingen die er toe doen. Wees bereid door te dringen in je "zone van onbehagen" om minder aangename waarheden over jezelf onder ogen te zien. Om contact te maken met hogere waarden is een zekere discipline onontbeerlijk. Volgens mij is meditatie daartoe de beste methode. De essentie is dat je geconcentreerd genoeg bent om af te stemmen. Alleen wanneer je je innerlijk potentieel herkent, kun je je visie verbreden. Dan kun je voorbij je eigen paradigma kijken en je het onmogelijke voorstellen. Wij zijn niet het grote slotakkoord in de schepping, maar nederige dienaren in een spel dat ons nodig heeft om zich te ontvouwen. Wij worden geroepen om deze volwassen fase in te gaan.'

Volgens Zohar is er niet alleen een nieuwe verlichtingsbeweging nodig, maar ook een generatie van cultuurridders die bereid is deze cultuur neer te zetten en vorm te geven: 'In een cultuur als die van ons, waarin we zijn afgesneden van het hogere, valt de taak om spiritueel te zijn aan ieder van ons individueel toe. Ieder van ons heeft die verantwoordelijkheid voor ons allemaal. Niet iedereen zal die verantwoordelijkheid nemen, maar dat hoeft ook niet. Uit onderzoek blijkt dat slechts tien procent van de bevolking een nieuw perspectief hoeft te omarmen voor een totale cultuuromslag.'

CHECK

Durf je keuzes te maken, of laat je dingen op hun beloop?

Sta je in contact met je hogere doel, dat wat je leven zin geeft en jou vitaliteit geeft?

Ben je bereid uit je comfortzones te stappen?

Behoor je tot de tien procent van innovatieve denkers die een cultuuromslag bewerkstelligt, of laat je je als wrakhout meevoeren op de stroom der gebeurtenissen?

AHA

Spiritueel stamt af van het Latijnse *spiritus*, dat verwijst naar datgene wat leven of vitaliteit geeft.

ACTIE

Nodig regelmatig vrienden en bekenden uit voor authentieke dialogen over dingen die er toe doen. Mediteer samen en deel elkaars dromen, passies en obstakels. Creëer een nieuwe cultuur van ridders die een nieuw paradigma vormgeven.

PARADIGMAVERSCHUIVERS

'Een kleine groep opmerkzame mensen kan de wereld veranderen. Feitelijk is dat de enige manier waarop dat ooit is gebeurd!'

Margaret Mead, Amerikaans cultureel antropoloog

'De eerste man die de wangen van een jonge vrouw met een roos vergeleek, was kennelijk een dichter; de eerste die het herhaalde was waarschijnlijk een idioot.'

Salvador Dalí, Spaans kunstenaar

'Ter uwer informatie zou ik u graag een vraag willen stellen.'

Samuel Goldwyn, Amerikaans filmproducent

'De historische groei van de mensheid kan, alles bijeengenomen, worden samengevat als een opeenvolging van overwinningen van het bewustzijn op blinde krachten – in de natuur, in de samenleving, in de mens zelf.'

Leon Trotski, Russisch staatsman

'Er zou een wet moeten komen die zegt: iedereen die het woord "paradigma" gebruikt zonder te weten wat het betekent, gaat naar de gevangenis. Zonder uitzondering.'

David Jones, Amerikaans schrijver

'Waarom zou je bij de marine gaan als je piraat kunt worden?'

Steve Jobs, Amerikaans oprichter van Apple

28

Magisch en moeiteloos leven

'Soms stap ik in de valkuil van te doen wat ik denk dat
ik zou moeten doen, in plaats van wat ik wil doen.'

Björk, IJslandse zangeres

Het is altijd Alberts droom geweest om 'groots en meeslepend' te leven. Barstensvol idealen, altijd voor anderen klaarstaan, er werkelijk *zijn* op elk moment, helemaal in het NU leven... Maar de laatste tijd had Albert het moeilijk. Hij was al in de zestig en nog steeds was zijn leven niet echt groots en meeslepend. Natuurlijk, hij zat nog altijd vol plannen en idealen, hij was zeker niet uitgedoofd en had bijvoorbeeld net een lieve nieuwe (en veel jongere) vriendin. Maar op de een of andere manier leek het alsof niets ooit echt van de grond kwam, alsof de energie hem op de beslissende momenten steeds uit handen werd geslagen. En dat maakte hem moe. Zo moe van alles wat hij nog *moest* doen, van al die stapels papier, van die administratie die was blijven liggen en de afwas waar hij zich al dagen niet toe kon zetten. Albert was vooral moe van dat eeuwige gevecht met zichzelf.

Onlangs was hij zo moe dat hij het opgaf. In zijn wanhoop deed hij iets wat hij nog nooit had gedaan. Albert vroeg om hulp. Hij bad tot God, al wist hij niet precies wie of wat dat was, en zei: 'Ik kan het niet meer alleen. Ik wil het ook niet meer. Laat me alsjeblieft zien wat ik moet doen.' Hij had de woorden nog niet uitgesproken of hij voelde de spanning uit zijn lichaam wegvloeien. Voor het eerst in heel lang was Albert rustig, stil en volkomen ontspannen. Hij huilde en vroeg God waarom deze hem niet eerder had geholpen. God: 'Omdat je niet eerder om hulp vroeg.'

Albert is sinds die dag veranderd. Hij stroomt, bruist, straalt en krijgt voor elkaar wat hij altijd heeft gewild. Of het groots en meeslepend is weet ik niet, maar toen ik hem laatst in dat overvolle pannenkoekenrestaurant zag zitten, hoorde ik mijzelf tegen hem zeggen hoe fantastisch hij eruitzag. Dat de strijd van al die jaren niet voor niets was geweest. Dat hij, getergd en met de rug tegen de muur, eindelijk was geworden wat hij altijd had gewild: iemand die iets wat groter is dan hemzelf uitstraalt en vormgeeft.

En toen begon Albert te huilen. Niet een beetje, maar heftig snikkend, zoals kinderen dat soms doen. Er zat niets meer tussen, hij had niets meer te verliezen. Het waren geen tranen van verdriet, maar tranen van ontroering, vervulling, verlichting. Ook ik begon te huilen, overmand door de schoonheid en de emoties van het moment.

Daar zaten we dan, twee volwassen mannen in een pannenkoekenrestaurant vol ouders die een dagje met de kinderen op stap waren ('Mam, wat doen die mannen raar!'). Toen we uitgesnotterd waren, gingen de tranen over in een bevrijdende schaterlach ('Mam, mogen we naar huis?') en toen ook die kramp uit ons systeem was, hebben we de ober om champagne gevraagd en een toost uitgebracht op Alberts leven. Op Alberts grootse en meeslepende leven!

Overgave. Als er één kwaliteit is die je rechtstreeks het paradijs in slingert, dan is dat het wel. Vrijwel alles vloeit eruit voort, omdat je niet meer 'in de weg zit' en ruim baan kunt geven aan de grotere stroom van het leven. Alle weerstand valt weg, waardoor je een supergeleider bent voor de universele intelligentie achter de schepping.

Op de *Ode*-redactie werd weleens grappend geconstateerd, dat ik bij elk verhaal dat ik schrijf 'uiteindelijk altijd op God uitkwam'. Dat klopt inderdaad, en het heeft een reden. Ik geloof namelijk dat een mens tot grootse daden in staat is, maar ik geloof ook dat er een grens is aan wat een mens kan, simpelweg omdat het idee van 'mens' te zijn in de weg zit. Pas wanneer het idee van 'mens' te zijn wegvalt, ontstaat er ruimte voor iets wat groter is. Noem het God, Universele Intelligentie of Oneindige Liefde, het maakt niet uit. Ik heb gemerkt dat ik zeer geboeid kan zijn door *the human thing*, maar dat alleen 'God' mij werkelijk kan vervoeren, betoveren en verwonderen. Alleen dat niveau van intelligentie is waarlijk verrassend, vernieuwend en oneindig inspirerend. Alleen vanuit dat niveau wordt leven magisch en moeiteloos.

Moeiteloos leven is iets waar ik lange tijd grote moeite mee heb gehad. Ik was, net als veel drukke westerlingen, geconditioneerd om te denken dat je overal hard voor moet werken (in het zweet des aanschijns en zo) en dat je nooit iets voor niets kunt krijgen (geen gratis lunch en zo). Dat is allemaal misschien wel waar, maar dan alleen op het niveau waarop we als mensheid de afgelopen – pak 'm beet – 2.500 jaar hebben gefunctioneerd. Op een ander bestaansniveau is het idee dat je iets *moet doen* om iets te bereiken juist contraproductief.

Als je naar de natuur kijkt, dan zie je precies het tegenovergestelde van het geploeter, gedram, geduw, getrek, gestress en ellebogenwerk dat het menselijke gedrag vaak kenmerkt. In de natuur zie je vooral moeiteloosheid. Alles verloopt volgens de wetten van de minste weerstand. Vogels *proberen* niet te vliegen, ze vliegen gewoon. De zon *moet* niet schijnen, maar schijnt.

De Amerikaanse auteur en arts Deepak Chopra legt deze wet van overgave en de minste weerstand mooi uit. 'Hoe minder je doet, hoe meer je bereikt,' schrijft hij in zijn boek *De zeven spirituele wetten van succes*. 'Uiteindelijk leidt dat tot een toestand waarin je niets doet en alles bereikt. Wat de meeste mensen een "wonder" noemen, is een voorbeeld van de wet van de minste weerstand.' Volgens Chopra begint moeiteloosheid met acceptatie: 'Als je je verzet tegen het huidige moment, verzet je je in feite tegen het hele universum. Accepteer de dingen zoals ze zijn en niet zoals je ze op dit moment zou wensen.'

Het lijkt een paradox dat je afstand moet doen van wat je wilt om het te kunnen bereiken, maar Chopra legt uit hoe dit principe werkt: 'Als je iets wilt krijgen, moet je je gehechtheid aan het resultaat opgeven. Afstand nemen van het resultaat van je handelingen is namelijk gebaseerd op het onwankelbare geloof in de kracht van je ware ik. Het is gebaseerd op een bewustzijn van rijkdom en overvloed. Alleen daaruit kunnen plezier en creativiteit voortvloeien. Gehechtheid aan het resultaat daarentegen is gebaseerd op angst en onzekerheid.'

Volgens Chopra is onze behoefte aan zekerheid gebaseerd op een gebrek aan kennis van onze ware natuur: 'Het zoeken naar veiligheid en zekerheid is gebaseerd op gehechtheid aan het bekende, oftewel aan ons verleden. Maar het bekende is niets anders dan de gevangenis van onze gedragspatronen. Daarbij is geen sprake van evolutie, maar van stagnatie, entropie, wanorde en verval.'

Volgens Chopra is juist onzekerheid de vruchtbare grond van pure creativiteit en vrijheid: 'Onzekerheid betekent elk moment van ons bestaan in het onbekende stappen. Het onbekende is het veld van alle mogelijkheden, altijd fris, altijd nieuw, altijd open voor het creëren van nieuwe dingen. Zonder onzekerheid en het onbekende is het leven slechts een banale herhaling van versleten herinneringen. Geef je gehechtheid aan het bekende op en je zult op elk moment van je leven opwinding, avontuur en mysterie kennen. Je maakt kennis met de leuke kant van het leven: de magie, de feestelijkheid, de blijdschap en de verrukking van je eigen ziel.'

Een van de meest archetypische verhalen over de kracht van overgave is het oeroude verhaal dat in de Indiase Mahabharata staat beschreven. In een van de laatste scènes van dit epische heldengedicht trekt Arjuna in zijn eentje ten strijde tegen de rest van de wereld. Naast hem in de strijdwagen staat Krishna die hem aanzet om ferm af te rekenen met de 'demonen' van zijn verleden. Krishna vraagt hem om al zijn goeroes, meesters, vrienden en familieleden om zeep te brengen. Arjuna ziet al deze mensen voor zich staan als een enorm leger dat symbool staat voor de oude wereld, voor *business as usual.*

Maar op het moment dat Arjuna moet aanvallen, aarzelt hij. Zijn knieën bibberen bij de gedachte dat hij zijn hele verleden moet uitroeien. Is er geen tussenweg? 'Hoe kan ik hen doden?' vraagt hij vertwijfeld aan Krishna. 'Hoe kan ik mijn eigen mensen doden, mijn ooms, tantes, vrienden, leraren...'

In de fascinerende dialoog die vervolgens tussen God en de mens ontstaat, is Krishna steeds bezig om zijn meest dappere krijger naar een hoger niveau van bewustzijn te tillen. Krishna legt Arjuna uit dat de mensen die hij voor zich ziet, in feite schimmen zijn: 'Ze *zijn* allang dood.' Maar Arjuna is nog steeds niet overtuigd. Hij blijft kermen dat hij het echt niet kan doen. Hij laat zijn pijl en boog vallen en zakt door zijn knieën.

Uiteindelijk vindt Krishna het doorslaggevende argument dat Arjuna aanzet om voorgoed af te rekenen met zijn demonen: 'Jij hoeft helemaal niets te doen. Laat mij het doen.' In een Indiase ashram zag ik eens een slogan die deze staat van overgave mooi verwoordt: *Let go, let God.*

De laatste tijd ontmoet ik steeds meer mensen die – net als Albert en Arjuna – bereid zijn om zich over te geven. Ze zijn een beetje 'klaar' met zichzelf en bereid om voor iets groters te leven. Ze kunnen zich zo langzamerhand ook niet meer zoveel voorstellen bij politici en machthebbers die steeds opnieuw dezelfde ruzies maken en elkaar keer op keer de oorlog verklaren, omdat ze weigeren uit hun kleine, zielige en pietluttige hokjes van ras, nationaliteit, macht, enzovoorts te stappen. Het is niet alleen zo langzamerhand volkomen absurd geworden, maar ook ontzettend voorspelbaar en dodelijk saai. *Boring*!

De Alberts en Arjunas zijn langzamerhand klaar met het beperkte ik-tijdperk en toe aan een nieuwe wij-samenleving. En dat is ook precies de richting die de geschiedenis neemt. Deze omslag is door verschillende oude culturen ook voorspeld. Veelal wordt het jaar 2012 gezien als het einde van een tijdperk en het begin van iets nieuws. De Mayakalender stopt bijvoorbeeld op 21 december 2012.

Veel mensen zijn als de dood dat ons een enorme catastrofe boven het hoofd hangt, een soort Bijbelse afrekening voor onze ongehoorzaamheid. Ik ben geen waarzegger, maar ik zie vooral ook kansen en mogelijkheden. Wat er wellicht in 2012 zal gebeuren, is precies wat de Maya's voorspellen: de tijd zal stoppen. Want wat is tijd? Tijd is een illusie die tot leven komt op het moment dat er een 'ik' tot leven komt. Ze gaan hand in hand. Geen ik, geen tijd. Hetzelfde geldt voor de illusie van ruimte. Einstein formuleerde het zo: 'Tijd en ruimte zijn geen omstandigheden waarin wij leven, maar manieren waarop wij denken.'

Wanneer de mens zich blijft ontwikkelen zoals ze dat momenteel doet, wordt er rond 2012 een kritische massa bereikt (de tien procent van Danah Zohar) waardoor het ik-tijdperk ten einde zal komen, en daarmee de illusie van tijd en ruimte, de illusie van afgescheidenheid en het idee dat we 'straks' gelukkig, verlost en verlicht gaan worden. Niet een armageddon zal het belangrijkste gevolg van deze inzichten en ervaringen zijn, maar de verlichting, hier en nu. Dat is de belofte van 2012: de evolutionaire sprong waar we al een tijdje tegenaan hikken.

Eckhart Tolle legde mij eens uit wat er gebeurt als een rups een vlinder wordt: 'In de laatste fase wordt de rups volkomen disfunctioneel. Niets werkt meer. De pootjes, de antennes... alles is krakkemikkig en onwerkzaam. Dat moet ook, want alleen dan wordt het rups-zijn losgelaten en evolueert hij naar een nieuwe soort: een vlinder. Als je een vlinder ziet, kun je je eenvoudig niet voorstellen dat het ooit een rups was, maar toch is het zo. Hetzelfde geldt voor de mens. Ook wij verkeren in de laatste fase voor de grote sprong, waarin niets meer werkt en alle systemen disfunctioneel zijn geworden. In plaats van ons best te doen die systemen op te lappen, wordt het tijd die fase achter ons te laten en de sprong te wagen naar een nieuwe manier van zijn.'

Tijd om te springen dus. Maar springen is eng. Waar kom je uit?

Kun je wel vliegen, of stort je neer? De Franse dichter Guillaume Apollinaire verwoordde deze fase in de menselijke ontwikkeling mooi, toen hij schreef: 'Kom naar de rand, zei hij. Zij zeiden: we zijn bang. Kom naar de rand, zei hij. Ze kwamen. Hij duwde ze en ze vlogen.'

Albert en Arjuna vliegen al een tijdje. Nu jij nog! Het is niet moeilijk. Het is zelfs veel makkelijker dan te blijven leven vanuit het beperkte bewustzijn vanwaaruit de meeste mensen op dit moment leven. Verlichting is je geboorterecht, het is wie je bent. Het is je natuurlijke staat. Het enige wat je hoeft te doen, is je over te geven aan de magische en moeiteloze stroom van het leven zelf. Het enige wat je hoeft te doen, is te springen. Vliegen gaat vanzelf.

CHECK

Zit je jezelf in de weg of durf je je over te geven aan iets wat groter is dan jijzelf?

In hoeverre denk je dat *jij* alles *moet* doen?

Kun je loslaten in het vertrouwen dat 'God' het doet?

Durf je in de onzekerheid en het onbekende te stappen?

Durf je te springen?

Kun je vanuit magie en moeiteloosheid leven?

AHA

Hoe minder je doet, hoe meer je bereikt.

Wat de meeste mensen een wonder noemen, is een voorbeeld van de wet van de minste weerstand.

Als je je verzet tegen het huidige moment, verzet je je tegen het hele universum.

Accepteer de dingen zoals ze zijn, en niet zoals je ze op dit moment zou wensen.

Als je iets wilt krijgen, dan moet je je gehechtheid aan het resultaat opgeven.

Geef je gehechtheid aan het bekende op en je zult op elk moment van je leven opwinding, avontuur en mysterie kennen.

OVERGAVE

'Waarom ben ik zo beroemd? De vraag is niet wat ik goed doe, maar wat anderen verkeerd doen!'

Barbara Streisand, Amerikaans actrice

'Het creatieve proces is een proces van overgave, niet van controle.'

Julia Cameron, Amerikaans schrijver

'Wonderen zijn niet in tegenspraak met de natuur, ze zijn slechts in tegenspraak met wat we over de natuur weten.'

St. Augustinus, Romeins filosoof en theoloog

'Ik weet niet wat er op het toneel met me gebeurt. Iets anders lijkt het over te nemen.'

Maria Callas, Amerikaans operazangeres

'Je kunt de golven niet tegenhouden, maar je kunt wel leren surfen.'

Jon Kabat-Zinn, Amerikaans moleculair bioloog

'Oorlog voeren en winnen is geen verheven kunst. Het is een verheven kunst om het verzet van de vijand te breken zonder te vechten.'

Sun Tzu, Chinese wijsgeer

‘Voor mij is elk uur van de dag en de nacht een onuitsprekelijk en perfect wonder.’

Walt Whitman, Amerikaans schrijver

29

Het grote plaatje zien

'Studenten die Eenheid bereiken kunnen doorgaan naar Tweeheid.'

Woody Allen, Amerikaans acteur

'Het leven wordt vooruit geleefd, maar achteruit begrepen,' is een mooie uitspraak van de Deense filosoof Søren Kierkegaard. Maar stel nou dat dat niet waar is en dat je nu al toegang kunt krijgen tot het script van je leven. Stel dat je nu al weet wat de volgende fase zal zijn. Stel dat je nu al overzicht krijgt over het grote plaatje... zou je dan anders leven, eerder geneigd zijn oude patronen los te laten en je leven tot een meeslepend avontuur te maken?

Leiderschapstrainer Manfred van Doorn denkt van wel. Hij ontwikkelde een methode om inzicht te krijgen in de verschillende fases waar ieder mens en elke cultuur doorheen bewegen op weg naar hun voltooiing. Van Doorn baseert zijn methode op het werk van de Amerikaanse mysticus en antropoloog Joseph Campbell, die 'de meest belezen man op aarde' werd genoemd.

Nadat Campbell vrijwel elke bestaande sage, mythe en legende op aarde had bestudeerd, zag hij een gemeenschappelijk onderliggend verhalenpatroon. Elk heldenepos bleek een vast stramien van archetypische wendingen en ontwikkelingen te doorlopen. Om die reden wordt het boek dat Campbell hierover schreef, *The Hero with a Thousand Faces*, de 'Bijbel van Hollywood' genoemd. Geen enkele zichzelf respecterende scriptschrijver kan zonder. *Star Wars* van regisseur George Lucas is bijvoorbeeld volkomen gemodelleerd naar Campbells boek.

Manfred van Doorn is ongetwijfeld een van de grootste kenners van het werk van Campbell. Om de verschillende archetypische stappen in het verhaal van de held (jouw levensverhaal, dus) inzichtelijk te maken, heeft Van Doorn een gigantisch filmarchief opgebouwd met beelden die de verschillende stappen uitbeelden. Veelal zijn dit fragmenten uit Hollywoodblockbusters, met scènes die iedereen in zijn of haar eigen leven zal herkennen. Door inzichtelijk te maken hoe een specifieke scène is ontstaan en wat de logische volgende stap is, krijgen mensen, organisaties en landen inzicht in hun fase van ontwikkeling en mogelijkheden voor evolutie en groei.

Wie een helikopterview krijgt van het grote plaatje, begrijpt dat elke fase – hoe donker ook – een functie heeft en wordt gevolgd door een nieuwe fase. Het blijft niet altijd donker – tenminste, als je bereid bent om de fase waarin je je op dit moment bevindt te omarmen en te beleven, in plaats van te ontkennen of te ontlopen.

Van Doorn heeft Campbells archetypische fases teruggebracht tot twaalf kernfases, waar elk avontuur doorheen gaat. Kijk eens of je jezelf herkent in deze fases en waar je je op dit moment in je ontwikkeling bevindt. Het kan zijn dat er verschillende kringlopen tegelijk spelen. Misschien bevind je je op je werk in fase acht, terwijl je in je liefdesrelatie in fase drie zit.

FASE 1. DE PROLOOG

Hier begint je avontuur. Tijdens deze openingsscène ben je als een kind in de baarmoeder, onbewust van de dingen die gaan komen. Alles is nog mogelijk, niets staat vast. Het wachten is op de *wake up call*, het startsein om in actie te komen.

FASE 2. DE OPROEP TOT HET AVONTUUR

De wekker gaat. Soms bijna letterlijk, zoals bij Neo, die in *The Matrix* een e-mail van Morpheus krijgt: '*Wake up Neo*'. Soms figuurlijk, zoals in *Lord of the Rings*, wanneer Gandalf de Shire bezoekt om Frodo te vragen om de Ring te vernietigen. De oproep is bedoeld om je wakker te maken uit je droomtoestand. Het sleurt je uit je comfortzone. Dat is niet altijd prettig, zoals ook de geboorte van een kind gepaard kan gaan met geweld. Deze fase kenmerkt zich door het overwinnen van de weerstand van je omgeving. Die weerstand is er om je te testen: ben je écht klaar voor het nieuwe avontuur? De les die je in deze fase kunt leren, is dat wat jou 'overkomt' feitelijk wordt geïnitieerd door je eigen diepere verlangens. Maar welk kind weet nog dat het hormonale signaal dat de geboorte kan beginnen, van zichzelf afkomstig was?

FASE 3. WEERSTAND TEGEN VERANDERING

De wekker is gegaan, maar je drukt op de snoozeknop of zet hem uit. Je wilt verder slapen, omdat je voelt dat je (nog) niet klaar bent voor het avontuur. Hollywood bedacht eindeloos veel variaties op dit thema. Er is zelfs een aparte naam bedacht voor het genre waarin een gepensioneerde inbreker wordt verleid om nog één klus te klaren: one last job movies. De functie van deze fase van weerstand en uitstel is dat er tijd ontstaat om kracht op te bouwen en moed te verzamelen. Stel je te lang uit, dan gaat je kans voorbij. Spring je te vroeg, dan faal je.

FASE 4. DE ONTMOETING MET DE MENTOR

Deze fase is nodig om jou je ware identiteit te laten zien. De mentor die je in deze fase ontmoet, laat je zien dat je uniek bent, en zet je aan om je missie te verwezenlijken. Hij of zij geeft je instrumenten en vaardigheden die je voorbereiden op de eerste grote beproevingen. Een goede mentor breekt je denkwereld open en geeft je een nieuwe blik op jezelf en op de realiteit. De mentor geeft je adviezen, traint je op nieuwe vaardigheden, houdt je een spiegel voor en leert je om 'maskers' te dragen, zodat je een nieuwe identiteit kunt aannemen – soms zelfs letterlijk zoals bij figuren als Batman en Spiderman. Met deze nieuwe identiteit kun je nieuwe prestaties leveren of toegang krijgen tot sociale kringen die daarvóór taboe waren.

FASE 5. DE SELECTIEDREMPEL

Je bent nu klaar voor de eerste grote beproevingen. In deze fase moet je langs de 'wachters op de drempel' zien te komen, de verdedigers van de heersende macht en instituties. Deze fase wordt gekenmerkt door verharding. Zelfbehoud heeft een hogere prioriteit dan principes, die niet zelden worden geofferd om aan de macht te komen, zoals in de film *Elizabeth*, waarin Cate Blanchett als koningin van Engeland haar macht feilloos uitspeelt door alles in de strijd te gooien wat ze heeft: vrouwelijke charmes, humor, dreiging en zelfs fysiek geweld. Haar nobele innerlijke waarden moeten in deze fase even wijken voor een hoger doel – in dit geval het landsbelang. Het is een fase om gedecideerd af te rekenen met de oude macht, de strenge vader of de ouderwetse regent. Deze fase vraagt om gedoseerde gedrevenheid. Een gebrek aan *drive* kan betekenen dat je niet voorbij de wachters op de drempels komt. Een te veel aan *drive* betekent dat je mogelijk te lang in deze verhardingsfase blijft hangen, om er op je 65e achter te komen dat je weliswaar veel macht, invloed en geld hebt verworven, maar niet bent toegekomen aan de andere schatten die op je lagen te wachten.

FASE 6. STER VAN DE DAG

Wanneer je de beproevingen uit de vorige fase hebt doorstaan, breekt de tijd aan om te genieten. Je voelt je de koning te rijk en je bejubelt jezelf, zoals Leonardo DiCaprio in *Titanic* doet wanneer hij – een jongen van eenvoudige komaf – het hart van een rijkeluisdochter weet te veroveren. Maar het succes is vooral een soort beginnersgeluk, grotendeels te danken aan de kracht of de hulp die je van je mentor kreeg. In deze fase ben je een schijnkoning, omdat je pas op de helft van de reis bent. Toch is het belangrijk om op dit moment volledig van je succes te genieten. Een fase kan immers pas worden afgerond als ze compleet is toegelaten en geïntegreerd. Als je te lang blijft hangen in de fase van Ster van de dag, kun je verslaafd raken aan applaus en succes.

FASE 7. DE AARDING

Het opgeblazen ego van de Ster van de dag moet nodig worden lekgeprikt. Tijd om met beide benen op de grond te komen. In deze fase verschijnt een andere, meer innerlijke mentor ten tonele, die je helpt afdalen in je eigen ziel en die je de weg naar binnen laat zien. Deze aardingsmentor – die overigens ook een man kan zijn, zoals de motorrijder uit *Erin Brockovich* – brengt je in contact met je vrouwelijke kant. Naast deze psychische inwijding gaat het in deze fase ook over verzoening met de oude garde waarmee je in de selectiedrempel hebt afgerekend. Vaak gaat het in deze fase over vergeving en volwassen worden. Wanneer de externe autoriteiten waartegen je je destijds verzette, worden verinnerlijkt, kom je in het reine met je innerlijke autoriteit en kun je volwassen worden. In Hollywoodfilms gaat de held in deze fase vaak een huwelijk of andere verbintenis aan. Het engagement dat hiervoor nodig is, betekent het einde van het eigen ego ten gunste van een gezamenlijke onderneming.

FASE 8. DE OMSLAG

Net als je denkt dat alles op rolletjes loopt, gooit het leven roet in het eten. Je hebt al een paar spannende avonturen beleefd en huisje-boompje-beestje is bereikt. Net als je denkt 'En ze leefden nog lang en gelukkig' breekt de pleuris uit. Je verliest je geliefde, je fortuin of je gezondheid. In films duikt opeens de schurk weer op, van wie je dacht dat hij voorgoed was verslagen. Deze fase wordt ook wel 'Poort van de hel' genoemd, omdat het in mythische verhalen vaak het begin is van de afdaling in de onderwereld. Dankzij de ontmoeting met de aardingsmentor kun je je nu openstellen voor de liefde, maar het maakt je ook kwetsbaar. De omslag hoeft overigens niet altijd dramatisch of destructief te zijn, maar in elk geval verlies je hier het initiatief in het avontuur. Vrijwel alles wat je nu doet of zegt, maakt de zaak alleen maar erger. Het is een inwijding in onmacht. Je kunt niets anders doen dan afwachten en stil zijn – stil zijn in de storm totdat die is uitgeraasd. Het onheil dat je treft, houdt vaak verband met de overmoed die je toonde toen je schijnkoning was. Het is een tijd waarin je bereid moet zijn door zwaar weer te laveren en afstand te doen van je gloriedagen en je geregelde leven.

FASE 9. DE DOLK

Dan komt de fase van verraad en ontmaskering. De ontmaskering is vaak de vernietiging van het magische wapen dat je zo ver heeft gebracht. Wat ooit werkte, verliest zijn kracht. Vrienden die je ooit steunden, keren zich af. Mensen om je heen beginnen je trucjes en zwakke of onechte kanten door te krijgen. Pijnlijk, waardoor je er alles aan doet om jezelf – desnoods met geweld – uit de wankele situatie te redden. Dit is de fase waarin je vuile handen gaat maken, waardoor thema's als schuld, schaamte en spijt gaan spelen. In sommige gevallen wordt de held letterlijk in de rug gestoken. In andere gevallen is hijzelf de verrader. Vaak zie je dat de held verraad pleegt tegenover zichzelf: als de nood het hoogst is, breekt hij beloften, vergeet hij afspraken, verlaat hij principes. De geliefde – symbool van het hogere zelf – raakt diep teleurgesteld, raakt gewond of sterft zelfs ten gevolge van deze 'zonden'. De diepste duisternis treedt in. Maar het is niet alleen duisternis. Deze fase wordt ook wel het 'Grijpen van de buit' genoemd, omdat in de diepste duisternis vaak de grootste schat ligt verborgen. De held daalt in de onderwereld af, wordt getroffen door het diepste leed, maar haalt daar ook de verborgen schat weg. Juist in de duisternis van de onderwereld wordt het belang van het hogere doel weer zichtbaar. Ineens besef je weer waarvoor je leeft.

FASE 10. TERUGKEER NAAR HET LICHT

Dit is de fase waarin de held weer terugkeert naar het licht en – volgens mij – de fase waarin de mensheid als geheel zich langzamerhand bevindt. Het is het moment waarop Luke Skywalker zich de woorden Obi Wan Kenobi herinnert en William Thacker weer weet dat hij met Anna Scott wil trouwen. De fase wordt gekenmerkt door een hervonden doel, maar dan moet de held wel resoluut zijn en niet meer twijfelen. Nu is het moment aangebroken om de wijze lessen van de mentor en de ervaringen die hij/zij heeft opgedaan, toe te passen. In actiefilms is deze fase vaak een wilde achtervolging, waarin de held nog maar één doel heeft: uit de duisternis ontsnappen om terug te keren naar het licht.

FASE 11. DOOD EN WEDEROPSTANDING

Maar we zijn er nog niet. Nu pas is het echte moment van de waarheid aangebroken. In Hollywood wordt deze fase de cliffhanger genoemd. De held kan nu niet meer gebruikmaken van trucjes of van de mentor, maar moet het op eigen kracht doen. In de fase van Dood en wederopstanding is het pure ernst. De held moet hier – letterlijk of figuurlijk – sterven om een wederopstanding te beleven. In romantische komedies gaat het iets gemoedelijker: de held zit in de vertrekhal van een vliegveld te treuren, omdat zijn geliefde net het vliegtuig heeft genomen. Hun relatie is voorbij, alles is verloren. Maar dan zien we de geliefde door de vertrekhal op hem af lopen: ze heeft het vliegtuig toch niet genomen... In deze fase gaat het erom werkelijk te vertrouwen op je eigen waarheid, je inzichten en je vermogens. Waar het eerder nog vaak ging om lijfsbehoud, gaat het hier om zielsbehoud. Ben je in staat je 'kleine' angsten en begeerten te overwinnen ten behoeve van een groter principe? Ben je bereid jezelf te offeren ten behoeve van je missie, je geliefde of het grote geheel?

FASE 12. HET ELIXER

Vanaf De omslag (fase 8) bevind je je eigenlijk in de duisternis van de onderwereld. Nu je hebt bewezen de dood niet te vrezen en de bereidheid hebt getoond om te sterven voor een hoger principe, kun je terugkeren naar je gemeenschap en het gewone leven. Vaak is dat een gloriemoment. Deze fase doet denken aan de fase dat je een schijnkoning was, maar nu ben je verlost van je opgeblazen ego. Je laat je emotioneel niet meer raken door alle eerbetoon. Je bent teruggekomen om te dienen. In Hollywoodfilms keert de held in deze fase bijvoorbeeld terug met een grote geliefde, een verbroken kwade betovering of een elixer. Maar eigenlijk is de held zelf het elixer. De held zelf is immers het levende bewijs dat het kwaad kan worden overwonnen en dat grootsheid kan worden bereikt.

DE EPILOOG

In veel films is De epiloog een spiegeling van De proloog. Je bent weer terug bij af. Uiterlijk lijkt er niets veranderd: huis, familie, buurt en omgeving zijn allemaal hetzelfde gebleven. Maar jíj bent wel veranderd en klaar voor een nieuw avontuur op een hoger niveau.

Als het inderdaad zo is dat de mensheid zich nu in de overgang van diepste duisternis (De dolk) naar het licht (Terugkeer naar het licht) bevindt, dan is het logisch dat oude, onbezielde systemen worden ontmaskerd. Veel mensen voelen zich bedrogen door de heersende macht: politici die zich schuldig hebben gemaakt aan corruptie, zakenlieden die zich hebben overgegeven aan de graaicultuur en geestelijk leiders die ons bang maken en dom houden.

Maar we zijn niet alleen teleurgesteld in 'het systeem'. We zijn ook teleurgesteld in onszelf. We voelen ons verraden door ons eigen onvermogen om inhoud en richting aan ons leven te geven. We zijn teleurgesteld in onszelf omdat we hebben toegestaan dat we zijn weggezakt in apathie, verveling en goedkope luxe – althans degenen die daar de middelen toe hebben. De rest van de wereldbevolking kan zich deze apathie en goedkope luxe niet eens permitteren, omdat zij een constante strijd voeren om te overleven.

We hebben het zo ver laten komen dat we momenteel in een wereld leven waarin elke minuut een kind sterft aan omstandigheden die wij (jij en ik) hadden kunnen voorkomen. We hadden elkaar beloofd om voor het einde van het vorige millennium een aantal zaken op de rit te krijgen (de millenniumdoelen): een einde aan honger en extreme armoede, basisonderwijs voor iedereen, gelijkheid tussen mannen en vrouwen, minder kindersterfte, het verbeteren van gezondheid van moeders, het uitbannen van aids en andere infectieziekten, duurzaam milieubeleid en eerlijke handel.

Maar het is ons niet gelukt en nu is het moment van de waarheid aangebroken. Er zijn geen excuses meer, geen uitvluchten, er is geen mentor meer om ons te redden, geen geheim wapen, geen handige trucs om de zaak nog even uit te stellen. Het is erop of eronder, en het is *nu*. De grote vraag is: zijn we bereid ons kleine ego op te geven ten behoeve van iets wat groter is dan onszelf en dan ons allemaal? Zijn we bereid te sterven en weer op te staan? Zijn we in staat zelf Het elixer te worden, zodat we als mensheid een nieuwe fase in kunnen gaan, op een hoger niveau van ontwikkeling, zodat we samen weer fantastische avonturen kunnen beleven?

Het antwoord ligt in onze eigen handen en is *de* uitdaging van deze tijd. Mooier dan Nelson Mandela kan ik deze uitdaging niet verwoorden: '*Sometimes it befalls upon a generation to be great. You can be that generation.*' En krachtiger dan Barack Obama kan ik het antwoord niet formuleren: '*Yes, we can*!'

CHECK

Waar bevind je je op dit moment in je ontwikkeling?

Blijf je hangen in een bepaalde levensfase of blijf je je ontwikkelen en groeien?

Kun je het grote plaatje zien, en zie je jouw rol in het grote spel?

Neem je verantwoordelijkheid voor de menselijke evolutie en ontwikkeling?

FASES EN VERANDERING

'Verandering is de wet van het leven. En degenen die slechts naar het verleden of het heden kijken zullen zeker de toekomst missen.'

John F. Kennedy, Amerikaans president

'Wanneer ik in de toekomst kijk, is die zo stralend dat het pijn doet aan mijn ogen.'

Oprah Winfrey, Amerikaans televisiepresentatrice

'Omdat dingen zijn zoals ze zijn, hoeven ze nog niet te blijven zoals ze zijn.'

Bertolt Brecht, Duits dichter en toneelschrijver

'Slechts de verstandigste en de domste mensen veranderen nooit.'

Confucius, Chinees wijsgeer

'In het leven draait alles om timing.'

Carl Lewis, Amerikaans atleet

'Elke leeftijd kan betoverend zijn, als je er maar naar leeft.'

Brigitte Bardot, Frans actrice

30

Een paar dagen op aarde

'Dit is het dus. Matchpoint voor de eeuwigheid.'

Boris Becker, Duits tennisser

Toen de Club van Rome haar beruchte rapport *Grenzen aan de Groei* uitbracht, ging dat vergezeld van een deadline. Wanneer we onze levensstijl niet zouden veranderen, zouden we binnen honderd jaar afstevenen op een ernstige crisis. Tegen die tijd zouden bevolkingsgroei, gebrek aan voedsel, vervuiling en uitputting van natuurlijke bronnen de aarde grotendeels onleefbaar hebben gemaakt. We kunnen inmiddels constateren, dat het geen loze kreten waren. Er is echter niet veel veranderd sinds dat rapport uit 1972.

Waarom hebben we toen niet geluisterd en maatregelen genomen? Waarom hebben we de handen toen niet ineengeslagen en schoon schip gemaakt? Het antwoord is beschamend simpel: we hadden het te druk met onszelf. 'Mijn' geluk, 'mijn' rijkdom en 'mijn' positie waren belangrijker dan 'ons' geluk en 'onze' welvaart. We hadden geen oog voor elkaar en geen tijd om de noodsignalen van de aarde op te vangen.

Jaren geleden verkeerde Engeland in een soortgelijke situatie. Terwijl de Britten in zowat elk statistisch onderzoek als winnaar uit de bus kwamen wanneer het ging om 'het meest ongelukkige volk op aarde', deden parlementsleden niet veel meer dan over elkaar heen rollen en verwikkeld raken in seksschandalen. Een columnist van *The Times* kon het op een gegeven moment niet meer aanzien en zag nog maar één oplossing: een oorlog. Het is bekend dat de neuzen in oorlogstijd dezelfde kant op staan en de handen dapper ineen worden geslagen. De columnist noemde ook een geschikt land om de oorlog te verklaren: Zweden. Dat waren namelijk nogal vredelievende lui die vast niet al te hard zouden terugslaan.

Ik vond het een briljant plan, alleen zou ik er persoonlijk niet voor kiezen om Zweden binnen te vallen. Volgens mij is het tijd voor een nieuw soort oorlog – niet *tegen* elkaar maar *met* elkaar. Zij aan zij in de strijd tegen cynisme, honger, armoede, depressie, ziekte, geweld, kindersterfte, klimaatverandering, enzovoorts. Dat is pas een oorlog die het waard is om te vechten. Eindelijk een doel om samen voor te leven, in plaats van de zoveelste reden om elkaar de pan in te hakken.

Al vaker in de geschiedenis heeft de mensheid laten zien tot grootse daden in staat te zijn wanneer de rijen worden gesloten. Met een duidelijk doel voor ogen en een keiharde deadline zijn we in staat gebleken het onmogelijke mogelijk te maken. Toen president John F. Kennedy in 1961 meedeelde dat hij binnen tien jaar een man op de maan wilde zetten, is dat gelukt. Miljarden werden vrijgemaakt, wetten werden aangenomen en een gigantisch team ging aan de slag om Neil Armstrong op 21 juli 1969 op de maan te zetten.

Maar voordat we met zijn allen ten strijde trekken om de planeet en elkaar te redden, moet er eerst nog een andere strijd worden gewonnen: de innerlijke oorlog met jezelf. Die innerlijke oorlog is een strijd tegen de spoken, fantomen, draken en demonen van angst, hebzucht, woede, depressie, teleurstelling, cynisme en (zelf)haat. Inmiddels weet je hoe je die strijd kunt winnen: door je te realiseren wat ze zijn (hersenspinsels) en door overgave aan dat wat je werkelijk bent – een prachtig, krachtig en totaal verlicht wezen. Win die strijd! Win hem voor jezelf en voor ons allemaal. Het is het meer dan waard. Jouw leven – ons leven – hier op aarde is een waanzinnig geschenk.

Toen ik de Britse dichter David Whyte onlangs ontmoette, zei hij: 'Eens zullen we inzien wat een ongelooflijk privilege het is geweest, dat we hier überhaupt mochten zijn. Dat we in het licht mochten staan, dat we mochten incarneren. Het grootste deel van het universum is zich niet bewust van zichzelf. Een boom kan niet kiezen wat het is, de zon ook niet. Maar als mens hebben we de mogelijkheid om voor of tegen het leven te kiezen. We kunnen "nee" zeggen tegen het leven en ons terugtrekken, afzonderen, in ontkenning en ballingschap leven. Dat is de pijnlijke ervaring van mens te zijn: niet meer in verbinding staan, het gesprek met de omgeving niet meer aangaan en ver van huis zijn. Maar het is tevens de loutering. Soms moet je heel ver van huis zijn om je te realiseren, dat je niets liever wilt dan terugkeren naar de liefde die het middelpunt is van het universum.'

Ik ken een man die op zijn sterfbed tot de ontdekking kwam, dat hij eigenlijk maar een paar dagen op aarde was geweest. Hij was bijna zeventig toen hij stierf, maar had – naar eigen zeggen – slechts een paar dagen écht geleefd.

Die paar dagen op aarde waren prachtig geweest, dat wel. Ze trokken aan zijn geestesoog voorbij. Hij zag die ene avond met zijn beste vriend in de kroeg, toen hij nog barstensvol idealen zat en zeker wist dat hij de wereld mooier ging maken. Hij zag de dag waarop hij zijn toekomstige vrouw ontmoette en zeker wist dat liefde bestond. Hij zag zichzelf te midden van zijn gezin, toen hij nog voelde dat het *zijn* gezin was en voelde dat hij onderdeel was van iets wat groter was dan hemzelf. Hij zag zichzelf voetballen met zijn zoontje en dacht: wat is geluk toch eenvoudig.

Was het leven altijd maar zo eenvoudig gebleven. Of liever: was *hij* altijd maar zo eenvoudig gebleven. Was *hij* maar altijd zo volledig aanwezig geweest bij alles wat hij had meegemaakt – zonder reserves, zonder angst, zonder voorbedachten rade, zonder agenda's, zonder zorgen, zonder standpunten, zonder maskers, zonder meer.

Nu keek hij terug en dacht hij: kon ik ze maar vertellen dat het alleen maar om die dagen gaat dat je er werkelijk bent. Hij wilde roepen: 'Hé mensen, leef! Hou niets achter, geef alles wat je hebt. Geef jezelf. En ontvang – ontvang het leven helemaal!'

Maar hij had al bijna geen kracht meer om te ademen, laat staan om te roepen. Bovendien: vrijwel niemand had tijd om naar hem te luisteren – een oude man op zijn sterfbed.

Hij zag nu in dat hij niet de enige was geweest die nauwelijks had geleefd. De meeste mensen waren net zo onbewust van het wonder van het leven als hij dat was geweest. In vergelijking met veel van hen had hij – met zijn paar dagen op aarde – zelfs nog een redelijk lang leven gehad.

Het was een ontluisterende ontdekking geweest, daar op dat sterfbed, maar ook mooi. Want die paar dagen op aarde – die paar dagen dat hij er echt helemaal was geweest – waren zo onvergetelijk mooi, dat hij ze voor altijd bij zich zou dragen.

CHECK

Leef je?

AHA

Eens zullen we inzien wat een ongelooflijk privilege het is geweest, dat we hier überhaupt mochten zijn.

Soms moet je heel ver van huis zijn om je te realiseren, dat je niets liever wilt dan terugkeren naar de liefde die het middelpunt is van het universum.

WAT NU?

'Dit is een kleine stap voor een mens, maar een geweldige stap voor de mensheid.'

Neil Armstrong, Amerikaans astronaut Apollo 11

'Ik weet dat je bang bent. Je bent bang voor verandering. Ik ken de toekomst niet. Ik ben niet hiernaartoe gekomen om je te vertellen hoe dit gaat aflopen. Ik ben gekomen om je te vertellen hoe het gaat beginnen.'

Neo in The Matrix

'Er zijn vier belangrijke vragen in ons leven. Wat is heilig? Waar is de geest van gemaakt? Wat is de moeite waard om voor te leven en wat is de moeite waard om voor te sterven? Het antwoord op elke vraag is hetzelfde.
Liefde.'

Johnny Depp, Amerikaans acteur

'Nirwana is niet het uitblazen van de kaars. Het is het doven van de vlam omdat de dag is aangebroken.'

Rabindranath Tagore, Indiaas dichter

'Zet alles op het spel voor liefde, als je een echt mens bent. Zo niet, verlaat dan deze bijeenkomst. Met halfslachtigheid bereik je niet het hoogste geluk. Je gaat op weg om God te zoeken, maar onderweg blijf je voortdurend op slechte plaatsen steken. Wacht niet langer. Duik in de oceaan, laat alles achter, word een met de zee. Zwijgend, afwezig, volg je een lege weg, niets dan glorie.

Jalaluddin Rumi, Soefidichter

VERLICHTING IS:

DE VLAM BRANDEND HOUDEN TOESTEMMING HEBBEN OM VERLICHT TE ZIJN EEN UITNODIGING STOPPEN MET ZOEKEN HIER EN NU EEN MOGELIJKHEID EN EEN KEUZE LICHT GEVEN UITSTRALEN EN GROOT DURVEN ZIJN HET HERONTDEKKEN VAN JE SPIRIT SPIRIT EN MATERIE COMBINEREN DOODSANGST OVERWINNEN LEVEN VANUIT JE GROOTSTE POTENTIEEL JEZELF OP ELK MOMENT OPNIEUW UITVINDEN EEN ANDER (GROTER) PERSPECTIEF OP DE WERKELIJKHEID HEBBEN THUISKOMEN BIJ JEZELF ERVAREN DAT ALLES NU AL GOED IS PRECIES ZOALS HET IS JEZELF ERVAREN ALS EEN MET JE OMGEVING AFGESTEMD ZIJN OP DE GODFREQUENTIE EN DE UNIVERSELE HARMONIE RESONEREN MET JE EIGEN VOLMAAKTHEID DANSEN MET DRAKEN IN PLAATS VAN ZE TE DODEN EEN SUPERGELEIDER ZIJN GEEN VERZET TEGEN WAT IS STIL ZIJN LUISTEREN VOLLEDIG AANWEZIG ZIJN IN HET OOG VAN DE STORM VERBLIJVEN HOGERE FREQUENTIES TOELATEN NAAR BOVEN LUISTEREN NAAR BENEDEN REGISTREREN OPEN EN VERWONDERD ZIJN DANKBAAR ZIJN LOS ZIJN VAN PROGRAMMERINGEN EN GEDRAGSPATRONEN GEDACHTEN, WOORDEN EN DADEN OP EEN LIJN HEBBEN LEVEN VANUIT INSPIRATIE AFSTEMMEN OP DE UNIVERSELE BLAUWDRUK CREATIEF ZIJN LEVEN IN PLAATS VAN TE WORDEN GELEEFD LEVEN VANUIT COMPASSIE WAARBIJ GOED EN SLECHT NIET BESTAAN HET VERLEDEN LOSLATEN VERANTWOORDELIJKHEID NEMEN VOOR ALLES WAT ER IS EEN PERSOONLIJKE LEVENDE RELATIE MET GOD/DE BRON ALLES EN IEDEREEN IN JE HART SLUITEN GEVEN IN PLAATS VAN NEMEN JEZELF EN JE CONTEXT KUNNEN RELATIVEREN VANUIT JE HART LEVEN LEVEN VANUIT EMPATHIE EN VOORTDUREND KUNNEN VERGEVEN JE OPTIMISME EN ZELFVERTROUWEN INSCHAKELEN JE MEDEMENS ONTMOETEN EERBIED VOOR HET LEVEN HEBBEN AFSTAND NEMEN VAN JE BEPERKTE 'IK' HET GEWONE LEVEN ALS BUITENGEWOON ERVAREN MEESTER ZIJN IN PLAATS VAN VOLGELING UIT JE COMFORTZONES STAPPEN HET GROTE PLAATJE ZIEN MINDER DOEN MEER BEREIKEN GEHECHTHEID AAN HET RESULTAAT LOSLATEN LEVEN VANUIT RIJKDOM EN OVERVLOED JEZELF BLIJVEN ONTWIKKELEN EN GROEIEN IN GESPREK BLIJVEN MET ALLES OM JE HEEN VERANTWOORDELIJKHEID NEMEN VOOR DE EVOLUTIE ELKE LEVENSFASE WERKELIJK DOORLEVEN MAGISCH EN MOEITELOOS LEVEN

Bronnen en aanbevolen literatuur

The Hero with a Thousand Faces, Joseph Campbell; *The Alphabet Versus the Goddess*, Leonard Shlain; *Leiderschap, een reis in beeld, Het wiel opnieuw uitvinden – cydische niveaus van leiderschap,* Manfred van Doorn; *Long Walk to Freedom*, Nelson Mandela; *iCon*, Steve Jobs, Jeffrey Young; *Losing my Virginity*, Richard Branson; *Atlas Shrugged, The Fountainhead, Romantic Manifesto*, Ayn Rand; *The Seven Spiritual Laws of Success, Quantum Healing*, Deepak Chopra; *The Secret Life of Plants*, Peter Tompkins en Christopher Bird; *Eindeloos bewustzijn*, Pim van Lommel; *Big Mind Big Heart*, Genpo Roshi; *A Brief History of Everything*, Ken Wilber; *The Field & The Intention Experiment*, Lynne McTaggart; *Nada Brahma, The World is Sound*, Joachim-Ernst Berendt; *The Healing Power of Doing Good*, Barbara Lowenstein; *Pret met moslims, Alle grote wereldproblemen en hun oplossingen*, Elena Simons; *The Power of Kindness*, Piero Ferrucci; *De terugkeer van de koning*, Ton van der Kroon; *Life Without a Centre*, Jeff Foster; *De reis van de held*, Frank Heckman; *Planetwalker*, John Francis; *John*, Cynthia Lennon; *John Lennon, the Life*, Philip Norman; *Energy Medicine*, Richard Gerber; *The Reconnection*, Eric Pearl; *Mental Tennis*, Vic Braden; *Never give in!*, Winston Churchill; *Think and Grow Rich*, Napoleon Hill; *The Art of Possibility*, Benjamin Zander; *The Journey*, Brandon Bays; *Non-violent Communication*, Marshal Rosenberg; *The Careless Society*, John McKnight; *Amusing Ourselves to Death*, Marshall McLuhan; *The Artists Way*, Julia Cameron; *Most of All They Taught Me Happiness*, Robert Muller; *The Cultural Creatives, How 50 Million People are Changing the World*, Paul Ray; *The Instinct to Heal*, David Servan-Schreiber; *Spiritual Enlightenment, the Damnest Thing, Spiritual Warfare*, Jed McKenna; *De Creatiespiraal*, Marinus Knoope; *Conversations with God*, Neale Donald Walsch; *Spiritual Intelligence, The Quantum Self*, Danah Zohar; *The Power of Now, A New Earth*, Eckhart Tolle; *Acknowledging What Is*, Bert Hellinger; *My Stroke of Insight*, Jill Taylor; *The Chaos Point*, Ervin Laszlo; *The Mozart Effect*, Don Campbell; *A New Science of Life*, Rupert Sheldrake; *The Story of my Experiments with Truth*,

Mohandas K. Gandhi; *The March of Folly*, Barbara Tuchman; *Ideas and Opinions*, Albert Einstein.

In *Ode* verschenen eerder interviews en artikelen van Tijn Touber over Benjamin Zander, Eckhart Tolle, Nicolien de Kroon, Pim van Lommel, Bram Vermeulen, Rupert Sheldrake, Neale Donald Walsch, David Servan-Schreiber, Marinus Knoope, Brandon Bays, Robert Muller, Bert Hellinger, Nicolien de Kroon, Elena Simons, Piero Ferrucci, Aqeela Sherrills, Danah Zohar, Manfred van Doorn, Anselm Grün, Shazia Mirza, Stilte als oplosmiddel, het Zero Point Field, Visualisatie, de Zilveren Eeuw (met Jurriaan Kamp), Ontsla je Goeroes en Aartsvader Abraham.
Meer informatie over *Ode*: www.odemagazine.nl, www.odemagazine.com.
In *Happinez* verschenen interviews en artikelen van Tijn over Genpo Roshi, Ihaleakala Hew Len, Eckhart Tolle, David Whyte, Jeff Foster, Manfred van Doorn, Stilteretraites, de Wet van Resonantie, Vrij van Verlangens, de Waarheid en Eva en Lilith. Meer informatie over *Happinez*: www.happinez.nl
In *Salt* verschenen eerder interviews en artikelen van Tijn over Jill Taylor en HeartMath. Meer informatie over *Salt*: www.getsalt.com.
Voor alle artikelen, interviews, columns en blogs van Tijn zie: www.kristijn.com.

Dankjewel

Kristja, mijn lieve engel en privé-orakel; Arda en Wiepko voor jullie onvoorwaardelijke steun en liefde; Wendela *for being my soulmate and* Stephan *for looking after my soulmate;* Jan Touber voor je power en Renske voor je zorg; Tijno en Bons: jullie leven is een voorbeeld; Chris en Marieke voor jullie hartelijkheid en steun; Rene, Monique en Eva: dank voor de ruimte om te schrijven (en de Dimple tegen de *writers blues*); Juno (Gassie Compassie), Barbara en Santana: het is een geschenk om zulke lieve buren en vrienden te hebben; Frank en Karin voor de rijkdom en liefde van onze vriendschap; Inge en Nous voor jullie tot-op-het-bot-maar-met-liefdegesprekken; Ari en Karin voor jullie dierbare vriendschap en lieve steun, het is heerlijk crashen bij jullie; Nathalie voor je onvoorwaardelijke liefde en *artful inspiration*, Misha: *thanks for looking after Loopmacher*; Stef voor *big hugs* en *deep drishtis*; Paul dat je mij met liefde weer op de aarde zette door samen in een open cabriolet Highway 1 af te cruisen, en Lies dat je Paul weer op aarde zette; Mo: dank voor je lieve liefde en de fantastische jaren die voor ons beiden zo vormend zijn geweest, Gerry voor je dierbare vriendschap, onvoorwaardelijke steun en creativiteit (op een dag denkt u net zo over Loïs Lane!), Suzanne voor je heerlijke hartelijkheid en bereidheid om in te springen toen het nodig was; Evert en Ellen voor jullie vriendschap en steun toen ik die hard nodig had, dat vergeet ik nooit meer; Jacqueline: dank dat je mij onder je vleugels nam, Karen voor je vriendschap, Petra voor je wijsheid – het waren veertien hemelse jaren; Richard en Theresa voor vriendschap in BK-land; Arthur voor egoloze muziek en krankzinnige humor; Adriaan en Livia voor *deep dining, deeper wining* en vriendschap; Bram en Shireen voor jullie wijze wervelwinden; Leon en Marice voor Haagse vriendschap; Marja voor je lieve steun, vriendschap en onverslaanbare optimisme; Hanneke en Lex voor jullie wijsheid, hartelijkheid en steun; Casey, Elly, Satiga en Damai voor Bali Love; Robbert voor positieve input; Erik voor je openheid, vriendschap, *free hugs* en prachtige ontwerpen – fijn om je dagelijks dichtbij te hebben; Jurgen en Sacha voor knallende oud-en-nieuwfeestjes en hartelijke vriendschap; Fleur en Kimho voor jullie pure liefde; Jaap en Hans voor jullie zoete en zotte vriendschap en de heerlijke avonden met *superfood* en *superhands*; Tineke voor je volkomen andere kijk op alles en iedereen, je blijft me verrassen en inspireren; Ton voor je ontwapende kracht; Peter, mijn Allman brother; Willemijn voor je lijntje naar boven en je liefde naar beneden; *Marty and Susan for your lovely friendship, wish you lived next door;* Fleur voor je heerlijke uitstraling en bruisende enthousiasme; *Libby and Dien for being my American Moms;* Jurriaan: het was fantastisch om meer dan tien jaar dagelijks hemeltjes met je te bestormen en van je te mogen leren, Max voor vriendschap, kameraadschap en lachkramp, Marco voor maatjesschap (is dat een woord?), Hanneke en Brenda voor jullie warmte en hartelijkheid, jullie zijn de *Ode*-zonnetjes, Jay: *thanks for pushing this book;* Inez voor je krachtige en liefdevolle Lilithschap, Louise voor je zalige warmte en hartelijkheid, Adrienne voor je warmte en je scherpe, doch rechtvaardige pen, Roos voor je porseleinen power, Georgia voor je lieve glimlach en Monique voor je vermogen dit alles in goede banen te leiden, Ruud, dank voor het vertrouwen; Natasha voor je open blik, avontuurlijke geest en compromisloze kracht; Hilbrand voor je steun en advies; Helena voor het feit dat je India levend houdt (maar we missen je hier); Keung voor je rauwe liefde, fijn om met je te werken; Maarten (en Allet) voor vriendschap toen ik nog 'boven' woonde; Marius en Marcel voor *The Pilots* en *Mod Times*, het is met jullie begonnen en het werden gouden tijden; Richard en Henk voor uren en uren oefenen in donkere kelders; Gwen voor *good old times*; Bram voor je rockende vriendschap; het team aan de Lange Leidse Dwarsstraat voor een stralende toekomst, dankjewel lieve Monique dat je dit mogelijk hebt gemaakt; Maria, Joost en Eric voor de mogelijkheid om dit boek uit te brengen bij zo'n topuitgever, ik verheug me op meer; God en de engelen voor een eindeloze inspiratiestroom. Jullie hebben mijn leven allemaal op je eigen manier verrijkt. Ik besef dat ik op de schouders van reuzen sta. Dit boek is een ode aan jullie!